RESHAPING

新型城镇化 重塑城乡格局

Reshaping Urban-rural Pattern through New Urbanization

魏后凯 等 著

RESHAPING

社会科学文献出版社
SOCIAL SCIENCES ACADEMIC PRESS (CHINA)

序　言

　　城镇化是现代化的重要标志。改革开放以来，随着经济社会的发展和市场化改革的深化，中国的城镇化呈现大规模快速推进的特征。从 1978 年到 2020 年，中国新增城镇人口 7.3 亿人，平均每年增加 1737 万人；常住人口城镇化率从 17.92% 提升到 63.89%，平均每年提高 1.09 个百分点。这种大规模的快速城镇化在世界上是绝无仅有的。相比之下，从 1978 年到 2020 年，世界城镇化率从 38.5% 提高到 56.0%，平均每年仅提高 0.42 个百分点。中国大规模的快速城镇化不仅刺激了经济增长，促进了社会进步和农民增收，有助于农村发展和减贫，而且也为推进世界城镇化进程做出了重要贡献。据世界银行世界发展指标（WDI）数据库中提供的数据，1978 年中国城镇化率比世界平均水平低 20.6 个百分点，到 2020 年则高出世界平均水平 5.0 个百分点。其间，中国新增城镇人口 6.94 亿人，约占世界新增城镇人口的 25.7%。

　　中国大规模的快速城镇化已经从根本上改变了过去城镇化严重滞后于工业化和经济发展的状况。从国际比较看，当前中国常住人口城镇化率与经济发展水平基本上是相适应的。2020 年，中国人均国民总收入（GNI）为 10550 美元（现价），大约比世界平均水平低 4.7%，比东亚及太平洋地区低 9.1%，但比中等偏上收入国家高 12.1%；而按照第七次人口普查数据，中国常住人口城镇化率虽然仍低于中等偏上收入国家 68% 的平均水平，但已经比世界平均水平高 7.9 个百分点，比东亚及太平洋地区高 2.9 个百分点。中国城镇化的大规模快速推进，得益于工业化驱动下农业劳动力的大规模快速转移。从 1978

年到 2020 年，中国第一产业就业占全部就业的比重从 70.5% 下降到 23.6%，目前已经低于世界平均水平。按照国际劳工组织提供的数据，2019 年中国农业就业在总就业中的占比，男性为 28%，与世界平均水平持平；女性为 22%，比世界平均水平低 3 个百分点。

中国城镇化取得的巨大成就归功于改革开放以来中国在实践中不断探索并坚持走中国特色的新型城镇化道路。中共十一届三中全会做出将工作重心转移到经济建设上来和改革开放的重大决策，为随后的城镇化快速推进创造了条件。2002 年，中共十六大报告强调要"加快城镇化进程""逐步提高城镇化水平"，并明确提出"坚持大中小城市和小城镇协调发展，走中国特色的城镇化道路"。2012 年，中共十八大报告进一步提出"坚持走中国特色新型工业化、信息化、城镇化、农业现代化道路"，强调要推动工业化和城镇化良性互动、城镇化和农业现代化相互协调，促进工业化、信息化、城镇化、农业现代化同步发展。当年底召开的中央经济工作会议明确提出"走集约、智能、绿色、低碳的新型城镇化道路"。2013 年，中共十八届三中全会又把中国特色城镇化和新型城镇化有机结合起来，明确提出"坚持走中国特色新型城镇化道路，推进以人为核心的城镇化"。以人为核心的中国特色新型城镇化，是对改革开放以来中国城镇化实践探索的经验总结，也是一个重大的理论创新，丰富和发展了世界城镇化理论。

中国特色的新型城镇化正在重塑城乡发展格局，推动城乡关系由二元分割向融合共富方向转变。随着城镇化的不断推进，尽管乡村人口、就业和产出的占比会逐步下降，但城乡将会长期共生并存，这是经济社会发展的客观规律。很明显，城市是引领、辐射和带动乡村发展的发动机，乡村则是支撑城市发展的重要依托和土壤，二者是一个相互依存、相互融合、互促共荣的发展共同体。城市的发展和繁荣绝不能建立在乡村衰败的基础上，乡村的振兴也离不开城市的带动和支持，城乡共荣是实现共同富裕和全面现代化的重要前提。在新型城镇化驱动下，城乡互补互促、互利互融关系将得到进一步强化。可以说，新型城镇化是促进城乡融合共富的重要驱动力，而城乡融合发展又将为新型城镇化提供良好环境和有力保障。据此，本书将"新型城镇化重塑城乡格局"作为贯穿全书的一条主线。

全书共12章，大体可分为四个部分。第一部分包括第一章至第三章，重点阐述中国城镇化的总体战略与趋势。其中，第一章着重探讨中国城镇化取得的成效、存在问题、战略目标和重点任务，提出应从实际出发，坚持以人为核心，全面提升城镇化质量，走中国特色高质量城镇化之路；第二章着重从住房、医疗、教育和社会保障视角，探讨城镇化进程中的资源错配现象及其形成原因，提出按常住人口优化各类资源配置的战略思路和具体措施；第三章对未来中国城镇化水平和规模格局进行了预测，并针对预测结果和城镇增长态势，提出科学控制超大特大城市规模膨胀，有效激活中小城市与特色小城镇，全面提升城市群和都市圈质量，推动不同规模城镇合理布局、均衡发展。

第二部分包括第四章至第七章，重点考察中国城镇化的人口迁移引擎。其中，第四章针对落户意愿与落户条件的结构性矛盾，从城乡两栖视角构建了影响流动人口落户意愿的分析框架并进行实证检验，结果表明落户意愿与两栖能力和两栖成本显著相关。第五章的实证研究发现，城市公共服务显著影响了流动人口的永久迁移意愿，城市的公共服务水平越高，流动人口的永久迁移意愿越强，因此城市间公共服务均等化可以在一定程度上缓解人口向大城市集聚的趋势。第六章考察了城市住房价格对农民工定居意愿的影响及作用机制，认为城市高房价显著降低了农民工的定居意愿，而定居意愿下降将阻滞城镇化的进程。第七章构建了包含迁入潜能的城市增长模型，认为迁入潜能指标能够很好地解释城市增长差异，不同地区和规模的城市可以根据其迁入潜能大小制定差异化战略。

第三部分包括第八章至第十章，着重从三个不同视角阐述中国城镇化特定问题。智慧化是新型城镇化的根本特征和内在要求，第八章探讨了推进智慧城镇化的战略选择，认为当前必须加快信息化与城镇化的深度融合，全面推进智慧城乡建设，走智慧城镇化之路。县城是当前推进城镇化建设的重要载体，第九章在考察县域城镇化演变趋势、空间特征与存在问题的基础上，着重探讨了县域城镇化的推进战略与政策措施，提出应以县城和县级市为重点吸纳新增城镇人口，因地制宜、分类推进县域城镇化。第十章探究了新型城镇化下的行政区划设置问题，提出应通过创新设市模式，稳步增设一批中小城市，有序推进市辖区增量调整和存量优化，使行政区划调整更好地适应新型城镇化和城镇规模格局优化的需要。

　　第四部分包括第十一章和第十二章，着重探讨在推进中国特色新型城镇化过程中，如何重塑中国城乡发展格局。第十一章聚焦全面统筹新型城镇化与乡村振兴战略，认为新形势下必须实行"双轮驱动"，全面深化城乡综合配套改革，建立完善城乡统一的四项制度和两大体系，即城乡统一的户籍登记制度、土地管理制度、就业管理制度、社会保障制度以及公共服务体系和社会治理体系。第十二章着重考察促进城乡融合共富的路径，认为当前中国已经进入全面推进城乡融合发展的新时期，必须采取多方面的有效措施，促进城乡全面融合和一体化发展，走城乡共同富裕之路，确保到 2035 年城乡差距显著缩小，到本世纪中叶实现城乡居民收入均衡化和生活质量等值化。

魏后凯

2021 年 9 月 5 日

目　录

第一章　中国新型城镇化推进
战略与政策

　　新型城镇化是中国扩大内需、建设强大国内市场的重要支撑，在促进中国高质量发展、推动社会主义现代化建设中具有不可替代的作用，也是满足人民群众对美好生活向往的重要途径。中共十八届三中全会提出了"坚持走中国特色新型城镇化道路，推进以人为核心的城镇化"重大方针[①]，随后《国家新型城镇化规划（2014—2020年）》正式出台，标志着中国城镇化的重大转型（陆大道、陈明星，2015）。立足人多地少、人口基数庞大、发展初级阶段和城乡区域差异大的现实国情，中国逐步走出了一条以人为核心，集约、渐进、多元、差异化的中国特色新型城镇化道路（魏后凯，2014a），极大地促进了城镇化快速推进。

　　然而，目前中国城镇化面临的核心问题不是水平高低、速度快慢的问题，而是质量不高的问题。中共十八大报告把"城镇化质量明显提高"作为全面建成小康社会和全面深化改革开放的重要目标。近年来，学术界也围绕城镇化质量展开了诸多相关研究。中国社会科学院开展的"城镇化质量评估与提升路径研究"，通过系统的综合评估，认为中国虽然从城镇化水平、空间形态来看进入初级城市型社会阶段，但从生活方式、社会形态和城乡协调标准来看，与城市型社会标准仍然差距较大，城镇化质量并没有与城镇化水平同步提高（中国社会科学院《城镇化质量评估与提升路径研究》创新项目组，2013）。

[①]　参见《中共中央关于全面深化改革若干重大问题的决定》，《人民日报》2013年11月16日，第3版。

目前，中国城镇化质量不高主要表现在，市民化严重滞后于城镇化（魏后凯，2014a），土地城镇化的"冒进式"推进，经济增长、产业支撑与高速城镇化不相适应（陆大道、陈明星，2015），城镇化地区差异大、发展不平衡（简新华等，2013），人口与资源、环境的矛盾加剧，以及城乡关系不协调（张占斌，2013）等诸多方面。尽管推进新型城镇化以来，以上问题和矛盾得到了很大程度的缓解，但还有一些长期性和深层次的问题仍然没有从根本上解决。

"十四五"时期是中国开启全面建设社会主义现代化国家新征程、向第二个百年奋斗目标进军的第一个五年，要推动新型工业化、信息化、城镇化、农业现代化同步发展，为2035年基本实现新型城镇化、人民生活更加美好取得更为明显的实质性进展奠定坚实基础。国家城镇化建设站在了一个新的历史起点，亟须在新时代谋划中国特色高质量城镇化的愿景、思路和战略重点，以高质量城镇化助推现代化。未来中国应从实际出发，坚持以人为核心，全面提升城镇化质量，走中国特色高质量城镇化之路。

一　"十三五"时期中国城镇化取得的主要成就

"十三五"时期，国家围绕推进新型城镇化出台了一系列规划和政策，完善了城镇化的顶层设计，包括不断加大户籍制度改革力度，建立了城乡统一的户口登记制度和居住证制度；先后批复同意了长江中游、京津冀、成渝、长三角和粤港澳大湾区等跨省区城市群及一批省内城市群规划，推动城市群发展；出台了建立健全城乡融合发展体制机制的相关意见，协同推进新型城镇化与乡村振兴战略。经过不懈努力，中国城镇化建设取得了显著的成效，特别是"三个1亿人"目标已基本实现；"19＋2"的城市群格局基本形成并稳步发展，成为国家城镇化战略核心区；国家中心城市布局进一步完善，城市功能不断提升，宜居性也得到明显改善；围绕农村产权制度、城镇化投融资机制、城乡融合发展体制机制等方面深化改革，形成了一系列可推广和借鉴的经验，为推进高质量城镇化奠定了良好基础。

（一）城镇化继续快速推进，但增速放缓

进入"十三五"时期以来，中国城镇化水平持续快速提高。根据第七次全国人口普查数据，2020年末全国常住人口和户籍人口的城镇化率分别比2015年末提升了6.56和5.50个百分点，分别达到了63.89%和45.40%。城镇常住人口规模稳步扩大，从2015年末的7.93亿人增加到2020年末的9.02亿人，平均每年新增城镇人口约2179.4万人。但城镇化水平的增速呈现逐年下降的趋势，2015~2020年，常住人口城镇化率分别比上年提高1.58、1.51、1.40、1.26、1.21和1.18个百分点，增幅年均降低约0.08个百分点，总体进入减速推进时期（见图1-1）。由于东部地区城镇化水平率先进入稳定发展期，"十三五"时期以来中西部地区①成为中国推进城镇化的"主

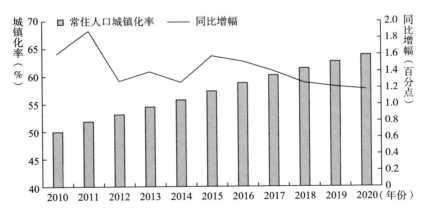

图1-1　2010~2020年中国城镇化水平及其增速

资料来源：《中国统计摘要2021》，2011~2019年数据采用第七次全国人口普查修订数据，2020年数据为普查时点（2020年11月1日零时）数据。

---

①　东部、中部、西部和东北地区四大区域采用国家统计局的划分方法。其中，东部地区包括北京、天津、河北、上海、江苏、浙江、福建、山东、广东和海南10个省（市）；中部地区包括山西、安徽、江西、河南、湖北、湖南6个省；西部地区包括内蒙古、广西、四川、重庆、贵州、云南、西藏、陕西、甘肃、青海、宁夏、新疆12个省（区、市），东北地区包括辽宁、吉林、黑龙江3个省。中部和西部地区合称中西部地区。

战场"。2015～2020年，中西部地区常住人口城镇化率由50.50%提高到58.11%，年均提高1.52个百分点，年均增长速度比同期东部地区高约0.44个百分点，这一时期，全国新增城镇人口有58.4%是由中西部地区贡献的。总体来看，中国已经实现了《国家新型城镇化规划（2014—2020年）》中提出的到2020年常住人口城镇化率达到60%以及户籍人口城镇化率达到45%左右的目标。

（二）进城落户条件进一步放宽，"三个1亿人"举措有序推进

"三个1亿人"城镇化方案是推进以人为本、共享文明、区域均衡的新型城镇化的具体举措，直接关系到人民对生活"满不满意"。为实现"1亿农业转移人口落户城镇"，国家逐步加大户籍制度改革力度，推动农业转移人口市民化进程。2014年，国家率先全面放开了建制镇和小城市的落户限制。随后，大中城市户籍人口比例过低的问题开始引起注意。2016年发布的《推动1亿非户籍人口在城市落户方案》，通过取消积分落户等限制，开始逐步降低城区常住人口在300万人以下的大城市落户门槛。2017年起，越来越多的城市认识到人口红利的重要性，西安、成都、武汉、南京等特大城市为争夺和吸引人才，纷纷实施了重点群体"零门槛"落户。至2019年12月，为进一步促进劳动力区域流动，中共中央办公厅、国务院办公厅再次发文，全面取消了城区常住人口在300万人以下城市的落户限制，并开始"松绑"超大和特大城市的落户要求。随着进城落户条件不断放宽，户籍制度改革取得了显著成效，截至2020年底共有1.2亿农业转移人口落户城镇。中国城镇户籍人口已从2013年末的4.9亿人增长至2020年末的6.4亿人，平均每年增加2100多万人，累计增加约1.5亿人，实现了预期目标。

"改造约1亿人居住的城镇棚户区和城中村"，不仅有助于改善城镇居民和农业转移人口低收入家庭的居住条件，也极大地促进了城市空间景观优化。2007年以来，国务院以及住建部和财政部先后围绕棚户区改造发布了13份相关文件，并从2013年开始，明确具体的年度棚改

房屋数量目标、改造模式和安置措施（孟延春等，2018）。2008～2018年，中国棚户区改造累计开工约4500万套，已有1亿多居民实现了"出棚进楼"，棚户区居民住房条件得到了极大改善。其中，2014～2017年的城中村改造推动了1200多万农业转移人口就地转化为市民（韩云等，2019）。

　　"引导约1亿人在中西部地区就近城镇化"是"三个1亿人"城镇化方案中的最后一个"1亿人"目标。近年来，由于东部地区土地、用工成本的不断上升，中国的产业和劳动力出现了由东部地区向中西部地区转移和回流的"双转移"现象（辜胜阻等，2013a），并且，国家出台了一系列相关政策鼓励农民工返乡创业就业。中西部地区成为吸纳新增城镇人口的主要区域，城镇化水平显著提高。然而，目前中西部地区承接的产业多为规模小、低附加值的传统资源密集型产业，地区龙头企业少，集聚效应不强，导致产业对就业的支撑能力仍然有限。同时，中西部地区的教育、医疗、养老等公共服务供给能力与东部地区存在客观差距，对从小成长于城市生活环境的新生代农民工吸引力不强。2015～2020年，中西部地区新增城镇人口6370.9万人，年均增加约1274.2万人，离1亿人的目标仍有一定差距。

（三）城镇化布局和形态不断优化，城市群成为主体形态

　　进入"十三五"时期以来，国家制定实施了京津冀、长三角、珠三角、哈长、辽中南、山西中部、山东半岛、中原、长江中游、海峡西岸、北部湾、呼包鄂榆、宁夏沿黄、兰州—西宁、关中平原、成渝、黔中、滇中、天山北坡等19个城市群发展规划，划定了城市群范围，明确了发展重点，并建立了相关协作机制，再加上新疆喀什和西藏拉萨城市圈，"19＋2"的城市群格局基本形成并稳步发展。以各城市群规划划定范围为依据，统计分析城市群对国家城镇化与经济社会发展的贡献，19个城市群的国土面积约占全国的19.2％，2018年总人口占全国的71.47％，城镇人口占74.5％，现价GDP占82.51％，社会消费品零售总额占84.86％。城市群各项经济、人口指标在全国

具有举足轻重的地位，集聚效应越来越强，已经成为国家推进城镇化和经济发展的战略核心区。同时，我国进一步完善了国家中心城市布局，稳步推进特色小城镇建设，城市宜居性稳步提升，城镇化水平的区域差异在逐步缩小，尤其是中西部与东部地区间的城镇化率差距显著缩小，2015～2020年，中部与东部地区间城镇化率差距缩小2.06个百分点，西部与东部地区间差距缩小2.35个百分点（见表1-1）。

表1-1　　"十三五"时期中国常住人口城镇化率及其增速

地区	常住人口城镇化率（%）						增幅（百分点）				
	2015年	2016年	2017年	2018年	2019年	2020年	2016年	2017年	2018年	2019年	2020年
全国	57.33	58.84	60.24	61.50	62.71	63.89	1.51	1.40	1.26	1.21	1.18
东部地区	65.34	66.70	67.84	68.80	69.72	70.76	1.36	1.14	0.96	0.92	1.04
中部地区	51.52	53.18	54.84	56.29	57.72	59.00	1.66	1.66	1.45	1.43	1.28
西部地区	49.50	51.24	52.94	54.44	55.94	57.27	1.74	1.70	1.50	1.50	1.33
东北地区	62.90	63.76	64.56	65.71	66.71	67.71	0.86	0.80	1.15	1.00	1.00
东部-中部（百分点）	13.82	13.52	13.00	12.51	12.00	11.76	—	—	—	—	—
东部-西部（百分点）	15.84	15.46	14.90	14.36	13.78	13.49	—	—	—	—	—

资料来源：《中国统计摘要2021》，2015～2019年数据采用第七次全国人口普查修订数据，2020年数据为普查时点（2020年11月1日零时）数据。

（四）城镇化改革试点稳步推进

2014年，国家发展改革委等11部门联合发布《关于开展国家新型城镇化综合试点工作的通知》，随后分3批将2个省和246个城市（镇）列为国家新型城镇化综合试点，围绕城镇化进程中"人往哪里去、地从何处来、钱从哪里出"的核心问题，先行先试，进行新型城镇化体制机制创新。各地通过实践探索，在农业转移人口市民化、农村产权制度改革、城镇化投融资、城乡融合发展、都市圈协同发展和行政管理体制创新等方面形成了一系列改革经验，为全国性制度安排和政策设计提供了突破口。如围绕户籍制度改革，各试点探索形成了多样化落户政策，合肥、东莞、重庆等特大和超大城市通过整体调整落户标准降低落户门槛，青岛、成都等施行城市内部不同区域差异化落户，还有广州、石家庄等城市提出允许租赁房屋常住人口在城市公共户口落户，千方百计解决有落户意愿群体的落户问题。在农村产权制度改革方面，重庆和义乌建立的地票、"集地券"制度，为激活农村和农户闲置低效用地、农村集体经营性建设用地入市提供了借鉴；与此同时，重庆市巴南区和安徽省金寨县等地区对农民承包地经营权、宅基地使用权和集体收益分配权"三权"自愿有偿退出进行了探索，金寨县已有超过 2 万贫困农民自愿有偿退出宅基地并异地搬迁。此外，国务院有关部门还采取了农村土地征收、集体经营性建设用地入市、宅基地制度改革试点、城乡建设用地增减挂钩以及赋予镇区人口在 10 万人以上的特大镇部分县级管理权限等措施，新型城镇化体制机制创新取得了重要进展。

二　当前中国城镇化进程中存在的主要问题

虽然"十三五"时期中国城镇化取得了一系列成效，但在城镇化快速推进过程中，也积累了一些问题。主要表现在农业转移人口市民化进程严重滞后、城乡二元分割与城镇规模结构失调、城镇化推进的资源环境代价过大、各地城镇建设缺乏特色和个性等，综合表现为较低的城镇化质量。这些问题是推进高质量城镇化亟待解决的关键问题，也是发展中的问题，需要理性看待，需要在"十四五"乃至今后较长一段时期内逐步探索解决。

（一）农业转移人口市民化进程严重滞后

自 2015 年以来，中国户籍人口城镇化率与常住人口城镇化率的差距在逐年扩大，到 2020 年两率差距达到 18.49 个百分点，扩大了 1.06 个百分点。2020 年中国进城农民工达到 1.31 亿人①，大量农业

---

① 国家统计局：《2020 年农民工监测调查报告》，国家统计局网站，2021 年 4 月 30 日，http：//www. stats. gov. cn/tjsj/zxfb/202104/t20210430_1816933. html。

转移人口虽然被统计为城镇人口，但实际上还难以完全享受与城镇居民同等的待遇，城市内部二元结构的加剧将严重影响社会和谐发展和城镇化质量的提高。市民化是"人"的城镇化核心之所在，未来一段时间内，农业转移人口市民化仍将是中国城镇化的一个重点，更是难点。为保障农业转移人口市民化有序推进，2014年国务院印发了《关于进一步做好为农民工服务工作的意见》，随后各地方政府也出台了一系列相关政策，重点解决农民工面临的劳动保障、公共服务和城镇落户等问题。然而，目前多地普遍存在"放开落户的城镇，农业转移人口不愿意落户"以及"农业转移人口有落户意愿的城镇，没有放开落户限制"的现象。落户意愿和落户政策的不匹配，以及农业转移人口自身的后顾之忧，致使市民化推进难以加速，至今市民化仍严重滞后于城镇化。当前，进城农民"三权"退出的市场化机制尚未建立，缺乏自主退出的制度安排，农业转移人口不愿意在几乎没有任何市场收益的情况下放弃承包地、宅基地及其他相关权益。与此同时，城乡基本公共服务体系之间缺乏有效的相互流转机制与渠道，流动人口仍未完全纳入当地的公共服务体系，这在很大程度上也限制了农业转移人口市民化进程。此外，由于人地挂钩、人钱挂钩等政策尚需继续深化，市民化的多元化成本分担机制还不完善，加上市、区级地方政府的改革收益和支出成本存在"不对称"，所以一些地方对推进农业转移人口市民化的积极性不高。

（二）城乡二元分割与城镇规模结构失调

迄今为止，中国长期形成的城乡二元分割局面尚未完全扭转。2020年，中国城乡居民人均可支配收入之比为2.56∶1，城乡居民收入差距仍然较大，依然高于20世纪80年代的水平，更远高于1985年的1.86∶1。虽然2010年以来中国农村居民收入实际增速已经连续多年高于城镇居民，城乡居民收入之比逐年缩小，但绝对差距仍在继续扩大。2013年，城乡居民人均可支配收入差距为17037.4元，2017年扩大到 22963.8 元，2020 年进一步扩大到 26702.3 元。即使按可比价格计算，自 20 世纪 80 年代中期以来，城乡居民人均可支配收入绝对差距也在不断扩大，这种状况直到 2020 年才有一定改观。① 再从收入来源（见表 1 - 2）看，城乡居民人均可支配财产净收入差距最大，2020 年高达 11.04 : 1。房产价值的差异是造成城乡居民之间的"财产鸿沟"的主要原因。2018 年，中国城镇居民户均房屋财产价值达到 102.9 万元（谭智心，2020）。而受制度约束，农民住房无法入市流通，基本无法实现市场价值。并且，当前农民收入主要依赖工资性收入和转移性收入，经营性收入占比不断下降，农民增收缺乏内生动力也是城乡收入差距仍然较大的重要原因之一。此外，由于城乡社会保障制度尚未完全并轨，实现城乡基本公共服务均等化任务还十分艰巨。目前进城落户农民"三权"退出机制不畅，缺乏自主退出的制度安排，也不利于农业人口有序转移。

城镇规模结构失调，大中小城市协调发展格局尚未建立。目前，中国少数特大城市因承担功能过多，产业高度集聚，导致城市规模快速扩张，"城市病"凸显。而一些中小城市和小城镇因基础设施和公共服务发展滞后，产业支撑不足，就业岗位较少，经济社会发展后劲不足。2015 ~ 2018 年，27 个 300 万人以上的大城市城区人口（含暂住人口）增长 12.7%，建成区面积增长 18.6%，远高于全国城镇平均增长速度。② 其间，全国建制镇数量增长 3.8%，其建成区人口仅增长 8.1%，建成区面积仅增长 6.2%。2019 年，中国除县城关镇外的 1.87 万个建制镇中镇区居住人口仅占全国城镇人口的 20.7%，而 2010 年这一比例为 24.8%，2006 年为 28.1%。③

---

① 按可比价格计算，2020 年城乡居民人均可支配收入绝对差距比上年下降 1.2%，但 2020 年受新冠肺炎疫情的影响，情况比较特殊，城乡居民收入绝对差距是否趋于稳定缩小还有待进一步观察。
② 资料来源：2015 年和 2018 年的《中国城乡建设统计年鉴》《中国城市建设统计年鉴》。
③ 2006 年建制镇镇区居住人口为建制镇建成区人口及其暂住人口，2010 年为建成区户籍人口和暂住人口，2019 年为建成区常住人口。

表 1 - 2　2013～2020 年中国城乡居民不同来源收入差距对比

单位：元

收入来源	指标	2013 年	2014 年	2015 年	2016 年	2017 年	2018 年	2019 年	2020 年
人均可支配工资性收入	城镇居民	16617	17937	19337	20665	22201	23792	25565	26381
	农村居民	3653	4152	4600	5022	5498	5996	6583	6974
	城乡之比	4.55	4.32	4.20	4.11	4.04	3.97	3.88	3.78
人均可支配经营净收入	城镇居民	2975	3279	3476	3770	4065	4443	4840	4711
	农村居民	3935	4237	4504	4741	5028	5358	5762	6077
	城乡之比	0.76	0.77	0.77	0.80	0.81	0.83	0.84	0.78
人均可支配财产净收入	城镇居民	2551.5	2812.1	3041.9	3271.3	3607	4028	4391	4627
	农村居民	194.7	222.1	251.5	272.1	303	342	377	419
	城乡之比	13.10	12.66	12.10	12.02	11.90	11.78	11.65	11.04
人均可支配转移净收入	城镇居民	4322.8	4815.9	5339.7	5909.8	6524	6988	7563	8116
	农村居民	1647.5	1877.2	2066.3	2328.2	2603	2920	3298	3661
	城乡之比	2.62	2.57	2.58	2.54	2.51	2.39	2.29	2.22

资料来源：2013～2019 年数据来源于《中国统计年鉴》，2020 年数据来源于国家统计局发布的《2020 年居民收入和消费支出情况》。

（三）城镇化推进的资源环境代价过大

中国资源短缺、环境脆弱，粗放式的大规模快速城镇化不仅加剧了资源供给的紧张状况，还带来了极大的环境压力，对可持续城镇化造成了不利影响。由于缺乏科学的政绩观以及受土地财政的影响，许多地区不顾资源环境承载力，将城镇扩张、新城新区建设和大规模土地开发作为推进城镇化的主要途径。据中国城市和小城镇改革发展中心的网络摸查，全国有 654 个城市共提出 737 个新城新区，规划区总面积超过 8.35 万平方公里，几乎接近设市城市建成区总面积的 2 倍。① 大规模圈地的粗放式发展，使中国的城市人均建设用地面积与部分人均耕地面积是中国的几倍甚至十几倍的发达国家达到了同一水

---

① 《原子智库丨李铁：中国有些城市新区，建着建着成了孤岛》，腾讯网，2019 年 4 月 3 日，https://new.qq.com/cmsn/20190403/20190403007827.html。

平（陆大道、陈明星，2015）。而随着城镇人口的增加，用水需求不断增长，加上环境污染、低效利用和资源空间错配，中国部分城市的水资源短缺问题越发严重，已成为制约城镇化建设的难题。中国 600 多个城市中，近 70% 的城市存在供水不足，其中严重缺水城市达到 114 个，城市年缺水总量达 60 亿立方米（邱国玉、张晓楠，2019）。此外，目前中国是世界上最大的能源消费国（自 2010 年），也是全球最大的 CO_2 排放国（自 2008 年），减少 CO_2 排放和适应气候变化也是未来中国在城镇化进程中要肩负的重要任务。大幅减小资源环境代价，仍将是中国城镇化面临的严峻挑战。

（四）各地城镇建设缺乏特色和个性

中国城镇发展存在特色和个性不足、历史文化保护和传承缺失的现象。部分地区把城镇化简单等同于城市建设，贪大求快，脱离实际，忽视城市精细化管理和广大居民需求，忽视地方文化的传承创新和城市个性塑造，造成"千城一面""千楼一面"。片面的政绩观、过度的商业开发、重物质保护而轻文化传承是中国城镇化过程中建筑文物遗产屡遭破坏、非物质文化传承断裂的重要原因。在特色小城镇建设中，一些地方存在盲目跟风、借机搞房地产开发的倾向。加强文化保护和传承，是突出城镇特色的关键一环。推进中国特色的新型城镇化，必须加快完善优秀历史文化保护与传承的体制机制，增强文化自信。

三 2025 年和 2035 年推进城镇化思路和目标体系

当前，中国已经进入高质量城镇化的新时期。全面提高城镇化质量，实现高效、包容和可持续的高质量城镇化目标，是中国推进城镇化的首要任务。《中共中央关于制定国民经济和社会发展第十四个五年规划和二〇三五年远景目标的建议》明确提出 2035 年要基本实现新型城镇化。从中国常住人口城镇化率的测算结果（详见第三章）来看，2035 年中国常住人口城镇化水平已超过 70%，进入城镇化稳定期，基本完成城镇化过程，能够达到基本实现城镇化的目标。但从中国户籍人口城镇化进程来看，到 2035 年要基本实现新型城镇化目标仍有一定难度。因此，为确保到 2035 年基本实现新型城镇化，应坚持以人为核心，全面提升城镇化质量，以加快农业转移人口市民化为首要任务，大力推进常住人口城镇化率和户籍人口城镇化率缩小差距直至实现并轨，努力走出一条推进速度适度合理、市民化质量有效提高、城镇化格局均衡有序、城乡发展深度融合、城镇发展绿色健康的中国特色高质量城镇化之路，使人民生活更加美好取得更为明显的实质性进展，让全体人民共享城镇化发展红利。

——城镇化推进速度适度合理。中国快速推进城镇化的过程还将至少持续 15 年左右，但推进速度会进一步放缓，处于合理区间。2021 ~ 2025 年，中国城镇化率增长速度预计保持在年均 0.78 个百分点左右，2025 年常住人口城镇化率达到 67.8%[①]；2026 ~ 2035 年，中国城镇化率增长速度保持在年均 0.66 个百分点左右，2035 年常住人口城镇化率达到 74.4%。

——市民化质量有效提高。消除农民进城落户的后顾之忧，实现义务教育、就业服务、基本养老、基本医疗卫生、保障性住房等城镇基本公共服务常住人口全覆盖，在 2035 年前根本解决农业转移人口市民化，总体上实现市民化与城镇化同步推进。

——城镇化格局均衡有序。至 2025 年，全面形成"两横三纵"的城镇化战略格局，并逐步推动向"三横三纵"的中长期城镇化战略格局转变。科学控制超大城市与特大城市规模膨胀，有效激活中小城市与特色小城镇，全面提升城市群和都市圈质量，推动不同规模城镇合理布局、均衡发展。

——城乡发展深度融合。着重打通城乡一体化体制机制中的户籍

[①] 这是按照第七次全国人口普查数据调整后的城镇化率预测的目标值。按照未调整前的数据预测，2025 年中国城镇化率约为 65.5% 左右（魏后凯等，2020a）；《中华人民共和国国民经济和社会发展第十四个五年规划和 2035 年远景目标纲要》设定的目标值为 65%。

制度、土地市场制度、社会保障制度等关键环节，推动城乡要素双向自由流动、平等交换，构建与高质量发展相适应的新型城乡关系。

——城镇发展绿色健康。既要实现低消耗、低排放、高效率、可承载的城镇化目标，又要建立起可持续的城镇化体制机制，保障城镇经济社会健康发展。积极倡导绿色生产生活方式，城市生态安全格局进一步优化，节能节水产品、再生利用产品和绿色建筑比例进一步提高。土地管理、社会保障、财税金融、行政管理、生态环境等制度改革取得重大进展，阻碍城镇化健康发展的体制机制障碍基本消除。

新型城镇化主要指标 2025 年和 2035 年目标如表 1 - 3 所示。

表 1 - 3　新型城镇化主要指标 2025 年和 2035 年目标

指标	2020 年	2025 年	2035 年
城镇化水平			
常住人口城镇化率① （%）	63.89	68 左右	74.4 左右
户籍人口城镇化率 （%）	45.4	55 左右	70 左右
市民化质量			
农民工随迁子女接受义务教育比例 （%）	90②	≥98	100
城镇失业人员、农民工、新成长劳动力免费接受基本职业技能培训覆盖率 （%）	—	≥95	100
城镇常住人口基本养老保险覆盖率③ （%）	—	≥95	100
城镇常住人口基本医疗保险覆盖率 （%）	96.1④	≥98	100
城镇常住人口保障性住房覆盖率⑤ （%）	—	≥30	≥60
城乡融合发展			
城乡居民收入比	2.56	2.5	1.8
城乡恩格尔系数差值 （百分点）	3.5	1.8	1
城镇人居环境			
城镇人均公园绿地面积⑥ （平方米）	14.8	≥30	≥60
城镇污水处理达标率 （%）	94.5	≥95	99
城镇生活垃圾无害化处理率 （%）	99.2	≥99	100
城镇家庭宽带接入 （Mbps）	—	≥50	≥100
城镇公共交通出行分担率⑦ （%）	≤40	≥50	≥60
地级以上城市空气质量达到国家标准的比例 （%）	59.9	≥60	80

续表

指标	2020 年	2025 年	2035 年
城镇资源环境			
人均城市建设用地⑧（平方米）	—	≤100	≤100
人均水资源量⑨（立方米）	412	≥400	≥400
城镇非化石能源比重⑩（%）	15.3	≥20	≥25

注：①常住人口城镇化率为第三章预测值。②为 2015 年数据，引自《发改委：义务教育阶段农民工随迁子女就学比例已达到 90%》，央广网，2016 年 2 月 25 日，http://news.cnr.cn/dj/20160225/t20160225_521468536.shtml。③城镇常住人口基本养老保险覆盖率指标中，常住人口不含 16 周岁以下和在校学生。④为 2018 年数据，引自《全国第六次卫生服务统计调查报告》。⑤城镇保障性住房包括公租房、廉租房、政策性商品住房和棚户区改造安置住房。⑥城镇人均公园绿地面积指具备城市绿地主要功能的斑块绿地。全国绿化委员会办公室发布的《2019 年中国国土绿化状况公报》显示，2019 年中国人均公园绿地面积达 14.11 平方米，不及联合国最佳标准的 1/4，远低于联合国提出的 60 平方米的最佳人居环境标准。因此，设置 2025 年达到 30 平方米、2035 年达到 60 平方米的目标。⑦交通运输部发布 2018 年全国多数城市公交机动化出行分担率不足 40%。国际经验表明，管理较好的发达国家城市公交分担率一般在 60% 以上。因此，设置 2025 年达到 50%、2035 年达到 60% 的目标。表中现状数据为 2018 年数据，引自《全国每日 2.5 亿人次公交出行 城市公交出行分担率不足 40%》，中国网，2018 年 5 月 27 日，http://news.china.com.cn/2018-05/27/content_51525369.htm。⑧《城市用地分类与规划建设用地标准》规定，人均城市建设用地标准为 65.0~115.0 平方米，新建城市为 85.1~105.0 平方米。⑨人均水资源量表征可供开发、使用作为资源的水具有充足数量和可用量，2019 年，全国水资源总量为 29041.0 亿立方米，人均综合用水量为 431 立方米。⑩城镇是中国主要能源消耗地区。2019 年中国非化石能源占能源消费的比重为 15.3%。为实现《巴黎协定》承诺的 2030 年中国非化石能源占一次能源消费的比重达到 20%，城镇的非化石能源比重一定要率先达到目标。表中现状数据为 2019 年全国非化石能源占能源消费比重，引自《关于 2019 年国民经济和社会发展计划执行情况与 2020 年国民经济和社会发展计划草案的报告》。

四　新时期推进新型城镇化的战略重点

为实现高质量城镇化目标，应以加快农业转移人口市民化为首要任务，以建设现代化高品质城市群和都市圈为核心内容，以健全城乡融合发展体制机制为制度保障，走出一条中国特色的高质量城镇化之路。

（一）提升农业转移人口市民化质量

目前，中国农业转移人口市民化进程严重滞后。至 2025 年，除个别城市外，要全面取消城市落户限制，进一步完善相关配套改革和市民化成本分担与利益协调机制，加快推进常住人口城镇化率与户籍人口城镇化率缩小差距。

1. 持续加大户籍制度改革力度

一是以推进各项社会福利与户籍身份脱钩为方向，深化户籍制度改革。除个别超大城市外，要全面取消城市落户限制，尤其是年龄、学历、纳税等带有歧视性的门槛。在城乡统一的户籍登记制度基础上，建立城乡一体化的社会保障制度、劳动管理制度，并分类分梯次推进城乡基本公共服务制度并轨，逐步实现基本公共服务城乡常住人口全覆盖，为形成全民覆盖、普惠共享、城乡一体的基本公共服务体系奠定基础。根据当前户籍制度改革的进展，未来的难点在于，人口在 500 万人以上的超大、特大城市可通过落实推进城市各类资源与常住人口挂钩，而不是与户籍人口挂钩，攻克户籍制度改革最后难关。二是分类推进积分落户制度改革，除北京、上海外，要逐步放宽超大城市积分落户条件并限期取消，尽快取消特大城市积分落户制度。目前实施的积分落户制度中，要突出"稳定生活和稳定就业"的重要性，以居住证和缴纳社保年限为主要落户依据。三是加快实施城市群及都市圈内居住证互认和户口通迁制度，推动农业转移人口实现"宜城则城、宜乡则乡、来去自由"。

2. 积极提高保障性住房供给水平，扩大覆盖面

流动人口城市生活的能力和稳定性，不仅仅是其自身落户的决定因素，也是城市吸纳其落户的决定因素，决定了微观主体生活和整个社会的稳定性。目前，保障性住房的目标对象是城市户籍居民，为推进流动人口安居落户，需要加快并全面提高保障性住房供给水平，推进保障性住房覆盖全体人口。叶裕民（2015）在广州和北京的城市实践中，探索提出了"将非户籍常住人口可支付健康住房纳入城中村改造规划，极大降低特大城市非户籍常住人口市民化成本"的建议。一方面，在流动人口退出农村宅基地的同时，可以将腾退的建设用地指标优先供给城市保障性住房用地，以此提高保障性住房供给水平。另

一方面，要加快构建城市建设用地与常住人口挂钩的机制，全面提高人口大规模流入地的城市建设用地指标，科学规划，提高保障性住房用地供给水平。

3. 完善户籍制度相关配套改革

科学落实人地挂钩，在深化都市圈内跨地区调剂和深度贫困地区跨省交易的基础上，积极探索推广城乡建设用地增减挂钩节余指标跨省交易；深化实施"钱随人走"，在财政转移支付、基建投资、城镇建设用地规模等方面，继续加大对农业转移人口落户较多地区的支持力度；与此同时，建立健全上下级政府间以及流入地和流出地间的城镇化成本分担机制，实现各级政府公共成本共担，以增强地方政府推动市民化的积极性。

（二）优化城镇化空间与规模格局

从资源环境承载能力和人口吸纳能力来看，中国的城镇化要以城市群和都市圈为主体形态，以中小城市和县城为吸纳新增城镇人口的主要载体，充分发挥多层级中心城市的作用，不断提高城市群、都市圈的国际竞争力、综合控制力和资源环境承载能力，持续增强中小城市、小城镇的公共服务供给能力和产业支撑能力，推动形成以城市群、都市圈和中心城市为引领，大、中、小城市与小城镇协同发展的城镇化规模新格局。

1. 构建城镇化战略新格局

以"两横三纵"为主的国土空间开发架构和城镇化战略格局已经过十年建设，中国经济增长步入新常态，发展模式向高质量方向转变，从中长期发展来看，需要对以"两横三纵"为主的国土开发和城镇化战略进行重新审视和优化，以适应新的发展需求（魏后凯等，2020b）。未来一段时间内，中国城镇化战略格局需要分阶段分步骤进行优化调整。要巩固提升陆桥通道、沿长江通道两条横轴以及沿海、京哈京广、包昆通道三条纵轴，并在此基础上进一步优化城镇化空间网络，依托黄河流域生态保护和高质量发展规划的实施，构建陆桥—

沿黄横向复合发展轴，带动北方地区和传统农耕区发展，同时依托珠三角和珠江—西江大通道，构建贯穿南部地区的珠江—西江发展轴，至 2025 年全面形成"两横三纵"城镇化战略格局，至 2035 年全面形成以陆桥—沿黄通道、沿长江通道、珠江—西江通道为三条横轴，以沿海、京哈京广、包南通道为三条纵轴的"三横三纵"城镇化战略格局。

2. 积极推动城市群分类治理

当前，中国城市群呈现发育阶段多样化、所在区域的发展格局日益差异化、服务国土空间开发保护战略目标趋于多元化、现代治理方式要求越来越精准化的态势。在中国未来国土空间战略、开发和保护格局中，不同城市群担负的任务不同，既有面向全球竞争，也有带动中西部共同富裕，还有保障国土空间安全等不同指向。城市群的发展模式各具特色，既有沿海大都市连绵区域，也有山地城市群，还有内陆城市群等不同发展模式，在现代化的治理方式下，必须要求精准，才能发挥比较优势，提升国际竞争能力。要积极培育京津冀、粤港澳、长三角、长江中游 4 个世界级城市群，面向全球战略竞争，以四大城市群为支撑，布局战略竞争区，在京津冀、长三角、粤港澳布局创新型地域经济综合体。加快发展成渝、中原、山东半岛、辽中南、关中平原、海峡西岸、北部湾等 7 个国家级城市群。积极扶持哈长、兰州—西宁、山西中部、呼包鄂榆、滇中、黔中、宁夏沿黄、天山北坡等 8 个区域级城市群。

3. 优化城镇化的规模格局

根据资源环境承载能力，科学控制"两大"（超大城市与特大城市），有效激活"两小"（有潜力的小城市与特色小城镇），抓稳"群和圈"（城市群、都市圈），推动形成以城市群、都市圈和中心城市为引领，大、中、小城市与小城镇协同发展的城镇化规模新格局。首先，在继续完善城市群规划建设的基础上，重点推进都市圈的规划建设，实现城市群和都市圈的高质量发展。其次，强化中心城市的引领、示范和辐射带动作用，推动形成全球中心城市、国家中心城市、区域中心城市和地方中心城市四级中心城市体系。要支持香港、上海、北京建设全球中心城市，提升其在国际城市体系中的综合竞争力，同时优化国家中心城市布局，强化区域中心城市在区域和跨境发展中的作用，提高地方中心城市公共服务能力和水平。最后，以中小城市和县城作为吸纳新增城镇人口的重要载体，持续增强中小城市、小城镇的公共服务供给能力和产业支撑能力，按照现代小城市标准推进县城和建制镇镇区建设。

4. 加快建设国家级高品质都市圈

在国家层面规划建设 34 个基础设施布局优化、产业分工明确合理、资源要素流动平衡、区际协调机制完善、生态环境优美舒适的高品质都市圈，使之成为新时期推进新型城镇化的核心区域。根据经济发展水平、开放程度、都市圈人口密度、中心城市与周边区域空间联系强度，可将都市圈分为优化型、发展型和培育型三种类型。其中，优化型都市圈包括北京、上海、广佛肇、深莞惠、杭州、苏锡常、南京等 7 个；发展型都市圈包括重庆、天津、成都、武汉、沈阳、郑州、西安、青岛、厦门、长沙、福州、济南、大连、哈尔滨、长春、昆明等 16 个；培育型都市圈包括合肥、太原、石家庄、南昌、南宁、贵阳、呼和浩特、兰州、乌鲁木齐、西宁、银川等 11 个。要加快都市圈发展规划的编制，明确各都市圈的战略定位、发展导向和空间管控，积极推动都市圈相关制度改革和治理模式创新，全面促进都市圈高质量一体化发展。

（三）加快推进设市进程

自 1997 年冻结撤县设市以来，中国建制市的数量不但没有增加，反而呈不断减少的趋势。随着城镇人口规模的不断扩大，大量小城镇的行政管理体制已难以适应其城镇规模和经济社会的快速发展。直至 2017 年，撤县设市审批逐步恢复，但"小马拉大车"现象仍然普遍存在。目前，设市工作的严重滞后与城镇化的客观需求不相适应，同时也不利于提高城镇化质量和构建科学合理的城镇化格局。未来一段时期，要适应高质量城镇化的需要，采取撤县设市、镇改市、切块设市途径，加快推进设市进程，积极培育一批新生中小城市。

1. 有序增设县级市

通过撤县设市培育发展一批中小城市。将经济社会发展程度较高、集聚人口较多的地方有序改设为县级市，一方面，能够通过扩权调动地方积极性，在县域层面有效破解制约发展的体制机制障碍，激发发展潜力，增强发展动力，释放发展活力，培育新的增长点；另一方面，有利于地方以城市标准引领发展，加强基础设施建设，扩大公共服务供给，立足长远，提升规划建设管理水平，走集约、智能、绿色、低碳的新型城镇化道路。需要注意的是，在整县改市过程中，还需要充分考虑其与周围城市的关系，以充分发挥撤县设市对优化城镇体系结构、完善区域城镇格局、促进区域协调发展的重要作用。

2. 鼓励特大镇设市

截至 2019 年，中国有镇区常住人口在 5 万人以上的建制镇 1123 个，10 万人以上的建制镇 321 个，20 万人以上的建制镇 54 个，其中还有五六十万人和接近百万人的建制镇，由此形成了一批达到或超过设市标准的特大镇。① 在未来城镇化进程中，加快推进特大镇设市势在必行。对于特大镇设市条件成熟的，可以直接设市；对于主客观条件不太成熟的，可以实行计划单列管理，深化放权让利改革。此外，特大镇在社会、经济、区位、资源环境等方面存在较大差异，撤镇设市不宜采取单一的标准和模式。要建立多元化的标准体系，尽快完善相关行政区划法规和地方配套法规，保障撤镇设市有序进行。同时，科学遴选少量发展潜力较大、区位条件较好、能够承接吸纳县域内外各类优势生产要素、能够辐射带动城乡一体化发展的重点小城镇作为中心镇，通过中心镇培育工程，大力提升县域城镇化水平。

---

① 《李铁：特大镇设市，应成为新的改革试验田》，2019 年 10 月 26 日，https://www.ndrc.gov.cn/xxgk/jd/wsdwhfz/201911/t20191129_1206901_ext.html。

3. 探索推进省直管县（市）体制改革

推进省直管县（市）是在中国地方政府的中间层次展开的，具有上下联动和互相影响的效应。从现实情况看，省直管县（市）不仅涉及行政区划的调整、行政权力的再分配，还要综合考虑区域经济布局、各县自身经济发展能力和省级管理幅度等多方面因素。因此，省直管县（市）不宜大规模开展，而应通过选择试点进行合理探索。省直管县（市）试点应与相应的经济区保持一致，要有利于县域核心的塑造，有助于形成功能聚合的一个或几个中心城市，还要充分考虑培育县域核心（中心城市）的腹地范围的大小，以保证中心城市足够的生长腹地。较大范围的腹地或县域内，要保持完整、便捷的交通通信网络，保证中心城市与腹地的紧密联系。同时，要具备与其他区域特别是更发达区域保持紧密联系与相互作用的高度开放性。通过将一些区位优良、实力强劲、发展势头迅猛、有望成为大城市的县（市）从所在地级市管辖下独立出来，提高其管理层级，培育一批中心城市。

4. 严格控制县改区

撤县设市冻结期间，由于缺乏明确标准，出现县（市）盲目改区现象。1997～2012 年，县（市）改区的数量达到 158 个，其中县级市改区有 87 个（王卫国，2017）。之后，县（市）改区的势头有所放慢，但并未得到有效控制。市辖区是城市的组成部分，也是一种典型的城市型政区。不顾县域城镇化水平、区域发展实际需求，盲目将整县并入市辖区，不仅无法带动县域城镇化，反而使其陷入"假性城镇化"陷阱，并且导致城市继续"摊大饼"式扩张蔓延。2018 年，民政部起草制定了《市辖区设置标准》，从人口规模、经济社会发展水平、空间联系等方面明确了县（县级市）改设市辖区的具体标准。今后应按照标准，严格控制县改区，并将现有城市市辖区的设置从"只增不减"转变为"有增有减"的动态调整，通过市辖区的增设和撤并，优化资源配置，促进人口、产业的科学布局（魏后凯、白联磊，2015）。

（四）大力推进智慧城镇化

数字化、智慧化已经成为城镇化的新方向。以统筹发展智慧城市与数字乡村为主线，以缩小城乡"数字鸿沟"为目标，按照"共享、统筹、分类、创新"的推进原则，通过智慧城市建设增强城市承载力，通过数字乡村、智慧乡村建设激活农村发展动能。重点围绕城乡基础设施、产业发展、公共服务、社会治理等领域，推进城乡新型基础设施普及、信息要素跨界配置、公共服务信息共享、治理手段数字化等，提升城乡生产、生活、生态空间的数字化、网络化、智能化水平，为统筹推进新型城镇化与乡村振兴战略提供有力支撑。

1. 推进智慧城乡规划一体化

一是强化数字城乡一体化设计，以"一体化设计、同步实施、协同并进"为主线，发挥信息化在城乡规划设计中的作用，推动各地智慧城市规划、数字乡村规划与其他规划"多规合一""同步实施"，加快推进"城市大脑"在城乡空间规划、产业布局、社会治理、陆海生态、民生保障中的应用，促进城乡生产、生活、生态空间的信息化协同。二是加强监督评估。加快出台城乡信息化水平监测评估体系，选定一批城乡信息化重点项目进行绩效评估与跟踪，切实提升城乡信息化水平。三是建立城乡信息化融合的统筹协调机制，加强跨部门、跨行业、跨领域、跨城乡的协同，重视发挥军地合作、军民融合的作用，建立完善城乡信息化融合可持续推进机制。

2. 建设城乡信息化基础设施

一是加快智能基础设施城乡覆盖。加快实现县级城市和小城镇主干道路交通智能监控体系全覆盖，建立城乡一体化智能交通综合管控体系，实现全域交通引导、指挥控制、调度管理和应急处理的智慧化。二是依托省级政务云建立省级城乡统一的大数据资源中心。加强城乡数据中心等新型基础设施的统筹规划和部署，探索建立跨部门、跨城乡、跨区域的省级数据中心，打造省级数字治理智慧大脑。三是补齐农村数字化基础设施短板。对城乡信息化基础设施进行统一规划、统一建设、统一管护，加快推进 4G 网络在农村边远地区、贫困地区深度覆盖，将农村无线网络建设纳入无线城市建设工程当中，实现城乡重点区域 WIFI 全覆盖，在有条件的地方部署 5G 网络，打造一批 5G 应用智慧生活小区。四是重视信息安全体系建设。加快出台针对城乡政务服务领域的信息安全相关法律法规，以智慧城市与数字乡村应用系统、网络与平台安全以及数据安全管理建设为重点，探索引入社会第三方安全机构为政务服务提供安全保障，形成可持续的城乡信息化建设的信息安全保障机制。

3. 加快实用性技术创新和应用

一是加强面向智慧城市应用的技术创新。大力推动感知技术发展，为实现各种智慧城市应用提供可行性，扩大智慧城市应用范围。在现有网络的基础上，研究和开发适应和满足智慧城市通信特征的网络能力改进，以及与之相适应的通信网络运维体系。二是强化农业生产端信息化基础设施建设，推动工业互联网与农业互联网协同发展。将农业农村信息化基础设施建设重点转向田间、圈舍、鱼塘、农机库，加快推进天空地一体化信息网络，重视乡村尤其是产粮大县、蔬菜大县的物流基础设施建设，为乡村产业数字化转型奠定基础，推进城乡产业互联互通。三是加强技术方法对数据共享的支持。通过技术方法对敏感数据进行脱敏处理，加强私有数据共享。利用区块链和智能合约实现数据拥有权与使用权的分离，盘活各数据仓库中的数字资产，使数据有效流通使用，服务于智慧城乡建设。

4. 以新技术促进城乡服务融合

一是全面推进信息进村入户工程建设，充分发挥数字技术的"信息共享、服务协同、资源共建、知识溢出"的优势，加快数字技术在医疗卫生、教育、就业培训等民生保障方面的应用，积极利用互联网推动城市优质服务资源下沉，向乡村居民提供全面、优质、高效的智慧教育、智慧医疗、数字文化、便民服务、金融服务等数字化公共服务，加速形成城乡要素均衡配置格局，让信息化发展成果更好地推进城乡基本公共服务均等化，使其普惠可及。二是建立乡村服务智慧化体系，推进智慧教育、智慧医疗、智慧养老、智慧交通、智慧就业等智慧城市民生领域的主要应用向乡村延伸和覆盖。改善乡村智慧学习环境和新型教学模式，推进乡村教育智慧化和城乡教育一体化；推进城乡医疗信息资源共享，推进医疗服务、公共卫生、医疗保障、用药监管等智慧医疗体系向农村延伸；将城市智慧养老向乡村延伸，提高村镇养老服务中心的信息化水平。三是遴选一批乡村治理示范县开展乡村治理数字化试点。在全国乡村治理示范县遴选一批信息化基础能力较强的乡村，试点建设一批集乡村规划、村务管理、环境监测、民生保障、综合执法、应急指挥、便民服务等于一体的全方位的乡村治理数字化示范村镇。积极推进"互联网＋政务服务"向农村延伸，以省级政府门户网站为基础，整合本地各层级政务服务资源，加快建立城乡统一的一站式"互联网＋政务服务"平台，为城乡居民提供均等的一站式便民服务与政务服务，推动城乡政务信息资源共享。

（五）积极推进县域城镇化

《国家新型城镇化规划（2014—2020年）》明确把加快发展中小城市作为优化城镇规模结构的主攻方向之一，中共十九届五中全会又提出"推进以县城为重要载体的城镇化建设"，县域是乡村振兴、城镇化和城乡融合发展的前沿阵地（苏红键，2021），新形势下县域城镇化迎来了重大发展机遇。

1. 改善县域人居环境

提升县域人居环境质量和水平，一方面要注重为县域城镇人口提供优质的公共服务、生活服务；另一方面要满足县域乡村居民的服务需求，提高农村公共服务和人居环境质量。一要提升县域公共服务质量和均等化水平。要优化教育资源在县城、镇乡、村庄的配置，特别是要科学规划，加强县城基础教育资源配置，以此提高县域农村学生进入县城接受基础教育的自主选择权，促进教育平等；提高县城医疗服务质量，完善县域医共体模式和分级诊疗体系，增强城乡居民优质医疗资源的可获得性；完善县域养老服务体系、公共文化服务体系等。二要提升县域生活服务质量。要促进县域餐饮住宿、休闲娱乐、康养、家政服务等生活服务业提质升级，因地制宜发展夜间经济、地摊经济，积极培育生活服务新业态，为县域居民、返乡入乡人员提供多样化、高品质的生活服务。三要优化县域生态环境。要牢固树立绿水青山就是金山银山的理念，加强县域生态文明建设，坚持绿色发展，建设美丽县城、特色小镇、美丽乡村。

2. 完善县域产业体系

与大中城市相比，县城往往具备土地和劳动力成本优势，邻近农产品产地，部分县城已具有较好的产业基础，因此，县域产业发展应以县城（或城区）和中心镇为重要载体，立足地区优势，构建各具特色、符合主体功能定位的主导优势产业群，带动就业和人口集聚。一是促进农村第一、第二、第三产业融合发展。重点要提高当地特色农产品及其加工业的发展质量，完善农产品商贸物流体系和城乡商贸体系，依靠城乡电商一体化促进农村电商发展，大力发展乡村特色旅游，积极完善农村金融、保险、技术服务等社会化服务体系。二是对于具备一定产业发展基础的县城，要积极促进现有产业转型升级、绿色发展。按照智慧化、绿色化、补链强链的发展思路，促进建材、农产品加工、食品制造等传统产业转型升级。三是积极引进发展其他劳动密集型产业。在全球产业价值链转移的宏观背景下，各类县城要积极优化当地营商环境，主动承接发展电子信息、纺织服装等劳动密集型产业，带动县域经济发展和县域城镇化。四是紧跟新一轮科技革命浪潮，积极引导、鼓励发展数字经济，加快发展先进制造业和现代服务业，支持新产业新业态新模式健康发展，带动扩大县域就业。

3. 优化县域空间格局

要科学推进县城低密度开发，协同推进县域人口城镇化与土地城镇化，保障土地和住房供给，增强县城人口承载力。一方面要加强县域空间规划，优化"三生空间"。县域空间在国家空间治理体系中属于最基础的单元，要着力打造县域生产空间集约高效、生活空间宜居适度、生态空间山清水秀的"三生空间"，并结合实际，科学划定"三区三线"①。另一方面要充分保障县城公共服务设施用地和保障性住房用地供给。积极推进县域城乡建设用地统筹利用，保障县城发展所需的建设用地供给，对于腾退整理的农村集体建设用地，优先支持县城教育、养老等公共服务设施用地、保障性住房用地；统筹城乡教育用地供给；建立县城保障性住房用地和农村宅基地统筹利用机制，稳定县城房地产市场。

4. 增强县城辐射带动力

积极发挥和增强县城中心功能和辐射带动作用，精准分类，推动乡村振兴，构建县域新型工农城乡关系。一要促进县域城乡要素流动和资源统筹。完善县域流动人口、城乡两栖人口登记制度，完善返乡创业就业人员支持政策，健全城乡单位就业人员交流机制，完善城乡各类人才培训体系；建立完善县域城乡建设用地统筹利用机制；完善县域城乡一体化的公共服务和社会保障体系；规范和引导资本入乡；鼓励涉农技术创新和应用，引导涉农技术人才参与乡村振兴。二要分类推进乡村振兴，发挥农业和乡村多功能性。针对县域内不同村庄的情况，分别对集聚提升类村庄、城郊融合类村庄、特色保护类村庄、搬迁撤并类村庄等实施多元化的振兴举措，充分发挥农业和乡村的多功能性，包括食品和原材料生产功能、生活和休闲养生功能、生态系统功能、农耕文化和乡风习俗传承保护功能、对迁移人口的保底功能和粮食安全保障功能等。三要分类发挥镇区功能，优化县域镇村体系。对于人口集聚功能较强、发展水平较高的镇区，特别是东部地区的发达镇，要积极增强其功能，打造县域副中心；对于人口集聚功能较弱的镇区，以增强镇域服务功能、带动镇域乡村振兴为主。

---

① "三区"指生态空间、农业空间、城镇空间三类空间；"三线"指的是根据生态空间、农业空间、城镇空间划定的生态保护红线、永久基本农田保护红线和城镇开发边界三条控制线。

五　推进新型城镇化的政策选择

（一）对扩张、稳定、收缩型城镇实行差异化政策

城镇的扩张与收缩都是城镇发展的必然阶段。要客观正视当前存在的部分城市人口流失、经济增长放缓的问题，建立城市实体地域概念，规范城镇化地区统计制度。对扩张、稳定、收缩型城镇，实行差异化政策，鼓励城镇健康精明式发展。

首先，对于扩张型大城市，坚持"精明增长"。依据城市资源环境综合承载能力，科学合理划定城镇增长边界，优化城市空间结构，推动形成生产空间集约高效、生活空间宜居适度、生态空间山清水秀的空间格局。对于部分已经接近资源利用和承载能力上限的超大、特大城市，要实施减量提质战略，建立城乡建设用地减量规划的引导机制。腾退出来的空间，要设置分类、分区域的空间资源再利用准入标准，形成城市有机更新机制，促进空间节约集约高效利用。

其次，对于人口规模进入相对稳定阶段的城市，进行"精明调整"。此类城市短时期内不会出现人口、用地的快速增长，应在现有规模基础上注重城市品质的提升。要优化城市生态环境，建立健全公共服务体系，提高公共服务供给能力、质量和水平，有效满足社会多元化、多层次公共服务需求，并加强城市的文化保护与传承，凸显独特的城市个性与品位。

最后，对于人口规模收缩的中小城市，鼓励"精明收缩"。科学应对部分地区因"老工业基地转型""旧城衰落""乡村空心化"等现象带来的人口流失、土地与设施闲置以及产业衰退等问题，要由被动地对抗收缩转变为有序地主动适应收缩，从城乡区域层面统筹化解空间和要素的错配矛盾。转变惯性的增量规划思维，严控增量、盘活存量，对配置不合理的土地资源和局部低效用地进行优化重组、置换或者退出。以加强区域协作创新为突破口，加快推进收缩地区产业重组和转型升级。此外，依据实际人口规模，合理配置区域公共基础设

施，引导人口、产业等要素向城市内部集中，以降低城市运行维护和公共服务供给的成本。

（二）实施城镇低效用地再开发

目前，中国土地资源粗放利用的现状还没有得到根本改变。低效用地再开发作为盘活存量土地的有效手段，先后在上海、江苏、浙江、内蒙古、辽宁、江西、福建、湖北、四川和陕西等 10 个省（区、市）展开试点。"十四五"期间，应总结试点经验，重点以第三次全国国土调查划定的低效用地为改造开发对象，推动实施新一轮全国城镇低效用地再开发。通过政府收储改造、原国有土地和集体土地使用权人自行改造、市场主体收购改造等多元化方式，对城镇建设用地中低品质、低效率、利用不充分、不合理的存量用地，包括闲置的、不符合安全生产和环保要求的产业用地，以及城市老旧区、城中村、棚户区和老工业区等，进行整治、改善、重建、活化和提升，为城市建设和产业发展创造新的空间。

首先，科学确立城镇低效用地再开发的方向和目标。一定要与城市自身功能定位和发展目标紧密对接，并与国土空间规划的战略目标做好衔接，加强各层级规划对城镇低效用地再开发的统筹引领作用。其中，低效产业用地的再开发方向，可根据城镇的产业结构、产业类别、在产业链所处环节、投资强度、环境要求等控制指标，建立差别化的产业准入标准，鼓励发展战略性新兴产业、新兴生产性服务业等新产业、新业态。

其次，调动多元主体积极性，推动城镇低效用地再开发。通过多种激励机制，如采用协议出让土地的方式，鼓励原国有土地或集体土地所有权人吸纳市场主体参与改造开发；通过奖励容积率等政策，适度满足开发主体的利益需求，调动多元主体参与改造再开发的积极性。在审批和管理方面，通过设置专项审批通道，简化审批流程，并建立低效用地再开发的考核和奖励机制，将低效用地改造纳入各级政府绩效考核体系，对于改造进度完成较好的地区，可将部分返还土地出让收入作为奖励，实施"改奖挂钩"（林坚等，2019）。

（三）从城乡建设用地增减挂钩转向城乡建设用地市场一体化

中共十七届三中全会首次提出了"建立城乡统一的建设用地市场"要求，建立城乡统一的建设用地市场是深化土地制度改革的重点和关键所在。但目前，农村集体建设用地的一、二级市场并未获得真正发展（黄忠，2018）。现行的城乡建设用地增减挂钩政策中，项目实施必须经由自然资源部审批，并且除"三区三州"和其他深度贫困县外，挂钩指标仍然以省内封闭流转为主，参与"增减挂钩"主体的自由程度较低，市场对指标价格形成的作用也非常有限。此外，占集体建设用地规模过半的农村宅基地，其使用权的流转也仅在上海、重庆等少部分试点地区允许实施。为此，今后应在城乡建设用地增减挂钩政策的基础上，围绕集体经营性建设用地和宅基地两个重点领域，从土地实物和指标两个层面入手，推进城乡集体建设用地的市场化改革，构建城乡统一的建设用地市场。一是全面放开城乡建设用地增减挂钩跨省调剂，在符合规划和用途管制的前提下，允许农村集体经营性建设用地出让、租赁、入股，实行与国有土地同等入市、同权同价。二是在完善集体成员资格认定办法和严格宅基地取得条件的基础上，按照所有权、资格权、使用权"三权分置"的思路，放开搞活宅基地和农民房屋使用权，增强和增加市场的开放性和交易半径，加快房地一体化改革，最终实现可对外出租和转让（魏后凯，2020）。三是建立完善城乡统一建设用地市场的配套措施，建立集体建设用地入市交易的价格形成机制、入市交易规则和交易机制、收益分配制度、相关税收制度等，加快出台《农村集体经营性建设用地流转条例》《农村集体土地征收补偿安置条例》等管理细则。四是建立城乡统一的土地交易平台，把农村集体经营性建设用地、宅基地使用权、林地使用权等纳入统一的土地交易平台。

（四）建立进城落户农民"三权"多元化退出机制

要在全面推进农村房地一体不动产确权登记的基础上，以赋权赋能为核心，逐步构建进城落户农民在农村的土地承包（经营）权、宅基地使用权和集体收益分配权"三权"多元化退出机制。进城落户农民"三权"自愿有偿退出，既可以整户单项退出，也可以整户三项全部退出；其价格既可由退出方与符合条件的受让方自愿协商确定，也可以在试点基础上通过市场交易的办法解决。建立进城落户农民"三权"退出的市场化机制将是今后改革的重点方向。此外，对于农民自愿退出的合规宅基地，要通过相关的制度安排和政策措施，积极打通宅基地退出与集体经营性建设用地入市的连接渠道。在集体经营性建设用地有偿出让转让制度建立起来后，可允许符合条件且自愿退出的宅基地有条件地转换为集体经营性建设用地，并在其入市后纳入集体经营性建设用地予以管理。

（五）建立可持续的城镇化资金支持机制

目前，中国城镇建设高度依赖土地财政。土地财政本身并无问题，问题在于相关的有效制度供给不足、约束和管理不到位，导致地方政府、企业逐渐陷入圈地卖地的循环，造成了土地低效利用、征地矛盾、生态环境破坏等一系列问题，此外，还助推了房价高企，提高了农业转移人口的城市进入壁垒。高质量城镇化必须摆脱当前城市建设投融资过度依赖一次性土地出让的局面，采取渐进式改革策略，优化改善土地财政相关制度安排，促进土地财政向可持续模式转型。一是建立国有土地出让基金制度，明确土地出让收益不应作为地方政府的当期盈余，采取跨周期预算平衡，待土地收入大幅波动时可提取基金以稳定地方财政收入，建立土地出让收益的可持续使用方式（颜燕、满燕云，2015；闫坤、鲍曙光，2019）。二是加快推进房产税改革，促进土地财政的收益重心从一次性出让收入向可持续的税收收入转移，构建长效生财机制。在总结重庆、上海房产税试点经验的基础上，优化征收主体、征收标准、征收范围等，扩大试点覆盖面。考虑不同群体、不同区域缴税能力和税赋差距，进行相关制度的顶层设计，推进房产税立法进程，为下一步全面推进分类、分级、分区的房产税改革奠定基础。三是拓展和创新多种融资渠道，化解地方政府的债务风险。探索建立城市建设领域负面清单管理制度，放宽民间资本的准入条件，发展多层次的资本市场，鼓励社会各类资金通过独资、合资、公私合营等多种方式参与城镇建设，尤其是基础设施补短板领域，减轻政府负债建设城镇的压力。

第二章　城镇化进程中的资源错配

伴随快速城镇化和大规模人口迁移，各地户籍人口总量和常住人口总量之间的差距不断扩大，在原有按户籍人口配置资源的标准下，"按常住人口计算的人均资源"与"按户籍人口计算的人均资源"的差距越来越大，由此造成了资源错配，具体表现为土地与住房以及各类公共服务资源在人口迁出地和迁入地之间的结构性过剩与短缺。本章着重探讨了中国城镇化进程中的资源错配现象及其形成原因，在此基础上，根据按常住人口配置各类资源的原则，从科学落实人地挂钩、推进进城农民的居住市民化、促进常住人口与服务挂钩等方面提出了优化资源配置、提高城镇化质量的建议。

一　资源错配问题的提出

当前，中国城镇化已经进入提升城镇化质量、促进城乡融合发展的新阶段。大规模人口迁移、现行户籍制度与资源配置方式共同造成了城镇化进程中的资源错配现象，制约了城镇化质量提升。在快速城镇化和大规模人口迁移背景下，各地常住人口与户籍人口的规模差距较大。根据《2018年农民工监测调查报告》，2018年中国农民工总量为28836万人，其中外出农民工17266万人（占比59.9%），进城的外出农民工13506万人；同年城镇常住人口83137万人，进城的外出农民工占城镇常住人口的比重达16.2%。与此同时，受城乡二元户籍制度的影响，中国城镇常住人口占总人口的比重与城镇户籍人口占总人口的比重的差距从1996年的6.67个百分点提高到2014年的19.9

个百分点；2014 年 7 月国务院印发《关于进一步推进户籍制度改革的意见》（国发〔2014〕25 号），两类人口比重差距在 2015 年显著缩小，下降至 17.4 个百分点，之后两率差距又开始逐步扩大，到 2020 年已提升到 18.5 个百分点。在传统二元户籍制度约束下，土地、住房、公共服务等各类资源往往是按照户籍人口配置的，当然，这种状况正在改善过程中。由此，在人口迁移过程中，随着各地户籍人口和常住人口总量之间差距的扩大，在原有按户籍人口配置资源的标准下，各地"按常住人口计算的人均资源"与"按户籍人口计算的人均资源"的差距越来越大，具体表现为土地与住房以及各类公共服务资源在人口迁出地和迁入地之间的结构性过剩与短缺，即中国城镇化进程中的资源错配。

近年来，随着中国城镇化的快速推进，国内已有学者开始探讨土地资源错配对经济效率、城镇化质量的影响（黄忠华、杜雪君，2014；文乐、彭代彦，2016；张雄等，2017）。张雄等（2017）的研究发现，不同用地单位之间土地资源配置效率差异较大，不同用地单位之间的土地资源错配致使总体经济效率损失巨大。然而，目前学术界对城镇化领域资源错配的研究还主要集中在土地资源空间错配与效率的关系上，对各类资源错配的系统性研究较少。

鉴于此，本章尝试从人口迁移导致资源错配现象的视角考察制约城镇化质量提升的因素，为城镇化质量提升提供一个新的视角和思路。同时，在以往土地资源错配研究基础上，系统考察土地与住房以及各类公共服务的资源错配现象及其形成原因，并立足资源优化配置提升效率和福祉的基本前提，提出按常住人口配置各类资源、提高城镇化质量的具体路径。

二　住房、医疗、教育和社会保障领域的资源错配

根据人口迁移理论，在市场机制下，人口会倾向于向收入水平较高、就业机会较多、公共服务较好的地方迁移。可是，在原有资源配置

制度约束下，由于政府主导的相关资源不能跟随人口迁移进行快速调整，所以出现各类资源在人口迁入地和迁出地之间的错配问题，主要体现在土地与住房以及教育、医疗、社会保障等各类公共服务领域。

（一）　土地资源与住房空间错配问题

土地资源错配是资源错配中较早、较多被关注的领域。一方面，土地和住房的不可流动性决定了土地和住房不能随人口迁移而调整配置；另一方面，之前很长时期内，用地指标不能随人口迁移进行调整。因此，土地和住房资源错配成为城镇化与人口迁移过程中最主要的问题，突出表现在人口迁入和迁出城市间的错配、城乡土地资源的错配以及由此导致的住房市场的结构性特征。

随着人口迁移，迁入和迁出城市间的土地资源错配越来越明显，部分城市扩张受到严格的空间及用地指标限制，而部分城市的土地则出现大规模的闲置或低效利用情况。一方面，对于人口迁入规模较大的城市或地区，土地资源越来越稀缺，人均城市建设用地面积较小、可利用城市建设用地面积越来越少。根据《中国城市建设统计年鉴2017》，2017 年，北京市城区人口为 1876.6 万人，城市建设用地面积为 1465.30 平方千米，居住用地面积为 423.39 平方千米，人均建设用地面积和人均居住用地面积分别仅为 78.08 平方米和 22.56 平方米，上海市这两个指标分别为 79.01 平方米和 22.60 平方米，深圳市分别为 74.47 平方米和 16.90 平方米，广州市分别为 59.79 平方米和 18.46 平方米，而同年全国城市平均分别为 112.24 平方米和 34.55 平方米。从全国来看，作为人口迁入地的大部分省会城市、次中心城市（除乌鲁木齐、银川、昆明、拉萨等西部中心城市），这两个指标均低于全国城市平均水平。另一方面，对于人口迁出或相对稳定的地区，则表现出土地资源闲置或低效利用的情况，通过拆迁腾退的土地并没有合适的用途，有的城市的新城新区、工业园区出现严重的土地低效利用或闲置问题，土地资源"批而未供、供而未用、低效利用"的现象普遍存在，即便如此，还有很多人口增长缓慢的小城市和县城依然在大规模规划建设新城新区。表 2 – 1 列举了 2017 年不同规模城市的人均建设用地和居住用地情况，从中可以看出，城市规模越大，人均城市建设用地和居住用地面积越小。

表 2 – 1　2017 年各类城市人均用地情况

城市	城区常住人口（万人）	城市数量（个）	人均城市建设用地面积（平方千米/万人）	人均城市居住用地面积（平方千米/万人）
全国	—	657	1.12	0.35
超大城市	≥1000	5	0.74	0.21
特大城市	[500～1000)	9	1.06	0.31
大城市	[100～500)	78	1.18	0.36
中等城市	[50～100)	116	1.22	0.40
Ⅰ型小城市	[20～50)	259	1.28	0.41
Ⅱ型小城市	<20	190	1.54	0.49

注：由于数据缺乏，未包括河源市、新民市、双河市、三沙市、可克达拉市 5 个城市。城市规模按照《关于调整城市规划划分标准的通知》（2014 年 11 月 20 日），以城区常住人口标准进行划分。城区常住人口采用"城区人口 + 城区暂住人口"计算。

资料来源：根据《中国城市建设统计年鉴 2017》计算。

城镇化与人口迁移还导致城乡间的土地资源错配。一方面，随着城镇化的推进，城乡人口迁移规模巨大，城市建设用地空间或指标紧缺，而农村集体建设用地规模较大，低效利用的情况较多。以北京市为例，2015 年，北京市农村集体建设用地面积为 1600 平方千米，城市建设用地面积为 1454.69 平方千米，农村集体建设用地面积占全市建设用地总量的比重超过 50%；同年，上海市约有 1100 平方千米左右的集体建设用地，约占全市建设用地总量的 40%（苏红键、魏后凯，2019）。大规模的农村集体建设用地较难合理利用，在城市建成区中存在大量未开发、违规开发或低效开发的农村集体建设用地，呈现"一边楼宇经济，一边瓦片经济[①]"的状态。与此同时，随着人口

————————

① "瓦片经济"，指在城市和农村的城乡结合区域，老百姓通过增盖房屋做出租大院、工业大院等，维持生计的一种经济方式。由于多为各家各户在自己院子里增盖一些瓦片房对外出租，俗称"吃瓦片"。

迁移，宅基地闲置日益严重，出现了越来越多的空心村。根据原国土资源部的数据，截至 2015 年底，全国农村居民点用地 2.85 亿亩，其中大约有 20% 的农村住房常年无人居住；2006～2014 年，农村常住人口减少了 1.6 亿人，但农村居民点用地不减反增了 3045 万亩。[①]

土地资源的空间错配，进一步导致了住房市场供求关系和价格在不同城市间日益显著的结构性特征。与人口迁移的方向相对应，超大、特大城市住房供给小于需求导致房价快速上涨，而其他城市房地产则面临较大的库存压力（苏红键，2017）。2015 年底至 2017 年 3 月，各大城市出台严厉的房地产政策，全国一、二线城市住宅销售价格均出现大幅上涨，部分城市涨幅在 100% 以上；而其余大部分城市的住宅销售价格基本稳定，部分小城市或县城的住房价格一直比较稳定。

（二）教育资源调整与配置问题

随着人口迁移，教育资源的配置已经通过农村"撤点并校"、加强流动人口随迁子女教育等举措做了相应的调整。从人口迁移的角度看，尚存的问题主要表现在两个方面。对于迁出地，农村地区随着学龄儿童数量减少拆并学校，导致部分农村子女"上学难"；对于迁入地，教育资源较难根据常住人口进行调增，导致外来人口子女"入学难"，综合入学率（随迁率×入学率）较低。

从农村地区的教育资源来看，2001 年以来的农村地区"撤点并校"政策较好地解决了农村地区学校过剩的问题，有利于农村地区教育资源的集中优化。2001～2017 年，全国小学学校数从 491273 所减少到 167009 所，减少 324264 所，其中，城市和县镇的小学学校数基本不变[②]，农村（乡村）小学学校数从 416198 所减少到 96052 所，减少 320146 所，仅为原来的 23.08%；同时，小学教学点数也从 110419

---

① 《宅基地缺乏退出机制　空心村普遍存在》，央视网，2017 年 6 月 17 日，http://news.cctv.com/2017/06/17/ARTIIQ7WUZ1XdhBX5UHViJes170617.shtml。

② 2001 年和 2017 年的统计口径略变，其中 2001 年是按城市、县镇、农村进行统计，2017 年是按城区、镇区、乡村进行统计。

个减少到 90293 个，合计减少 20126 个，部分省份虽然农村小学学校数减少，但教学点数增加，比如河北、山西、河南、江西、湖南等（见表 2 - 2）。可见，2001 ~ 2017 年，全国小学学校数总量的减少主要是农村地区"撤点并校"的结果。但是，相对于以往"一村一校"的布局，"撤点并校"在一定程度上导致了部分学生的"上学难"问题，主要表现为部分学生上学距离更远、小学生低龄寄宿现象等。

表 2 - 2　2001 年与 2017 年各地农村（乡村）小学学校和教学点情况

地区	乡村小学学校数（所）			乡村小学教学点数（个）		
	2001 年	2017 年	变化情况	2001 年	2017 年	变化情况
全国	416198	96052	- 320146	110419	90293	- 20126
北京	808	244	- 564	0	0	0
天津	520	296	- 224	0	0	0
河北	27433	6862	- 20571	4689	5874	1185
山西	31691	3225	- 28466	715	3010	2295
内蒙古	7866	520	- 7346	4502	756	- 3746
辽宁	10820	1904	- 8916	575	509	- 66
吉林	7526	3069	- 4457	927	377	- 550
黑龙江	10918	373	- 10545	1172	1365	193
上海	129	43	- 86	42	0	- 42
江苏	13146	1071	- 12075	1976	729	- 1247
浙江	2639	1076	- 1563	297	118	- 179
安徽	20643	5203	- 15440	3720	4399	679
福建	11720	2538	- 9182	3397	1976	- 1421
江西	12768	5006	- 7762	2506	7629	5123
山东	17026	4942	- 12084	2569	1534	- 1035
河南	36448	13364	- 23084	2394	10993	8599
湖北	18173	2675	- 15498	2844	3154	310
湖南	25621	4077	- 21544	3811	6701	2890
广东	19269	4401	- 14868	3652	5253	1601
广西	14106	5647	- 8459	20939	10044	- 10895
海南	2910	785	- 2125	975	905	- 70

续表

地区	乡村小学学校数（所）			乡村小学教学点数（个）		
	2001 年	2017 年	变化情况	2001 年	2017 年	变化情况
重庆	6633	1364	-5269	596	1419	823
四川	28952	2757	-26195	10670	7738	-2932
贵州	13453	4413	-9040	5821	3332	-2489
云南	19953	8854	-11099	21170	3270	-17900
西藏	761	633	-128	2167	187	-1980
陕西	27295	1905	-25390	2442	1801	-641
甘肃	16016	4675	-11341	3680	4902	1222
青海	2715	489	-2226	500	827	327
宁夏	2786	966	-1820	619	519	-100
新疆	5454	2675	-2779	1052	772	-280

资料来源：根据相关年份《中国教育统计年鉴》整理。

在城市中，由于以往的教育经费一直是分区域、按户籍拨付的，加上城市教育用地短缺等问题，面对外来务工人员的快速涌入，基础教育资源配置难以根据人口迁入、常住人口增长而快速调整，虽然国家出台了一系列政策法规[①]要求妥善解决随迁子女教育问题，但综合考虑随迁率时，流动人口子女"入学难"的问题依然比较严重。根据国家卫生和计划生育委员会流动人口司（2016）的数据，流动儿童和留守儿童均存在一定的失学现象，流动儿童的失学率（4%～5%）高于留守儿童的失学率（3%左右）；而处于16～18周岁的高中年龄阶段的学生，由于户籍限制必须回户籍地上学，再加上部分留守儿童初中结束后外出务工成为流动儿童，这一阶段的流动儿童超过25%处于失学状态，而留守儿童的这一比重为12%。同时，根据多项调查（国务院发展研究中心课题组，2011；魏后凯等，2016），在城市外来务工人口中，因户口排挤或务工地学费较高而只能让子女在老家接受教

[①] 1992 年至今，国家在教育体制改革、户籍制度改革、农业转移人口政策等方面出台了多项政策法规保障流动人口子女教育，流动人口子女教育政策不断完善，经历了"以借读方式为主解决入学问题""探索平等接受九年义务教育问题""破解异地升学难题"三个阶段（和学新、李平平，2014）。

育的比重在 50% 左右①，结合流动人口子女在务工地 80% ~ 90% 的公
立学校入学率，流动人口子女在务工地的综合入学率为 40% ~ 45%。

（三）医疗资源配置与诊疗体系建设问题

医疗资源配置存在的问题与其他资源不同。一方面，城乡区域间
的医疗资源差距较大，但是，人口迁移提高了优质医疗资源的可获得
性；另一方面，大部分城市并没有建立完善的分级诊疗系统，人口迁
入给优质医疗资源带来了多重压力。

中国城乡区域医疗资源配置存在明显的差距，但由于优质公共资
源对人口存在吸引力，所以人口迁移在一定程度上提高了优质医疗资源
的可获得性。2017 年，全国三级医院（三级甲等）共 2340 家（1360
家），其中，东部地区有 1095 家（619 家），占比 46.79% （45.51%），
中部地区有 616 家（399 家），西部地区有 629 家（342 家）②；全国总
体平均每千人口卫生技术人员数为 6.5 人，其中，东部地区为 6.8
人，中部地区为 5.9 人，西部地区为 6.5 人；分城乡来看，全国总体
的城市每千人口卫生技术人员数为 10.9 人，农村仅 4.3 人，各地区
同样表现出显著的城乡差距（见表 2 - 3）。可见，全国优质的医院、
医师等资源有 50% 左右集中在东部地区，并且各类优质医疗资源主要
集中在城市地区尤其是大城市地区。

表 2 - 3　2017 年各地区医疗资源分布情况

地区	三级医院（家）		每千人口卫生技术人员数（人）		
	合计	甲等	总体平均	城市	农村
总计	2340	1360	6.5	10.9	4.3
东部	1095	619	6.8	11.5	4.6

---

① 以上两项在 2010 年和 2015 年的调查数据分别为 50% 左右和 57.4%。
② 东部地区包括北京、天津、河北、辽宁、上海、江苏、浙江、福建、山东、广东、海
南 11 个省、直辖市；中部地区包括山西、吉林、黑龙江、安徽、江西、河南、湖北、
湖南 8 个省；西部地区包括内蒙古、重庆、广西、四川、贵州、云南、西藏、陕西、
甘肃、青海、宁夏、新疆 12 个省、自治区、直辖市。

续表

地区	三级医院（家）		每千人口卫生技术人员数（人）		
	合计	甲等	总体平均	城市	农村
中部	616	399	5.9	10.3	3.9
西部	629	342	6.5	10.3	4.4

资料来源：根据《中国卫生健康统计年鉴2018》整理。

虽然优质医疗资源的分布不平衡依然存在，但随着人口迁移，其可获得性正在不断提升。对于医疗资源，比较严重的问题是，城市内部分级诊疗体系建设相对滞后，导致诊疗和住院均向三级医院集中，人口迁入和人口增长进一步加剧了城市优质医疗资源的诊疗压力。2017年，全国三级医院诊疗人次占各级医院总诊疗人次的比重达50.20%，这一比重在2005年为36.14%，在2010年为37.28%。另外，2015年，北京三级医疗机构诊疗人次占一、二、三级医疗机构总诊疗人次的59.66%，社区卫生服务中心诊疗人次占比仅为12.52%。可见，由于城市分级诊疗体系建设滞后，三级医疗机构承担了较大的本来可以由社区卫生服务中心承担的诊疗压力。近年来，人口向大城市流动进一步加剧了三级医疗机构的诊疗压力，建立完善多层次的分级诊疗体系迫在眉睫。

（四）社会保障管理和统筹问题

对于没有落户城镇的常住人口来说，较高的人口流动性与较低的社会保障统筹层次，共同导致了流动人口在享受社会保障方面存在较多的权利缺失。

目前，中国在基本医疗保险制度方面已经建立起比较完善的"全民医保"体系[1]，基本实现了全覆盖。但是随着人口迁移，受医疗保

---

[1]　2016年，国务院发布《关于整合城乡居民基本医疗保险制度的意见》（国发〔2016〕3号），提出整合城镇居民基本医疗保险和新型农村合作医疗两项制度。从实践来看，上述意见并未对整合后的管理部门加以明确，更多的是强调筹资政策、保障待遇、医保目录等政策层面的整合与公平，导致各地出现了不同的整合模式。并且，正因为管理体制仍未实现统一，国家虽大力推动城乡医疗保险制度的整合，但各地区施行进度参差不齐，整合效果也受到影响（申曙光，2017）。

险的属地管理原则影响，各地医保的异地就医结算问题越来越凸显。其中，对于还没有实现城乡统一的居民医疗保险的地方，新农合只能在定点医院才能报销，对于外出务工人员来说，其保障能力很小；城镇居民和城镇职工医疗保险也存在属地原则，目前，部分省份内部已经实现了省级统筹，在省内各地参加职工医保的缴费年限相互认可、累计计算。同时，京津冀地区正在探索推进跨省异地就医直接结算。2016 年 12 月，人社部、财政部联合印发《关于做好基本医疗保险跨省异地就医住院医疗费用直接结算工作的通知》（人社部发〔2016〕120 号），截至 2017 年 5 月 5 日，除西藏外，全国各省份均整体或部分接入国家基本医疗保险异地就医结算系统，开通 160 个地区和 1008 家跨省异地就医住院医疗费用直接结算定点医疗机构，这一政策提高了各类医保、各类群体异地就医的便捷性。

在养老保险方面，由于养老保险统筹层次较低，只有少数省份实现省级统筹，大部分地区还是市县级统筹，人口迁移会带来一些不公平，对地方政府和参保者产生一定的影响。一方面，人口迁移会直接影响各地区养老保险制度的赡养率和财务状况。人口迁入规模较大的城市和地区会有大量外来务工人员在当地参加城镇职工养老保险，养老保险统筹账户会比较充裕，人口迁出地的情况则恰恰相反，由此导致各地养老金账户、赡养率随人口迁移产生较大差距。从 2017 年各地养老金缴费在职职工与离退休职工的比值（见表 2 - 4）来看，广东省最高，为 8.29，其次是北京（4.67）、福建（4.62）、西藏（3.66）、山东（3.17）和河南（3.13），最低的是辽宁（1.58）、吉林（1.45）和黑龙江（1.30）。另一方面，对于参加养老保险的流动人口来说，因为领取养老金需要在当地缴纳一定年限的养老保险，这对于流动人口往往较难达到。在养老保险的转移方面，目前允许参保人员转走或者提取的只是个人缴纳的个人账户部分，雇主缴纳的统筹部分并不能转走，只能留在当地，由此，流动性较强或者返回老家的流动人口实际上较难从统筹账户中获得养老金。

表 2 - 4 2017 年各地区参加城镇职工基本养老保险在职职工与离退休人员情况

地区	在职职工数（万人）	离退休人员数（万人）	比值	地区	在职职工数（万人）	离退休人员数（万人）	比值
全国	29268	11026	2.65	湖北	1021	526	1.94
北京	1321	283	4.67	湖南	857	423	2.03
天津	441	214	2.06	广东	4718	569	8.29
河北	1102	434	2.54	广西	526	252	2.09
山西	556	243	2.29	海南	172	69	2.50
内蒙古	437	257	1.70	重庆	628	361	1.74
辽宁	1196	754	1.58	四川	1519	816	1.86
吉林	482	332	1.45	贵州	447	141	3.16
黑龙江	682	524	1.30	云南	420	171	2.45
上海	1059	489	2.16	西藏	34	9	3.66
江苏	2239	796	2.81	陕西	707	246	2.87
浙江	1965	748	2.63	甘肃	288	142	2.04
安徽	754	323	2.34	青海	96	43	2.23
福建	840	182	4.62	宁夏	145	60	2.41
江西	698	308	2.27	新疆	442	204	2.16
山东	2022	639	3.17	不分地区	17	8	2.26
河南	1438	460	3.13				

资料来源：根据《中国统计年鉴 2018》整理。

三 城镇化进程中资源错配的形成原因

随着快速城镇化和大规模人口迁移，资源错配问题日益凸显。城乡二元的土地和户籍及其附属制度，分别是土地与住房资源空间错配、各类公共服务资源错配的主要原因，在实践中表现在不同的方面。

（一）土地与住房资源空间错配的主要原因

土地、住房与人口分布的空间错配是制约城镇化质量提升的重要因素。目前，各级政府积极探索土地指标增减挂钩、创新利用农村集体建设用地，取得了较大进展。在现行土地制度下，要实现土地资源优化配置，还存在一些难点，这也是土地与住房资源空间错配的主要原因。

一是超大、特大城市建设用地有限，城市建设用地指标交易和农村集体经营性建设用地入市还均处于探索阶段。作为人口迁入地的超大、特大城市，受行政区划限制、城市用地指标管理、城乡二元土地制度等约束，可供建设用地有限。当前，跨地区城市建设用地统筹利用、城乡建设用地统筹利用还处于探索中，在实践中，城市建设用地指标交易和农村集体建设用地入市的交易市场建立（交易对象和交易价格）、增值收益分配等还有待进一步探索。

二是土地出让依然是地方政府重要的经济增长和财政来源，这提高了土地指标跨区配置的难度。对于迁出地来说，为了发展经济和吸引人口，大规模出让土地是招商引资、促进就业和促进地方经济发展的重要举措。对于迁入地来说，在土地资源稀缺的情况下，往往通过限制供给尽可能维持地价，最大化土地收益。这制约了地区之间土地指标交易市场的发展。

（二）各类公共服务资源错配的主要原因

由于中国户籍制度本身不仅具备户口登记功能，还与公共服务权益紧密相关，随着户籍制度改革的推进，公共服务资源配置不断优化。在现行户籍制度改革背景下，造成公共服务资源错配的原因主要体现在以下三个方面。

一是部分外来人口进城落户的意愿不强，提高了市民化和公共资源优化配置的难度。由于城乡户籍附属的权益差异，部分农民进城的时候落户意愿不强，担心进城落户会失去土地甚至一些农村集体产权福利。另外，城市的住房成本较高、生存压力较大等也是导致部分外来人口落户意愿不强的原因。根据 2014 年的各项调查数据，很多地区和城市只有 40% 左右的外来务工人员具有较强的落户意愿（魏后凯，2016）。另据 2016 年流动人口动态监测调查，农村户籍流动人口居留意愿为 58%，落户意愿仅为 30%（国家卫生健康委员会流动人口司，2018）。特别是在中小城市，外来人口落户意愿较低，提高了市民化的难度。

二是对于流动人口比重较大的城市，受制于城市综合承载力等因素，各类资源按常住人口供给的压力较大。由于资源配置的行政化倾向，加上公共服务、就业机会和工资水平的差异，中国城镇化进程中的流动人口高度集中在大城市尤其是超大、特大城市。对于人口吸纳能力较强的超大、特大城市，其综合承载力约束大都比较显著。由此导致一些大城市特别是超大、特大城市规模急剧膨胀，出现了严重的"城市病"。在北上广深等一线城市，人口的大规模集聚与城市有限的承载力之间的矛盾日益凸显，各类资源按常住人口供给的压力较大，"城市病"或者说"膨胀病"日益凸显。

三是统筹层次较低、跨地区统筹面临诸多障碍，制约了流动人口享受公平的社会保障权益。人口迁移之后的资源配置问题，实际上可以在更高的层面统筹解决，但是，在经济分权的行政管理体制下，面对悬殊的区域城乡差距，跨省的全国统筹在短期内还难以实现。以养老保险的统筹为例，由于中国养老保险实行统账结合方式，社会统筹部分实行现收现付制，各地养老金收入差距较大，提高统筹层次会涉及各地的利益问题，也可能会产生"吃大锅饭"的问题。此外，目前各地在基本养老保险覆盖范围、缴费费率、待遇计发办法等方面有很多不同，实现各地制度之间的有效衔接需要一个过程。在医疗保险的异地结算方面，京津冀推进跨省异地就医直接结算的实践发现，因为职工医保、居民医保各自使用的系统不同，所以融合统一比较困难，医保标准、医保目录、医保基金差异等原因也严重影响了京津冀医疗一体化进程（朱萍，2017）。与此同时，还没有统一城乡居民医疗保险的地区，城镇居民和新农合各自有专门的管理机构，设置不同的管理方式、报销项目和报销标准，实现城乡居民医保整合和更高层次统筹的任务繁重。

四　新时期优化资源配置的主要措施

中国城镇化进程中的资源错配主要是由人口迁移导致常住人口与资源配置不合理，明确按常住人口配置各类资源的思路是资源优化配置的基本原则，是提高城镇化质量的关键。为此，要在稳步推进户籍制度改革的基础上，积极推进按常住人口配置各类资源，促进土地、住房、各类公共服务资源优化配置。

（一）科学落实人地挂钩

积极推进按照常住人口配置土地资源，科学落实人地挂钩，是优化城乡土地资源配置，化解常住人口与建设用地矛盾的重要途径。当前，重点是从人地挂钩、土地指标交易、土地资源城乡统筹三个方面深化土地制度改革，并将大都市区化作为超大、特大城市空间扩张的重要举措。

一要提高人口预测和规划的科学性。城市建设用地指标人地挂钩是城市用地的基本规定，在实际操作中，很多城市在规划过程中通过各种方式高估规划人口，以争取更多的土地指标。为此，要科学落实人地挂钩，改善当前土地资源短缺和低效闲置并存的局面。需要注意的是，人地挂钩并不是追求各个城市人口密度一样，而是作为一种城市扩张的参考标准，避免部分吸纳能力较低的城市盲目扩张。要提高人口统计和预测的科学性，避免户籍人口与常住人口相互替代、以各种方式高估规划人口等。对于人口净增长为负或稳定的城市或县城，应当谨慎扩张；对于人口迁入和增长较快的城市，应当制定合理的城市扩张战略和大都市区发展战略。

二要创新探索土地指标交易。目前，土地指标交易已经在省市级展开，以市级统筹为主。在实际操作过程中，关于土地指标交易中的管理机制、价格机制、交易平台还有待完善。为此，需要分阶段、设试点，探索省级、城市群、跨地区的土地指标增减挂钩，促进土地资源高效利用。可以在当前省市级统筹的基础上，总结经验教训，推进跨省土地指标交易和土地资源统筹利用；为了推进大都市区发展，可以探索推进城市群层面的土地指标交易。

三要在超大、特大城市率先探索城乡土地资源统筹利用模式。统筹城乡土地资源，要稳妥推进土地资源稀缺的超大、特大城市的农村集体建设用地入市或探索市地重划模式。对于城市建设用地稀缺的超大、特大城市，集约紧凑的城市建成区与闲置空旷的农村用地并存，而且往往在空间上有的是紧密相连，有的是零星散落。为此，以北京、上海、广州等为试点探索创新统筹利用城乡用地，是优化这些城市空间格局、实现健康可持续扩张的重要途径。

四要积极推进大都市区化。大都市区是城镇化和城市发展到较高级阶段的产物，是城市发展的基本规律。当前，城市行政区划和城市用地制度制约了超大、特大城市的正常扩张，产生了跨行政区划的以"睡城""睡环"为特征的扩张模式（苏红键，2017），为此，亟待通过推进大都市区模式，引导城市健康发展。在提高超大、特大城市土地指标的同时，积极探索、试点推进城市交界地区行政体制改革和区划调整，弱化行政区划对城市扩张的限制；在此基础上，要加强大都市区的产业联系（魏后凯，2007），加强大都市区交通基础设施建设，同时要积极完善超大、特大城市内部及大都市区的公共服务体系，改善教育、医疗资源不平衡导致的人口过度集中问题。

（二）推进居住市民化

人口城镇化要求就业、居住和生活的城镇化。随着城市住房价格的快速上涨，住房成本已经成为阻碍市民化的重要经济壁垒。加快推进居住市民化，确保进城农民在购房、租房以及住房政策等方面享受市民待遇，是市民化的重要内容。目前，中国住房制度市场化改革推进较快，而土地制度市场化改革进展缓慢，这种不协调是造成房地产市场畸形发展的重要原因。因此，在加快推进土地制度改革的基础上，要积极提高人口迁入地各类住房供给水平，促进房地产市场健康发展，保障居住市民化。

一要推进城市住房市场结构性调整。当前,中国城市土地资源的结构性过剩与短缺决定了住房市场的结构性特征。对于人口迁入规模大、住房短缺的超大、特大城市,应当在提高土地供给的基础上,加大居住用地供给、加强保障性住房建设,促进住房市场稳定健康发展;对于去库存压力较大的城市,应当严格控制新增居住用地供给,积极优化城市公共服务,通过提高城市人口吸纳能力提高住房需求。

二要强化城市住房居住功能。土地和住房市场的双轨特征,导致了政府依赖土地财政、住房市场投资投机的格局。应当坚持强化城市住房的居住功能,坚决抑制投资性和投机性住房需求,通过建立城乡统一的建设用地市场,促进房地产市场持续健康发展。要增加保障性住房用地指标,扩大住房保障的区域范围、保障范围和供给规模,满足城市居民、常住人口的居住需求;提高保障性住房和周边配套的质量;对于人口迁入规模较大的超大、特大城市,要因城施策,采取有效措施,弱化住房投资属性,稳定住房价格,满足各类人口的基本住房需求。

(三) 促进常住人口与公共服务挂钩

户籍制度改革的实质是其背后附属公共服务和社会保障制度的改革,相应地,如果公共服务和社会保障能够实现均等化,户籍制度将自然回归人口登记的功能。为此,与资源配置问题相对应,户籍及其附属制度改革重点要在落实当前户籍制度改革方案的同时,按照常住人口规模,建立更加公平高效的教育、医疗和社会保障体系。

一要积极落实和推进户籍制度改革。由于户籍背后的附属权益,严格的户籍制度是人口迁移导致资源错配的主要原因。近年来,各地不断加大户籍制度改革力度,积极推进城乡统一的户口登记制度,逐步取消落户限制或放开落户条件。最初,各地陆续取消了城区常住人口在100万人以下的中小城市和小城镇落户限制。2019年3月,国家又明确要求全面取消城区常住人口为100万~300万人的Ⅱ型大城市的落户限制,全面放开城区常住人口为300万~500万人的Ⅰ型大城市的落户条件。未来，要在积极落实现行政策的基础上，继续全面、深入推进户籍制度改革，按照常住居住地登记户口，实行城乡统一的户口登记管理制度，同时剥离户籍中内含的各种福利，还原户籍的本来面目（魏后凯、盛广耀，2015）。

二要完善教育资源配置。教育公平是社会公平的重要基础。相对于其他资源配置而言，人口迁移过程中教育资源优化配置的难度较大，主要涉及学校设置、教育经费以及高中教育阶段的衔接问题。对于流动人口较多的城市，应当大力提高中小学学校总体规模，切实提高综合入学率；对于农村地区，科学规划、合理布局学校和教学点，在"撤点并校"的同时，妥善解决偏远地区学生的上学难题；积极落实教育经费"钱随人走"；尽快制定完善标准，允许在务工地长期接受义务教育的随迁子女继续接受高中教育并在常住地参加高考。

三要完善医疗资源配置。人口迁移在一定程度上提高了优质医疗资源配置的可获得性，但不平衡配置问题依然比较严重，同时人口迁移给迁入地的医疗服务带来了更大的压力，为此重点要从两方面优化医疗资源配置。一方面，通过教育培训、合作、援助、医疗信息化等多种方式，大力提高落后地区、农村地区的医疗服务水平，同时要增强医疗服务落后地区、农村地区对优质医疗资源的可获得性。另一方面，随着人口向大城市迁移，为了减轻优质专业医疗资源的门诊压力，要加快完善城市分级诊疗体系，优化社区卫生机构布局，提升基层医疗服务水平。

四要提高社会保障的统筹层次。人口迁移导致的社会保障问题与社会保障的统筹层次紧密相关。为此，要进一步提高各类社会保障的统筹层次，实现各类人口社会保障权益的公平化。在医疗保险方面，要逐步实现各地医疗保险的制度衔接，在此基础上，不断扩大基本医疗保险跨省异地就医住院的范围，并制定更加公平合理的权益标准。在养老保险方面，从人口迁移的角度考虑，重点是不断提高各类养老保险的统筹层次，加大统筹的力度，建立和完善养老保险跨区有序转移接续和有效衔接机制。

第三章 中国城镇化趋势预测与
格局优化

  中共十八届三中全会提出了"坚持走中国特色新型城镇化道路,推进以人为核心的城镇化"重大方针[1],随后《国家新型城镇化规划(2014—2020年)》正式出台,标志着中国城镇化的重大转型(陆大道、陈明星,2015)。立足人多地少、人口基数庞大、发展初级阶段和城乡区域差异大的现实国情,中国逐步走出了一条以人为核心,集约、渐进、多元、差异化的中国特色新型城镇化道路(魏后凯,2014a),极大地促进了城镇化快速推进。2017年10月,中共十九大报告提出了"努力实现更高质量、更有效率、更加公平、更可持续的发展"新要求,强调"推动新型工业化、信息化、城镇化、农业现代化同步发展"(习近平,2017)。城镇化作为中国全面建设现代化国家的必由之路、满足人民日益增长的美好生活需要的重要途径,必须按照上述要求和方针,实现更高质量的发展。当前,中国城镇化进程已从加速推进时期进入减速推进时期,也从注重数量增长进入追求质量提升的关键时期。要顺应城镇化的客观规律,立足实际国情,科学控制超大城市与特大城市规模膨胀,有效激活中小城市与特色小城镇,全面提升城市群和都市圈质量,推动不同规模城镇合理布局、均衡发展,形成支撑中国高质量城镇化的空间与规模新格局。

---

[1] 参见《中共中央关于全面深化改革若干重大问题的决定》,《人民日报》2013年11月16日,第3版。

一　中国城镇化水平预测

　　根据第七次全国人口普查数据，2020 年末全国常住人口和户籍人口的城镇化率分别比 2015 年末提升了 6.56 和 5.50 个百分点，分别达到了 63.89% 和 45.40%，已经实现了《国家新型城镇化规划（2014—2020 年）》中提出的到 2020 年常住人口城镇化率达到 60% 以及户籍人口城镇化率达到 45% 左右的目标。然而，目前中国距世界银行划分的高收入国家城镇化水平还有较大的差距，今后一段时期内，中国仍将处于城镇化的快速推进时期。依据联合国经济和社会事务部人口司数据，分别对发达国家、高收入国家 1950 ~ 2018 年城镇化水平变化进行分析，结果表明，大多数先发国家城镇化率增速在 60% ~ 65%区间开始明显放缓（见图 3 - 1）。其中，当城镇化水平处于 55% ~ 60%的阶段时，发达国家和高收入国家城镇化率年均增幅分别为 0.63 和0.56 个百分点；进入 60% ~ 65% 的区间后，年均增幅就分别降低为0.59 和 0.51 个百分点；而当城镇化率达到 65% ~ 70% 水平时，发达

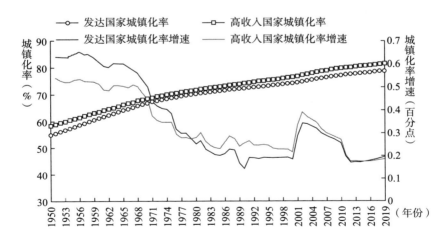

图 3 - 1　1950 ~ 2019 年发达国家和高收入国家城镇化水平及增速

注：城镇化率为年中值。

资料来源：United Nations（2019）。

国家、高收入国家城镇化率年均增速进一步放缓至 0. 41 和 0. 44 个百分点。因此,根据国际城镇化经验,未来一段时期内中国的城镇化将继续快速推进,但推进速度会进一步放缓。

关于 2025 年和 2035 年中国城镇化率的预测,各研究机构和学者采用不同方法进行了估算。大部分预测结果表明,2025 年中国城镇化率将达到 64% ~ 66.5% ,2035 年中国城镇化率将达到 71% ~ 74% (见表 3 - 1)。其中,联合国经济和社会事务部人口司发布的 2011 年版和 2014 年版《世界城镇化展望》中,对 2035 年中国城镇化率的预测都为 71% 左右,而在其 2018 年版中则将预测值大幅提高至 73.9% (United Nations,2012,2015,2019)。据此推算,2021 ~ 2035 年中国城镇化率年均提高 0.83 个百分点,其中 2021 ~ 2025 年年均提高 1.01 个百分点。

表 3 - 1　各研究机构和学者对中国 2025 年和 2035 年城镇化率的预测

研究机构和学者	2020 年	2025 年	2035 年
United Nations（2019）	61.43%	66.48%	73.9%
乔文怡等（2018）	60.88% ~ 61.25%	64.95% ~ 65.75%	71.24% ~ 72.91%
高春亮和魏后凯（2013）	60.34%	64.30%	—
顾朝林等（2017）	60.13% ~ 61.48%	64.74% ~ 66.19%	71.41% ~ 73.67%
麦肯锡全球研究院（2009）	—	64%	—
张妍和黄志龙（2010）	54.59% ~ 56.23%	58.19% ~ 60.13%	—

（一）2025 年和 2035 年中国城镇化水平预测

城镇化是一个涉及经济、社会、人口等多方面要素的时变复杂巨系统(顾朝林等,2017),系统动力学作为一种成熟的系统仿真方法,具有一定适用性(贾仁安、丁荣华,2002)。因此,本章集成人口、经济和社会服务等多要素间的复杂互动关系,通过构建中国城镇化系统动力学模型,对一定 GDP 增长趋势和计划生育人口政策条件下的 2021 ~ 2035 年中国城镇化水平进行了模拟预测并进行了阶段划分。划分标准为:城镇化率低于 30% 区间为城镇化起步期;城镇化率在 30% ~ 70% 的区间是城镇化的快速推进期,其中,30% ~ 50% 的区间为加速推进期，而 50% ~ 70% 的区间则为减速推进期；当城镇化率在70% 以上，即进入城镇化稳定期（魏后凯，2014a）。

①经济增长速度设定：经济增长是城镇化水平提高的基础。新冠肺炎疫情给全球经济带来了快速巨大冲击，但根据世界银行最新预测，随着经济活动逐渐常态化及全球封锁解除，2021 年中国经济增长将反弹至 8.5%（World Bank Group，2021），疫情不会改变中国经济增长的长期趋势。已有研究表明，"十四五"时期中国的平均 GDP 潜在增长率将处于 5.20% 和 5.63% 之间（陆旸，2019），到 2050 年中国经济增长速度将下降至 3.57% ~ 4.37%，下降速度呈现"先快后稳"趋势（易信，2020）。与此同时，2013 年以后中国产业结构已经由"二三一"型转变为"三二一"型，因此本章将 2021 ~ 2025 年第一、第二、第三产业增加值增速分别设定为从 2019 年的 3.1%、5.7%、6.9% 降为 3.0%、5.0%、6.0%。2026 ~ 2035 年第一、第二、第三产业增加值增速进一步下降为 2.5%、4.5%、5.5%。②计划生育政策影响设定：由于 2016 年中国启动实施了"全面二孩"政策，因此，本章根据 1998 年以来城市和农村育龄妇女分孩次出生人数数据，计算得出生育政策对城镇化的影响系数，其中城市地区影响因子为 1.81，农村地区影响因子为 1.44。

以 2020 年为基期，预测结果（见图 3 - 2）表明：2025 年中国城

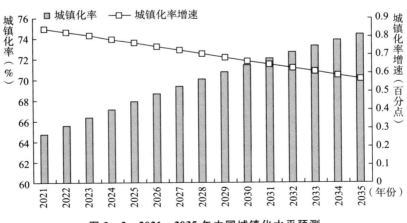

图 3 - 2　2021 ~ 2035 年中国城镇化水平预测

镇化水平将达到 67.9%，2021～2025 年中国城镇化水平将年均提高约 0.78 个百分点。至 2035 年，中国城镇化水平将进一步提高至 74.4%，中国城镇化增速也进一步放缓，2026～2035 年中国城镇化水平将年均提高约 0.66 个百分点。整体来看，2035 年中国城镇化水平已超过 70%，进入城镇化稳定期。

（二）2025 年和 2035 年四大区域城镇化水平预测

基于数据的可获得性，本章以 2011～2020 年各地区数据①为依据，分别运用曲线拟合法、经济模型法和联合国城乡人口比增长法对 2021～2025 年中国四大区域和各省、自治区、直辖市城镇化率进行预测。由于三种方法各有优劣，取其平均值作为预测结果，并进行城镇化阶段划分。

从四大区域的预测结果（见表 3－2）来看，2025 年，东部地区城镇化率将提高至 73.77%，进入城镇化稳定期。2021～2025 年，东部地区城镇化率年均增幅为 0.75 个百分点，低于 2015～2020 年的年均提高 1.08 个百分点。未来一段时间内，东部地区城镇化的这种减速趋势将会进一步持续。相较而言，中部和西部地区因城镇化率不高，2021～2025 年，仍将以每年 1～1.2 个百分点的速度推进城镇化，在四大区域中维持较高的城镇化增速。但从发展阶段来看，中西部地区已经越过了 50% 的城镇化率拐点，"十四五" 时期将处于减速推进阶段。到 2025 年，中部和西部地区城镇化率分别提高至 64.39% 和 62.06%。而由于人口流失、经济下滑等因素影响，东北地区 2021～2025 年城镇化率年均仅提高 0.7 个百分点，低于全国平均增速。至 2025 年，东部与中部地区间城镇化率差距将减少到 9.38 个百分点，东部与西部地区间差距将减少到 11.71 个百分点。

至 2035 年，东部地区、中部地区和东北地区城镇化率均超过 70% 水平，分别达到 77.72%、70.61% 和 73.11%。其中，东部地区

---

① 数据来源于《中国统计摘要 2021》，2011～2019 年数据采用第七次全国人口普查修订数据，2020 年数据为普查时点（2020 年 11 月 1 日零时）数据。

城镇化水平超过 75%，开始从城镇化稳定期向饱和水平过渡。2035
年，西部地区城镇化水平将达到 69.16%，仍然处于城镇化快速推进
期，但推进速度逐步减慢。至 2035 年，东部与中部地区间城镇化率差
距将减少到 7.11 个百分点，东部与西部地区间差距将减少到 8.56 个百
分点。

表 3 - 2　2025 年和 2035 年中国四大区域城镇化率预测

年份	区域	曲线拟合法	经济模型法	联合国城乡人口比增长法	均值
2025	东部地区（%）	74.79	74.51	72.01	73.77
	中部地区（%）	65.67	64.04	63.46	64.39
	西部地区（%）	63.85	61.41	60.91	62.06
	东北地区（%）	71.27	69.72	69.94	70.31
	东部－中部（百分点）	—	—	—	9.38
	东部－西部（百分点）	—	—	—	11.71
2035	东部地区（%）	79.60	77.28	76.28	77.72
	中部地区（%）	72.70	70.11	69.02	70.61
	西部地区（%）	71.77	67.38	68.34	69.16
	东北地区（%）	74.88	72.98	71.47	73.11
	东部－中部（百分点）	—	—	—	7.11
	东部－西部（百分点）	—	—	—	8.56

（三）2025 年和 2035 年各省（自治区、直辖市）城镇化水平预测

从各省（自治区、直辖市）的城镇化水平预测结果（见表 3 - 3）
来看，至 2025 年，处于城镇化稳定期的共有上海、北京、天津、江
苏等 11 个省（自治区、直辖市）。其中，福建、重庆、内蒙古和黑龙
江目前仍处于城镇化快速推进期，城镇化水平将在"十四五"期末超
过 70%。19 个省（自治区）城镇化水平将处于 50% ~ 70% 的减速推
进区间，包括宁夏、山东、湖北、山西、陕西、江西、吉林等。仅有
西藏自治区 2025 年城镇化水平尚未达到 50% 的水平，仍处于城镇化
加速推进期。

表 3 – 3　2025 年和 2035 年各省（自治区、直辖市）城镇化水平预测及阶段划分

2025 年城镇化阶段	省（自治区、直辖市）	2025 年城镇化率（%）	2035 年城镇化阶段	省（自治区、直辖市）	2035 年城镇化率（%）
城镇化稳定期	上海	89.89	城镇化稳定期	上海	90.22
	北京	88.43		北京	89.35
	天津	86.05		天津	88.27
	江苏	77.65		广东	82.95
	广东	77.08		江苏	82.69
	浙江	76.11		浙江	80.25
	辽宁	75.06		福建	78.92
	福建	72.75		辽宁	78.81
	重庆	72.61		重庆	77.79
	内蒙古	72.22		内蒙古	77.13
	黑龙江	71.98		宁夏	76.82
城镇化快速推进期	宁夏	69.58		山东	75.55
	山东	67.50		黑龙江	75.38
	湖北	67.47		湖北	74.74
	陕西	66.89		山西	74.33
	山西	66.76		陕西	74.18
	江西	66.72		吉林	73.65
	吉林	66.56		江西	73.46
	河北	65.58		河北	72.93
减速推进	青海	65.54		青海	72.44
	海南	64.34	城镇化快速推进期 减速推进	海南	69.43
	湖南	63.90		湖南	69.42
	安徽	63.89		安徽	69.41
	四川	63.45		四川	68.81
	河南	61.43		河南	68.17
	新疆	61.14		新疆	67.80
	贵州	60.47		贵州	67.22
	广西	59.72		广西	66.50
	甘肃	58.38		甘肃	65.89
	云南	56.11		云南	64.63
加速推进	西藏	40.22	加速推进	西藏	47.90

至 2035 年，城镇化率超过 70% 的省（自治区、直辖市）共达到 20 个，包括上海、北京、天津、广东、江苏、浙江、福建、辽宁、重庆等，比 2025 年增加了 9 个，以上省（自治区、直辖市）已进入城镇化稳定期。海南、湖南、安徽、四川、河南、新疆等 10 个省（自治区）仍将处于 50% ~ 70% 的城镇化减速推进期。西藏自治区 2035 年城镇化水平仅为 47.90%，处于城镇化加速推进期。

二　中国城镇化规模格局分析与预测

随着 2014 年《国家新型城镇化规划（2014—2020 年）》正式提出"以城市群为主体形态，推动大中小城市和小城镇协调发展"之后，全国各地竞相兴起"城市群"规划热潮；与此同时，自住房和城乡建设部、国家发展改革委等部委于 2016 年开展特色小镇培育工作，特别是中共十九大报告提出实施乡村振兴战略以来，小城镇因在城乡联系与融合发展中的独特作用，再次成为各级政府关注的重点。随着国家实施乡村振兴战略，一些学者提出"村镇化"是推进乡村发展的重要路径，通过农业农村现代化推动就地村镇化和村镇融合，与城镇化构成双轮驱动。自此，中国城镇化开始逐步构建以城市群为主体，大、中、小城市与小城镇协同发展的空间格局。

（一）中国城镇等级规模结构演化

2014 年国务院印发《关于调整城市规模划分标准的通知》，对城市规模划分标准进行了调整，以城区常住人口为统计口径，将城市划分为五类七档。依据城市规模划分新标准，从不同规模等级城市的数量结构变化来看，2000 ~ 2010 年，全国中小城市的数量比重一直维持在 89% 以上，除小城市数量减少外，其他等级城市数量均有所增加，城市等级金字塔结构有底端收缩、顶端扩大的趋势（见表 3 - 4）。

表 3 - 4　2000~2010 年中国各等级城市的数量、所占比重及其变化

城市	2000 年		2010 年		2000~2010 年变化	
	数量（个）	比重（%）	数量（个）	比重（%）	数量（个）	比重变化（百分点）
超大城市	0	0.0	3	0.4	3	0.4
特大城市	7	1.1	9	1.4	2	0.3
大城市	45	6.8	58	8.8	13	2.0
中等城市	68	10.2	93	14.2	25	4.0
小城市	545	81.9	493	75.2	- 52	- 6.7
合计	665	100.0	656	100.0	- 9	—

资料来源：《2010 年第六次全国人口普查劳动力数据资料》。

　　从不同规模等级城市的人口规模结构变化（见表 3 - 5）来看，2000~2010 年超大城市、特大城市和大城市的人口规模比重从 45.92% 上升为 57.15%，对城区人口规模增加的贡献率超过 80%，2000 年中国城市总人口规模为 2.82 亿人，小城市规模比重最高（37.38%），大城市次之（29.06%），特大城市和中等城市比重接近且较小。2010 年城市人口总规模超过 4 亿人，大城市比重最高（30.28%），小城市次之（26.92%），特大城市和中等城市比重依然接近，新增的 3 座超大城市人口规模比重超过 10%。对比 2000 年和 2010 年中国各等级城市的城区人口比重，新增超大城市人口规模比重增加迅速（10.80 个百分点），小城市规模比重明显下降（10.46 个百分点），大城市规模比重略有上升。

表 3 - 5　2000~2010 年中国各等级城市的城区人口数、所占比重及其变化

城市	2000 年		2010 年		2000~2010 年变化	
	城区人口数（千万人）	比重（%）	城区人口数（千万人）	比重（%）	城区人口数（千万人）	比重变化（百分点）
超大城市	0.00	0.00	4.35	10.80	4.35	10.80
特大城市	4.76	16.87	6.47	16.07	1.71	- 0.80
大城市	8.20	29.06	12.19	30.28	3.99	1.22
中等城市	4.71	16.69	6.41	15.92	1.70	- 0.77

续表

城市	2000 年		2010 年		2000～2010 年变化	
	城区人口数（千万人）	比重（%）	城区人口数（千万人）	比重（%）	城区人口数（千万人）	比重变化（百分点）
小城市	10.55	37.38	10.84	26.92	0.29	-10.46
合计	28.22	100.00	40.26	100.00	12.04	—

资料来源：《2010 年第六次全国人口普查劳动力数据资料》。

总体来看，目前中国大中小城市人口规模结构不协调，大城市数量少，但规模比重大、增速快、增长贡献率高，中小城市数量众多，但规模比重小、增速缓慢、增长贡献率较低，中小城市的人口集聚能力急需提升。2000～2010 年中国大城市及以上的城市数量比重一直维持在 10% 以下，特大城市规模结构相对扁平，有向首位城市集中的趋势。中小城市数量比例较高，但其人口规模比重却一直在下降，对城市人口增长的贡献率不足 20%。《国家新型城镇化规划（2014—2020年）》和"十三五"规划均将大中小城市协调发展作为优化城镇化布局的重要任务，但目前中国城市规模结构演变的态势与之仍有较大距离，今后应将提高中小城市的人口吸纳能力作为城镇化战略的焦点。

（二）中国城镇体系等级规模预测

中国城镇体系等级规模分布统计模型以幂函数分布模型拟合最佳。根据《中国城市建设统计年鉴 2017》中 2017 年城市城区总人口的数据以及《中国县域统计年鉴（县市卷）》中县级人口数据，进行幂函数分布模型拟合，相关系数达 0.95，拟合效果较好。鉴于位序 - 规模模型描述中国现状城镇体系等级规模分布的拟合精度较高，进一步采用这一模型对中国 2035 年城市等级规模结构进行预测。

城镇体系等级规模幂函数分布模型为：

$$P_r = 3826.7761 \times R^{-0.8483} \quad (3 < r < 1202) \tag{3-1}$$

其中，P_r 为 r 级城市人口规模，R 为城市等级位序。中国城镇体系等级规模结构预测结果（见表 3-6）表明，2035 年中国 1000 万人超大城市将吸纳14823.71万人；特大城市吸纳人口规模为6914.44万人；大城市数量将大幅增加，人口总规模达到15691.03万人。50万～100万人口的中等城市人口总规模为7923.19万人。人口规模为20万～50万人的小城市数量达到370个，人口规模将达到11421.82万人。人口规模为5万～20万人的小城镇数量将达到2134个，人口规模将达到18515.55万人。总体来看，人口为50万人以下的小城市（镇）人口规模占城镇总人口的比重为54.97%，达到一半以上。小城市（镇）数量多、承载力大，是未来吸纳新增城镇人口的重要载体之一。

表3－6　2035年中国城镇体系等级规模结构预测

等级规模 （人）	城镇数量 （个）	人口 （万人）	等级规模 （人）	城镇数量 （个）	人口 （万人）
1000万以上	12	14823.71	60万～70万	27	1746.65
900万～1000万	1	977.33	50万～60万	39	2135.59
800万～900万	1	853.12	40万～50万	61	2622.53
700万～800万	2	1581.37	30万～40万	103	3552.81
600万～700万	2	1371.24	20万～30万	206	5246.48
500万～600万	4	2131.38	10万～20万	668	8507.04
400万～500万	5	2213.44	5万～10万	1466	10008.51
300万～400万	7	2568.61	4万～5万	782	3488.42
200万～300万	15	3762.00	3万～4万	1341	4625.91
100万～200万	53	7146.98	2万～3万	2792	5982.21
90万～100万	13	1198.73	1万～2万	8939	11336.83
80万～90万	15	1272.14	合计	16575	100723.11
70万～80万	21	1570.08			

（三）"胡焕庸线"两侧人口形势分析

以县级行政单元为分析尺度，采用1978年改革开放以来的第三、四、五、六次全国人口普查分县市的常住人口数据进行分析，以"胡焕庸线"为界，中国国土西北半壁面积占56.36%，东南半壁面积占43.64%。不考虑港澳台地区，则大陆地区西北半壁、东南半壁面积占比分别为56.59%、43.41%。统计"胡焕庸线"两侧人口变动情况，结果如表3－7所示（数据的统计范围不包括港澳台地区，下同）。1982～2010 年，中国总人口由 10.04 亿人增长至 13.33 亿人，其中东南半壁由 9.45 亿人增长至 12.49 亿人，西北半壁由 0.58 亿人增长至 0.84 亿人；相应的，东南半壁人口密度由 230.25 人/km² 增长至 303.92 人/km²，西北半壁由 10.82 人/km² 增长至 15.72 人/km²。观察两个半壁的人口份额，四舍五入并取整，纵观 1982 年、1990 年、2000 年、2010 年，东南半壁与西北半壁人口比 94∶6 的大数特征一直相对稳定，东南半壁相对于西北半壁始终保持显著的人口规模优势。相应的，东南半壁与西北半壁人口密度的比值也保持在 20 左右。可见，"胡焕庸线"是相对稳定的。

表 3 - 7　1982～2010 年 "胡焕庸线" 两侧人口统计情况

年份	常住人口（亿人）		常住人口份额（%）		人口密度（人/km²）	
	东南半壁	西北半壁	东南半壁	西北半壁	东南半壁	西北半壁
1982	9.45	0.58	94.23	5.77	230.25	10.82
1990	10.64	0.66	94.13	5.87	259.00	12.40
2000	11.67	0.76	93.89	6.11	283.98	14.18
2010	12.49	0.84	93.68	6.32	303.92	15.72

资料来源：《中国 2010 年人口普查资料》。

但人口也存在轻微的变化，30 年内东南半壁的人口份额持续微减，而西北半壁的人口份额持续微增。统计结果（见表 3 - 8）显示，1982～2010 年东南半壁人口增长量相对于西北半壁维持在 10 倍左右的绝对优势水平，但是东南半壁的人口份额由 1982 年的 94.23% 减少至 2010 年的 93.68%，共减少了 0.55 个百分点。观察 1982～1990 年、1990～2000 年、2000～2010 年 3 个年际的人口份额变化，西北半壁的人口份额相对于东南半壁人口份额略微增长的现象始终存在。

表 3 - 8　1982～2010 年 "胡焕庸线" 两侧人口变化统计情况

年份	人口增长量（亿人）		人口份额变化（百分点）		人口年均增长率（%）	
	东南半壁	西北半壁	东南半壁	西北半壁	东南半壁	西北半壁
1982～1990	1.19	0.08	-0.10	0.10	1.49	1.63

续表

年份	人口增长量（亿人）		人口份额变化（百分点）		人口年均增长率（%）	
	东南半壁	西北半壁	东南半壁	西北半壁	东南半壁	西北半壁
1990~2000	1.03	0.10	-0.24	0.24	0.93	1.42
2000~2010	0.82	0.08	-0.21	0.21	0.68	1.01

资料来源：《中国 2010 年人口普查资料》。

"胡焕庸线"作为中国人口重要的界线一直稳定存在，但也伴随各种变动因素，有轻微的变化。东南半壁应重点引导内陆腹地及中小城镇人口集聚，避免人口向沿海地区及省会等大城市的持续膨胀而造成过大的资源环境承载压力，避免人口负增长区的持续扩张而造成人口的过度流失和农村"空心化"；西北半壁自然生境决定了人口不宜过多，但同时存在人口份额持续增长但增长不集中的事实，而西北半壁发挥着重要的生态保障作用，引导分散增长的人口向少数宜居宜业城镇集聚是未来优化调控的重点。

三 中国城镇化空间格局优化思路和战略

从资源环境承载能力和人口吸纳能力来看，在未来一段时期内，中国的城镇化要以城市群和都市圈为主体形态，以中小城市和县城为吸纳新增城镇人口的主要载体，充分发挥多层级中心城市的作用，不断提高城市群、都市圈的国际竞争力、综合控制力和资源环境承载能力，持续增强中小城市、小城镇的公共服务供给能力和产业支撑能力，推动形成以城市群、都市圈和中心城市为引领，大、中、小城市与小城镇协同发展的城镇化规模新格局。具体来看，持续优化国家国土空间开发主架构，在继续完善城市群规划建设的基础上，重点推进都市圈的规划建设，实现城市群和都市圈的高质量发展。强化中心城市的引领、示范和辐射带动作用，推动形成全球中心城市、国家中心城市、区域中心城市和地方中心城市四级中心城市体系。进一步优化城镇规模结构，将小城市（镇）作为未来吸纳新增城镇人口的重要载体，充分发挥小城市（镇）对中国城镇化的拉动作用。

（一）优化城镇化战略格局

2010 年出台的《全国主体功能区规划》中，首次提出要构建以"两横三纵"为主体的城镇化战略格局，以促进城镇化发展为重点，对重点发展区域进行战略性布局，并明确该战略实施至 2020 年。2017 年，国务院在印发的《全国国土规划纲要（2016—2030 年）》中继续提出国土空间开发"以'两横三纵'开发轴带为主"，同时逐步重点开发京九、沪昆和京兰轴带，形成"四纵四横"的国土开发格局，并将此开发战略延续至 2030 年。进入新发展阶段，中国发展模式向高质量方向转变，国土开发和城镇化战略也需要进行重新审视（魏后凯等，2020b），城镇化战略格局需要分阶段分步骤进行优化调整。至 2025 年全面形成"两横三纵"城镇化战略格局，至 2035 年全面形成以陆桥—沿黄通道、沿长江通道、珠江—西江通道为三条横轴，以沿海、京哈京广、包南通道为三条纵轴的"三横三纵"城镇化战略格局。

1. 2025 年全面形成"两横三纵"城镇化战略格局

目前，国家已基本形成以陆桥通道、沿长江通道为两条横轴，以沿海、京哈京广、包昆通道为三条纵轴，以轴线上城市群和节点城市为依托、其他城镇化地区为重要组成部分的"两横三纵"城镇化战略格局。基于黄河流域地区在中国经济发展、生态安全和促进城镇化方面承担的重要功能，中央政府日益重视对黄河流域生态保护与经济开发，已制定并通过黄河流域生态保护和高质量发展战略规划。下一阶段，要巩固提升陆桥通道、沿长江通道两条横轴以及沿海、京哈京广、包昆通道三条纵轴，并在此基础上进一步优化城镇化空间网络，依托黄河流域生态保护和高质量发展规划的实施，构建陆桥—沿黄横向复合发展轴，推动北方地区和传统农耕区发展，至 2025 年全面形成"两横三纵"城镇化战略格局。

（1）两条横向城镇化战略轴带

一是陆桥—沿黄横向复合发展轴。今后城镇化战略格局应继续将陆桥通道作为重点开发横轴予以保留，并结合黄河流域生态保护和高质量发展规划的实施，重点打造陆桥—沿黄横向复合发展轴。陆桥通道要根据中国重大发展战略导向，如"一带一路"倡议、构建新发展格局、高质量发展等重大任务进行战略性调整和转型。沿黄河通道则以黄河流域覆盖的主要城市群和都市圈为重要开发节点，增强中心城市的辐射和带动作用，共同形成陆桥—沿黄横向复合发展轴，推进北方地区城镇化进程。重点建设的城市群或都市圈包括山东半岛城市群、中原城市群、关中平原城市群、兰州—西宁城市群、山西中部城市群、宁夏沿黄城市群、呼包鄂榆城市群、天山北坡城市群以及济南都市圈、青岛都市圈、郑州都市圈、西安都市圈、太原都市圈等。

二是沿长江通道横轴。长江流域各省市积极推进城镇化进程，目前已经形成了长江三角洲、长江中游和成渝三大城市群以及若干实力比较雄厚的区域性中心城市，但从上中下游比较来看，城镇化水平差距大、经济社会发展差距大、居民收入差距大客观存在。长江流域云南、贵州、四川、重庆、安徽、江西等省市是中国农业转移人口主体区域，尤其需要把"以人为本"的原则贯穿于推进沿长江通道城镇化全过程，把推进基本公共服务均等化作为城镇化着力点，不断提高农业转移人口市民化质量。以长三角城市群、长江中游城市群和成渝城市群为重点，优化空间布局，完善城镇体系，辐射带动流域内各区域城镇化发展。长三角城市群，继续发挥城市群的带动和辐射作用，加强城市群内各城市的分工协作和优势互补，增强城市群的整体竞争力。长江中游城市群，以建设武汉都市圈、长株潭城市群和环鄱阳湖城市群为重点。成渝城市群，以培育成渝双城都市圈为重点，覆盖自贡、泸州、德阳、绵阳、遂宁、内江、乐山、南充、眉山、宜宾、广安、达州（除万源市）、雅安、资阳等地区，带动西南地区快速发展。

（2）三条纵向城镇化战略轴带

一是沿海纵向通道。由辽宁丹东至广西防城港，覆盖辽宁、河北、天津、山东、江苏、上海、浙江、福建、广东、广西等省市，连接大连、天津、青岛、上海、宁波、福州、厦门、深圳等重要节点城市。沿海经济带是中国对外开放的前沿，是经济实力最强、外向型特征最显著、全国战略地位最重要的区域。与其他重点开发轴带相比，沿海通道是社会主义现代化建设的先行区，也是最有希望率先实现社会主义现代化的区域。广东、江苏、浙江等沿海地区省份均已基本进入城镇化稳定期，城镇化率增长速度下降。沿海通道以京津冀都市圈、长三角城市群、粤港澳大湾区为核心增长极，以山东半岛、辽中南、海峡西岸、北部湾等城市群为次级增长极，辐射带动沿海地区城镇化进程。

二是京哈京广纵向通道。以京哈、京广铁路为轴线，连通中国东北、华北、华中、华南地区，连接哈尔滨、长春、沈阳、北京、石家庄、郑州、武汉、长沙、广州、深圳等主要中心城市。京哈京广是串联南北的重要通道，通过重点发展哈长、辽中南、京津冀、中原、长江中游、珠三角等城市群并加强以上城市群之间的分工与合作，促进沿线地区城镇化的推进。

三是包昆纵向通道。包昆通道北起内蒙古包头，串联巴彦淖尔、银川、白银、兰州、陇南、广元、绵阳、德阳、成都、西昌、攀枝花、楚雄、昆明等节点城市，覆盖了包鄂榆地区、宁夏沿黄地区、关中—天水地区和成渝地区等，是新时代形成西部城镇化新格局的重要通道。应加大对西部地区资源枯竭等特殊类型地区振兴发展的支持力度，因地制宜优化城镇化布局与形态，推动城市群高质量发展和大中小城市网络化建设，培育发展一批特色小城镇。

2. 2035 年全面形成 "三横三纵" 城镇化战略格局

2035 年应在全面形成 "两横三纵" 城镇化战略格局基础上，进一步优化城镇化空间网络，推动全面形成以陆桥—沿黄通道、沿长江通道、珠江—西江通道为三条横轴，以沿海、京哈京广、包南通道为三条纵轴的 "三横三纵" 城镇化战略格局。

一是在巩固提升陆桥—沿黄通道、沿长江通道两条横轴的基础上，重点打造珠江—西江通道。珠江—西江通道涵盖广东、广西、云南和贵州，连接中国东部发达地区与西部欠发达地区，是珠江三角洲地区转型发展的战略腹地、西南地区重要的出海大通道，也是面向港澳和东盟开放合作的前沿地带，自然禀赋优良、航运条件优越、产业基础较好，具有较大的城镇化潜力。珠江—西江通道包括广州、深圳、佛山、肇庆、梧州、柳州、南宁等重点城市，通过高速铁路、高速公路等综合交通运输通道延伸至昆明，将以粤港澳大湾区为龙头，以珠江—西江经济带为腹地，带动中南、西南地区城镇化进程。

二是将《全国主体功能区规划》中提出的"两横三纵"战略中的包昆纵向开发通道，调整为包南通道。包南通道北起内蒙古包头市，串联银川、西安、重庆、贵阳等西部地区重要中心节点城市，南至广西南宁为终端，连通呼包鄂榆、宁夏沿黄、关中—天水、成渝、黔中、北部湾等西部主要城市群。包南通道覆盖西部大部分区域，是促进西部大开发的重要通道，对加快西部地区就近就地城镇化具有重要作用。

（二）积极推动城市群分类治理

当前，中国城市群呈现发育阶段多样化、所在区域的发展格局日益差异化、服务国土空间开发保护战略目标趋于多元化、现代治理方式要求越来越精准化的态势。伴随工业化和城镇化的进程，中国许多地区已经发育出城市群（或其雏形）这种城镇化的高级形态，但发育程度差异很大。中国的区域协调发展格局发生着重要变化。京津冀、长三角、珠三角、长江中游形成了带动全国经济增长的四大核心增长极；中国经济发展的区域差异正逐步由以东西差异为主导，转变为东西差异和南北差异二者并存。在中国未来国土空间战略、开发和保护格局中，不同城市群担负的任务不同，既有面向全球竞争，也有带动中西部共同富裕，还有保障国土空间安全等不同指向。城市群的发展模式各具特色，既有沿海大都市连绵区域，也有山地城市群，还有内陆城市群等不同发展模式，在现代化的治理方式下，必须要求精准，才能发挥比较优势，提升国际竞争能力。

1. 积极培育世界级城市群

积极培育京津冀、粤港澳、长三角和长江中游 4 个世界级城市群。在推进区域一体化进程方面，以粤港澳大湾区为抓手，发挥香港和澳门作为单独关税区、自由港，以及英语和葡语国家国际交流平台的作用，用"一国"的整体统筹解决香港和澳门长期关注的突出问题，以"两制"的体制互补促进香港、澳门和内地更好发展。着力提升京津冀区域整体发展水平，推进雄安新区建设，唱好京津"双城记"，推动建设以首都为核心的世界级城市群。探索建立城市群专属管理区行政体制，优化和重组行政资源配置能力，提升行政管理效率和发展活力。在扩容提质方面，加快中心城市向世界级城市迈进的步伐，引领城市群率先实现科技创新驱动发展的转型。做大做强国家级中心城市，探索首都功能在国家级中心城市优化配置的方案。提升城市品质，促进人居环境和投资环境的同步优化。在区域带动方面，面向全球战略竞争，布局战略竞争区。面向中国中长期战略调整和区域均衡发展，在长三角、粤港澳布局创新型地域经济综合体。

2. 加快发展国家级城市群

加快发展长江中游、中原、山东半岛、辽中南、关中平原、海峡西岸、北部湾等7个国家级城市群。在推进区域一体化进程方面，继续以台湾海峡两岸区域为重点，在大陆综合发展水平全面赶超台湾、台湾经济对大陆依赖程度不断提升的过程中推动海峡两岸区域一体化，助推两岸和平统一。加强同城化发展，打破行政壁垒，形成一体化的体制机制。推进城乡一体化进程，在都市圈范围内，完善城乡协调发展体制机制，形成城乡等值发展的区域一体化新面貌。在扩容提质方面，在现有国家中心城市的基础上，通过增设直辖市的形式，缩小大省管辖幅度，培育新兴国家中心城市。大力支持区域性中心城市建设，支持长江经济带、黄河流域的省会城市、经济实力强市撤县（县级市）设区与扩容，提高人口吸纳和辐射带动能力。以城区人口在50万人以上的地级市为重点，以行政区优化重组的方式，稳步发展地区性中心城市。培育特色山水城市，提升传统农区的城镇品质。在区域带动方面，在中西部腹地建设战略保障区和创新经济综合体，加强对广大中西部腹地和东北地区的辐射带动。发挥都市圈的辐射带动作用，加强城市群内各城市间的联系，推进形成网络结构。注重黄河流域、长江流域的开发与保护协调。制定"双评价"方案，严格土地用途管制、开发强度管制。

3. 积极扶持区域级城市群

积极扶持哈长、兰州—西宁、山西中部、呼包鄂榆、滇中、黔中、宁夏沿黄、天山北坡等 8 个区域级城市群。在推进区域一体化进程方面，推进黄河流域保护与开发的一体化进程，重点在科技成果产业化转化机制和资源优势价值化分配体制上有所突破，推动黄河流域上、中、下游的高质量协调发展。围绕中心城市 2 小时通勤范围，推进建立城乡等值、双向交流的协调发展机制，形成城乡一体化的发展态势。在扩容提质方面，从服务边疆安全、生态安全角度考虑，选取战略地位突出的喀什、乌鲁木齐、西宁等城市作为未来国家中心城市的备选，赋予其服务"一带一路"沿线国家和地区的对外交流、国家公园管理等职能。加快边疆中心城市建设，在中国沿边地区选择若干重要城市，比照计划单列市的方式，在规定的责权利范围内享受副省级待遇，建设中国固疆稳边的枢纽城市。强化中心城市和周边地区的经济实力，激发市场作用，完善公共服务设施、基础设施配套，进而提升城市群的总体发展质量。协调好资源开发与生态环境保护的关系，严格按照"三区三线"划定方案实施矿产资源开发，加快矿产资源绿色开采和加工技术升级改造，形成绿色基础产业体系。

（三）加强国家级都市圈建设

目前，中国"19＋2"的城市群格局基本形成并稳步发展。一般而言，每个城市群之中至少有 1～2 个具有影响力的都市圈，共同形成"一强多点"的都市圈－城市群发展格局。现阶段需要把都市圈建设提升到应有的战略高度，以现代化的都市圈支撑城市群建设，并以此来连接和助力国内与国际经济的双循环。采取长短结合的推进策略，重点推进实施分类分级的都市圈规划建设。根据经济发展水平、开放程度、都市圈人口规模、人口密度以及中心城市与周边区域空间联系强度，可将都市圈分为引领型、发展型和培育型三种类型。依据规模等级，不同类型的都市圈又可分为国家级和区域级两个等级。至2025 年，可率先以国家级都市圈为建设重点，在国家层面规划建设34 个基础设施布局优化、产业分工明确合理、资源要素流动平衡、区际协调机制完善、生态环境优美舒适的国家级高品质都市圈，使之成为新时期推进新型城镇化的核心区域（见表 3 – 9）。

表 3 – 9　2025 年重点建设的国家级都市圈

类型	数量（个）	都市圈
引领型都市圈	11	北京、上海、广佛肇、深莞惠、天津、重庆、成都、武汉、苏锡常、杭州、南京
发展型都市圈	11	沈阳、郑州、西安、青岛、厦门、长沙、福州、济南、合肥、大连、昆明
培育型都市圈	12	长春、石家庄、哈尔滨、太原、南宁、南昌、贵阳、呼和浩特、兰州、乌鲁木齐、西宁、银川

1. 引领型都市圈

引领型都市圈主要包括北京、天津、重庆、成都、武汉以及长三角、珠三角范围内已经连绵成片的上海、杭州、南京、苏锡常、广佛肇、深莞惠等 11 个都市圈，其内部联系紧密、分工明确、要素流动平衡，是引领中国经济社会发展的核心区域，也是重要的创新区域，代表了中国都市圈的全球竞争力和影响力。应加快推动中心城市集聚创新要素、提升经济密度、增强高端服务功能，增强中心城市核心竞争力和辐射带动能力，推动超大、特大城市非核心功能向周边城市（镇）疏解，推动中小城市依托多层次基础设施网络增强吸纳承接中心城市产业转移的能力，构建大中小城市和小城镇特色鲜明、优势互补的发展格局。

2. 发展型都市圈

发展型都市圈具体包括沈阳、郑州、西安、青岛、厦门、长沙、福州、济南、合肥、大连、昆明等 11 个都市圈，目前已经基本形成了以中心城市为核心的城镇体系，具有一定同城化基础，是国家经济社会发展的重要支撑。大力推进中心城市核心增长极建设，重点增强产业基地的集群效应，健全面向国内国外的综合交通枢纽体系，完善各项区域性生活服务和生产服务职能，营造高品质人居环境，切实提升中心城市的内聚活力。加强中心城市与周边县市国土空间规划一体化、设施建设一体化、生态环保一体化，重点围绕产业链加强周边地区与中心城区的产业分工合作，增强都市圈综合承载能力。

3. 培育型都市圈

培育型都市圈人口和资源主要集中于中心城市，辐射带动作用有待加强，但其中部分都市圈在加快沿边地区开放开发和辐射东北亚、东南亚等跨境发展中具有一定的独特作用，是都市圈体系的重要组成部分，具体包括长春、石家庄、哈尔滨、太原、南宁、南昌、贵阳、呼和浩特、兰州、乌鲁木齐、西宁、银川等12个都市圈。

（四）积极构建四级中心城市体系

强化中心城市的引领、示范和辐射带动作用，推动形成全球中心城市、国家中心城市、区域中心城市和地方中心城市四级中心城市体系。依据综合经济实力、科技创新、网络枢纽、文化交流和社会服务等多项指标，采用熵值评价法和聚类分析法，得出各级中心城市（见表3-10）。其中，考虑到地缘安全、民族和谐稳定以及开发开放等特殊作用，将沿边地区部分重点城市也纳入中心城市体系。未来一段时期内，要加快推进四级中心城市体系建设。全球中心城市，包括香港、北京、上海，重点增强其在国际城市体系中的综合竞争力，使之成为中国在社会、经济、文化和政治层面影响和参与全球事务的开放平台。国家中心城市，具有全国层面的中心性和一定的国际性，在已经明确的天津、广州、重庆、成都、武汉、郑州、西安等9个国家中心城市基础上，充分考虑促进区域均衡发展，培育未来城市创新活力，进一步优化国家中心城市布局，将杭州、南京、沈阳纳入国家中心城市行列，使国家中心城市建设成为国家科技创新、流通网络、社会服务和文化交流中心。区域中心城市，在国家各大区域及特殊区位

（如东北、西北、边疆）建设一批各具特色的区域中心城市，包括苏州、青岛、厦门、长沙、福州、宁波等，完善并提升城市功能，强化其辐射带动区域和跨境发展的重要作用。地方中心城市，辐射范围以省内为主，包括温州、佛山、无锡、金华、唐山、芜湖等，着重服务于就近就地城镇化。

表 3－10　2025 年全国四级中心城市体系

中心城市等级	数量（个）	城市
全球中心城市	3	香港、北京、上海
国家中心城市	11	广州、深圳、重庆、天津、成都、杭州、武汉、南京、西安、沈阳、郑州
区域中心城市	25	苏州、青岛、厦门、长沙、福州、宁波、济南、大连、哈尔滨、长春、昆明、合肥、太原、贵阳、石家庄、乌鲁木齐、珠海、南宁、南昌、海口、兰州、呼和浩特、西宁、拉萨、银川
地方中心城市	52	温州、佛山、无锡、东莞、金华、惠州、泉州、潍坊、绍兴、嘉兴、烟台、南通、洛阳、江门、徐州、芜湖、郴州、保定、遵义、绵阳、赣州、包头、柳州、唐山、衡阳、襄阳、株洲、九江、牡丹江、宝鸡、菏泽、岳阳、宜昌、曲靖、天水、大同、北海、蚌埠、榆林、焦作、玉溪、宜宾、鞍山、大庆、酒泉、丹东、临汾、满洲里、二连浩特、阿勒泰、喀什、景洪

（五）打造千座"美丽小城市（镇）"

截至 2020 年底，中国共有 388 个县级市和 1429 座县城（含自治县），但整体来看，除少数外，大多小城市和小城镇因基础设施和公共服务发展滞后，产业支撑不足，就业岗位较少，经济社会发展后劲不足。根据国际经验，随着人民生活水平的提升和生态文明意识的增强，具有浓郁地方特色和优美生态环境的小城市（镇）对"城市病"困扰日益严重的大都市区居民具有极强的吸引力。为疏解特大城市、巨型城市人口增长压力，今后必须注重增加小城市（镇）数量、提升小城市（镇）建设质量。在现有县级市的基础上，选择城市发展条件优越的县城、重点镇和特色镇，规划建设县级市和县辖镇级市 1000 座，吸纳城镇人口 2.0 亿人左右（平均人口规模为 20 万人），进一步提高小城市（镇）产业支撑能力和公共服务品质，按照现代小城市标准推进县城和建制镇镇区建设，充分发挥小城市（镇）重要作用。

第四章　流动人口落户意愿与市民化路径

随着市民化和户籍制度改革的快速推进，城市落户条件不断降低，从 2014 年仅"全面放开建制镇和小城市落户限制"①到 2019 年提出"全面取消城区常住人口 300 万以下的城市落户限制"②，随之而来的难题转变为落户意愿与落户条件的结构性矛盾，表现为"想落不能落、能落不想落"的现象并存。考虑到当前总体较低的落户意愿已经成为未来推进市民化的阻碍，研究明确落户意愿的特征及其影响因素，有利于为下一步改革和市民化提供参考，实现高质量的城镇化。

一　各类城市落户意愿特征

落户意愿是当前推进市民化的重要问题，很多农业转移人口符合落户条件但不愿落户，由此使得户籍人口城镇化率缺乏突破。本章对各类城市落户意愿特征进行分析。本章的落户意愿数据来自国家卫生健康委中国流动人口动态监测调查数据，其中涉及迁入地落户意愿调查的年份主要为 2012 年、2016 年和 2017 年③。各个城市的落户意愿为各个城市调查样本中回答"愿意"的比重，为提高调查结果的可靠性，分城市分析时仅保留样本有 120 个及以上的城市。

（一）总体与主要城市的落户意愿

近年来，中国流动人口总体的落户意愿显著降低，从 2012 年的

---

① 《国务院关于进一步推进户籍制度改革的意见》，《人民日报》2014 年 7 月 31 日，第 8 版。
② 《中共中央办公厅　国务院办公厅印发〈关于促进劳动力和人才社会性流动体制机制改革的意见〉》，《中国人力资源社会保障》2020 年第 1 期。
③ 其中 2012 年的问题为"如果没有任何限制，您是否愿意把户口迁入本地"，2016 年和 2017 年的问题为"如果您符合本地落户条件，您是否愿意把户口迁入本地"。

49.98%降低到 2017 年的 39.01%，降低了 11 个百分点左右（见表 4 - 1）。这反映了随着户籍制度改革的推进，各个城市逐步降低、取消落户限制，并且随着"应转尽转、想落尽落"，剩下的想落户而不能落户的流动人口比重降低。考虑到各地中心城市将是未来户籍制度改革的难点，表 4 - 1 汇报了各个中心城市的落户意愿水平。与总体态势一致，大部分中心城市的落户意愿不断降低，部分城市的落户意愿比较稳定（比如北京、天津、南昌、重庆等），只有海口、拉萨、福州等城市的落户意愿有较大提高。从横向比较来看，北京、上海、天津三个东部直辖市的落户意愿较高，也属当前落户条件较严格的城市；厦门的落户意愿较高，主要是因为其较好的自然条件与本岛空间限制；重庆以及部分中西部省会城市落户意愿较低，与其以就近城镇化为主有关。

表 4 - 1　2012 ~ 2017 年总体与主要城市的落户意愿（按 2017 年降序）

城市	落户意愿			城市	落户意愿		
	2012 年（%）	2017 年（%）	变化（百分点）		2012 年（%）	2017 年（%）	变化（百分点）
总体	49.98	39.01	-10.97	银川	50.12	41.80	-8.32
北京	79.03	78.20	-0.83	西宁	43.83	41.25	-2.58
上海	80.66	74.26	-6.40	杭州	48.60	41.00	-7.60
厦门	71.94	61.98	-9.96	长春	40.99	38.70	-2.29
天津	59.98	61.20	1.22	成都	49.69	38.20	-11.49
青岛	59.34	54.45	-4.89	沈阳	47.50	37.40	-10.10
深圳	58.94	53.28	-5.66	福州	27.77	36.95	9.18
大连	72.62	50.50	-22.12	兰州	46.35	34.70	-11.65
海口	38.74	50.50	11.76	重庆	34.98	34.51	-0.47
济南	65.42	50.35	-15.07	南昌	33.11	31.45	-1.66
广州	56.13	50.23	-5.90	郑州	46.53	31.12	-15.41
南京	65.26	49.60	-15.66	呼和浩特	45.13	31.05	-14.08
拉萨	37.25	49.60	12.35	宁波	46.05	30.35	-15.70
乌鲁木齐	56.43	48.95	-7.48	昆明	44.86	28.40	-16.46
武汉	61.92	48.90	-13.02	贵阳	51.90	27.85	-24.05
南宁	49.36	44.37	-4.99	合肥	36.47	25.54	-10.93
哈尔滨	55.97	43.70	-12.27	石家庄	30.53	23.45	-7.08
太原	48.43	43.40	-5.03	长沙	34.37	19.05	-15.32
西安	46.27	43.20	-3.07				

注：各中心城市样本量 2012 年为 1000 个左右甚至远超 1000 个，2017 年为 2000 个左右甚至远超 2000 个，具有较好的可靠性。

（二）各类地区城市的落户意愿

分地区来看，2017 年东部地区城市的落户意愿最高（48.61%），其次为东北地区、西部地区，中部地区的落户意愿最低，后三个地区的落户意愿均低于全国总体水平（见表 4 - 2）。在东部地区，除了 3 个直辖市之外，海南的落户意愿最高，且是唯一一个落户意愿提高的省份，2012 ~ 2017 年显著提高了 12 个百分点左右，与其省会城市海口的情况类似，这与海南日趋引人瞩目的自然条件和不断提高的城市发展水平显著相关。虽然东北地区存在显著的衰退和人口外流现象，但其流动人口的落户意愿与全国总体水平比较接近，显著高于中西部地区。与地区发展水平不同的是，西部地区的落户意愿显著高于中部地区。中部地区的落户意愿最低，中部六省的落户意愿均低于全国总体水平。这可以解释为中部城市往往以就近迁移的流动人口为主，同时也反映了其较低的落户条件。

表 4 - 2　2012 ~ 2017 年各类城市的落户意愿

类型		落户意愿（%）		类型		落户意愿（%）	
		2012 年	2017 年			2012 年	2017 年
分地区	东部地区	53.29	48.61	分规模	300 万以上人口城市	51.85	44.72
	中部地区	39.72	28.98		特大和超大城市	56.71	46.16
	西部地区	43.70	34.11		Ⅰ 型大城市	46.50	43.18
	东北地区	54.14	38.53		300 万以下人口城市	39.74	27.70
分行政级别	直辖市	63.66	62.04		Ⅱ 型大城市	44.22	30.51
	其他中心城市	48.99	40.66		中等城市	37.62	25.60
	地级市	38.83	27.15		小城市	38.07	27.47
					城市样本总体	41.11	29.94

注：城市规划划分按照《关于调整城市规模划分标准的通知》（国发〔2014〕51 号）。本章的城市样本为样本量大于 120 个的城市，2012 年有 186 个，2017 年有 205 个。

（三）各类规模城市的落户意愿

城市规模与落户意愿表现出显著的正相关关系，结合表 4 - 2 来看，2017 年特大和超大城市的落户意愿最高，为 46.16%；由于部分小城市落户意愿偏高（小城市样本量与中等城市接近，但标准差显著高于中等城市），小城市落户意愿的平均水平（27.47%）略高于中等城市落户意愿的平均水平（25.60%）。考虑到目前户籍制度改革建议取消城区常住人口在 300 万人以下的城市落户限制，以此为界做分类统计，发现 2017 年 300 万以上人口城市的落户意愿（44.72%）显著高于 300 万以下人口城市（27.70%），高 17 个百分点左右。从演进态势看，300 万以下人口城市的落户意愿 2012～2017 年大幅降低 12 个百分点左右，降幅大于 300 万以上人口城市 5 个百分点左右，2017 年落户意愿低于城市样本总体 2 个百分点左右。

（四）各行政级别城市的落户意愿

一般来说，城市的行政级别越高，越具有吸引力，落户条件越高，落户意愿越强（见表 4－2）。其中，直辖市的落户意愿最高，虽然重庆较低的落户意愿拉低了直辖市落户意愿的平均水平，但 2017 年直辖市落户意愿依然高达 62.04%，且在全国总体落户意愿大幅降低的情况下，直辖市的落户意愿在 2012～2017 年基本稳定。其他中心城市（包括省会城市和其他副省级城市）的落户意愿（40.66%）在 2012 年和 2017 年均与全国总体水平比较接近，显著高于城市样本的平均水平，也高于地级市的平均水平。地级市的落户意愿较低（27.15%），且 2012～2017 年显著降低，这与地级市较低的吸引力、以就近迁移人口为主有关，随着户籍制度改革的不断推进，地级市的落户条件和落户意愿同步显著降低。

二　城乡两栖视角下的落户意愿

本章在对以往研究进行总结的基础上，从城乡两栖视角构建影响落户意愿的分析框架。

自 2014 年《国家新型城镇化规划（2014—2020 年）》和"三个 1

亿人"目标提出之后，关于落户意愿的相关研究开始增多（见表4-3）。以往考察的落户意愿影响因素可以分为个体和家庭特征、经济特征、农村权益、社会制度、社会融合状况等方面。在个体和家庭特征方面，根据相关研究，学者们对年龄对落户意愿的影响存在不同观点（张翼，2011；王桂新、胡健，2015；王丽丽等，2016；邱红、周文剑，2019），已婚人口的落户意愿往往更高（王桂新等，2010；王桂新、胡健，2015），受教育水平越高落户意愿越强（王桂新等，2010；卢小君、向军，2013；邱红、周文剑，2019）。在经济特征方面，一般认为收入水平越高、拥有城市自购住房等越愿意落户（谢东虹，2016；孙婕等，2019），也有研究认为这一关系并非线性（邱红、周文剑，2019）。在农村权益方面，以往研究均发现农村宅基地、承包地权益会降低落户意愿（张翼，2011；黄善林等，2019；李勇辉等，2019），甚至认为"想保留承包地"是不想转户的主要原因（张翼，2011）。在社会制度方面，已有研究发现劳动合同、社保和公积金等社会保障状况改善会提高落户意愿（王桂新、胡健，2015；孙婕等，2019）。在社会融合状况方面，已有研究发现本地社会认同度、活动参与度等对落户意愿有提升作用（卢小君、向军，2013；刘涛等，2019）。以往研究采用的数据主要包括两类，一类是利用国家卫生健康委（原国家卫生和计划生育委员会）中国流动人口动态监测调查数据，另一类是研究者自主开展的调查数据。从分析方法来看，以往研究主要是将落户意愿的因变量分为"愿意"和"不愿意"两类，以二值选择模型为主。

表4-3　以往关于落户意愿影响因素的研究总结（按时间倒序）

代表文献	数据来源	考察的影响因素
邱红和周文剑（2019）	2016年中国流动人口动态监测调查数据	个体特征、流动区域特征和家庭经济特征
刘涛等（2019）	珠江三角洲数据（来自2017年中国流动人口动态监测调查数据）	个体生命历程、流出地资产和流入地社会融合等
孙婕等（2019）	2016年中国流动人口动态监测调查数据	个体、家庭、经济和社会制度等

续表

代表文献	数据来源	考察的影响因素
李勇辉等（2019）	2017 年中国流动人口动态监测调查数据	农地流转
黄善林等（2019）	2015 年川鄂苏黑四省 1397 户调研数据	农地依赖性、农地处置方式
杜巍等（2018）	2016 年陕西省汉中市的就近就地城镇化调查数据	家庭生计恢复力的推力和土地政策的拉力
龚紫钰（2017）	2016 年厦门、苏州、东莞三城市农民工市民化调查数据	就业质量、社会公平感
叶俊焘和钱文荣（2016）	1205 名不同规模城市农民工调查数据	城市规模
谢东虹（2016）	2015 年北京市调查数据	工作时间、收入水平
王丽丽等（2016）	2015 年山东和辽宁 644 份问卷	个人因素、就业经济因素、社会因素、心理因素等
卢小君等（2016）	大连等 14 个城市 1189 份问卷	个体特征、经济、社会心理和制度四个层面
唐宗力（2015）	2009 年和 2014 年安徽农村地区调查数据	农村"拉回"、城市"推出"的因素
王桂新和胡健（2015）	2011 年全国流动人口抽样调查数据	农民工社会保障、个体统计特征
卢小君和向军（2013）	大连市 459 位农民工问卷调查	受教育程度、城市住房状况、承包地和宅基地处置方式等
张翼（2011）	2010 年中国流动人口动态监测调查数据	承包地问题、城市物价房价、子女教育等
王桂新等（2010）	2006 年上海农民工 1026 份问卷	个人自然、社会、经济特征及区域环境条件等
黄祖辉等（2004）	浙江省已进城农民的问卷调查（2003 年，328 份）	子女教育和就业、发展机会、承包地等

资料来源：笔者根据已有文献整理。

　　农业转移人口是否愿意在城市落户与其城乡两栖的生活状态密切相关。考虑到以往对落户意愿影响因素的研究以列举式为主，本章结合调查数据统计描述，从城乡两栖视角分析落户意愿的影响因素。城乡两栖是与不完全城镇化相伴随的现象，指农业转移人口自主选择在城乡间生活的状态。可以根据城乡两栖时空特征进行分类，时间上存在频繁型、季节性、候鸟式以及生命周期型等两栖类型，空间上可以分为县域、市域、省域、跨省等两栖类型，比如县域或市域内频繁往返或季节性城乡两栖生活、外出务工人员候鸟式城乡两栖生活，另外，部分第一代流动人口返乡体现了生命周期型的城乡两栖生活。城乡两栖与不完全城镇化一样，源于城乡二元户籍和土地制度。农村土地和住房等权益为农业转移人口两栖生活提供了可行性，也是影响落户意愿的重要因素。农业转移人口在城市落户意味着放弃原"农业户口"，换取全面的市民权利，实现市民化。对于可以在城市落户而不愿意转户的农业转移人口，本质上是选择一种城乡两栖生活，保留更高的进城返乡的自主选择权。从这一视角出发，可以从城乡两栖能力和两栖成本角度构建落户意愿影响因素分析框架。该分析框架同样适用于城市之间的流动人口，其农村生活能力相关变量可以视为0。①

（一）城乡两栖生活能力与落户意愿

流动人口城乡两栖的能力取决于其农村生活能力，比如农村住房、宅基地和承包地等，这会降低流动人口落户城市的意愿。换言之，流动人口会担心不能再返回农村生活或者农村权益受损，从而不愿意在城市落户。张翼（2011）的研究发现，农民工不想转户的主要原因在于"想保留承包地"，极端的情况是"如果要交回承包地才能够转户口，则大约90%的农民工不愿意转变为非农户口"。后续的研究和实践均表明，农村宅基地、承包地的权益，是制约流动人口在城市落户的重要原因（卢小君、向军，2013；卢小君等，2016；黄善林等，2019；李勇辉等，2019）。关于流动人口落户意愿与农村土地权益的基本统计特征表明，在农村拥有承包地和宅基地的流动人口，落户意愿分别仅为31.72%和32.87%，而没有承包地和宅基地的流动人口中愿意落户的比重则显著提高，分别为41.22%和42.74%（见表4－4）。

---

① 对于计划在某城市定居的城市之间流动人口，在落户决策上，主要取决于其在迁入城市的生活能力和不落户放弃的市民权利。如果其在迁入城市拥有住房等资产，考虑到城市住房可交易性及其资本可转移性，可以视作可随迁资本。这一点也表明，建立健全农村权益市场，使其可以"带资进城"，将有利于推进市民化进程。本章的样本主要是乡城流动人口，后文不再特别区分两类流动人口。

表 4 - 4　流动人口土地权益与落户意愿统计描述

单位：个,%

土地权益		样本量		愿意		不愿意		没想好	
		数量	总比重	数量	比重	数量	比重	数量	比重
承包地	有	75392	44.35	23916	31.72	31658	41.99	19818	26.29
	没有	55842	32.85	23019	41.22	17467	31.28	15356	27.50
	不清楚	9329	5.49	2949	31.61	2860	30.66	3520	37.73
宅基地	有	96256	56.62	31555	32.78	38658	40.16	26043	27.06
	没有	38581	22.70	16491	42.74	11814	30.62	10276	26.63
	不清楚	5726	3.37	1838	32.10	1513	26.42	2375	41.48

注：占比合计不等于100%是因为部分调查对象未回答此问题，为空值。

　　流动人口城乡两栖的能力还取决于其在迁入城市的生活能力，比如相对收入水平、城市居住状况或者人力资本等，这会影响流动人口落户城市的意愿。以往较多研究均证明了流动人口人力资本、收入水平的提高对落户意愿存在促进作用（王桂新等，2010；孙婕等，2019；邱红、周文剑，2019）。城市自购住房会有助于提高落户意愿（卢小君等，2016；孙婕等，2019）。根据表4-5，以受教育水平代替的流动人口人力资本水平越高，愿意落户的群体比重越高，反之则越低；根据表4-6，流动人口在迁入地居住状况的稳定性越高，比如自建自购住房群体，愿意落户的群体比重越高，反之则越低。

表 4 - 5　流动人口人力资本与落户意愿统计描述（按受教育水平升序）

单位：个,%

受教育水平	样本量		愿意		不愿意		没想好	
	数量	总比重	数量	比重	数量	比重	数量	比重
未上过小学	4659	2.74	1735	37.24	1870	40.14	1054	22.62
小学	24313	14.30	7906	32.52	10203	41.97	6204	25.52
初中	74214	43.66	25404	34.23	28041	37.78	20769	27.99
高中/中专	37224	21.90	15339	41.21	11718	31.48	10167	27.31
大学专科	17779	10.46	8871	49.90	4426	24.89	4482	25.21

受教育水平	样本量		愿意		不愿意		没想好	
	数量	总比重	数量	比重	数量	比重	数量	比重
大学本科	10908	6.42	6453	59.16	2204	20.21	2251	20.64
研究生	892	0.52	602	67.49	141	15.81	149	16.70

表4-6　流动人口居住状况与落户意愿统计描述（按"愿意"比重降序）

单位：个,%

住房性质	样本量		愿意		不愿意		没想好	
	数量	总比重	数量	比重	数量	比重	数量	比重
自建房	6162	3.62	3433	55.71	1462	23.73	1267	20.56
自购保障性住房	2135	1.26	1051	49.23	602	28.20	482	22.58
自购小产权住房	4335	2.55	1918	44.24	1290	29.76	1127	26.00
借住房	2733	1.61	1179	43.14	816	29.86	738	27.00
自购商品房	36448	21.44	15375	42.18	11896	32.64	9177	25.18
政府提供公租房	1710	1.01	701	40.99	577	33.74	432	25.26
租住私房－整租	77792	45.76	30064	38.65	26722	34.35	21006	27.00
租住私房－合租	17520	10.31	6518	37.20	5935	33.88	5067	28.92
其他非正规居所	847	0.50	272	32.11	326	38.49	249	29.40
单位/雇主房	15915	9.36	4657	29.26	6873	43.19	4385	27.55
就业场所	4392	2.58	1142	26.00	2104	47.91	1146	26.09

（二）城乡两栖生活成本与落户意愿

流动人口选择城乡两栖的成本取决于其放弃落户而放弃的流入地户籍居民权益。非户籍人口不能全面、公平地享受当地公共服务，比如住房保障、非义务教育、购房资格等，而且即便是基础教育部分，对于很多城市来说，也还未实现质量上的均等化。流动人口所在城市的公共服务水平越好越高，他们越愿意落户。夏怡然和陆铭（2015）的研究证明了劳动力选择流向某个城市，不只考虑工资水平和就业机会，还会考虑城市基础教育和医疗服务等公共服务。需要强调的是，在实证研究中，由于公共服务水平与城市房价之间的强相关关系，城市对迁移人口安居落户的"推力"与"拉力"并存。周颖刚等 (2019) 验证了可获取的公共服务能降低劳动力迁出概率,同时高公共服务水平对高相对房价的挤出效应有负向调节作用。

选择城乡两栖生活的成本还取决于迁入地和迁出地的距离,可以由迁移范围或距离来反映。距离越远,越不适宜两栖生活,越愿意落户,反之则不愿意落户。关于流动人口流动范围与落户意愿的基本统计特征(见表4-7)表明,在跨省流动、省内跨市流动的样本中,分别有41.45%、39.80%的调查对象愿意落户,而市内跨县流动的人口,仅有30.75%愿意落户;在不同迁移范围中,"不愿意"样本的比重情况则刚好相反。

表4-7　人口迁移范围与落户意愿统计描述

单位:个,%

迁移范围	样本量		愿意		不愿意		没想好	
	数量	总比重	数量	比重	数量	比重	数量	比重
跨省	83790	49.29	34734	41.45	27565	32.90	21491	25.65
省内跨市	56017	32.95	22294	39.80	18469	32.97	15254	27.23
市内跨县	30182	17.76	9282	30.75	12569	41.64	8331	27.60

(三) 个体特征、城市特征与落户意愿

结合以往研究和统计描述还可以发现,流动人口个体差异、迁入城市差异可通过影响城乡两栖能力和两栖成本,进而影响落户意愿。

在个体特征方面,已有研究考察了流动人口的年龄(比如新生代农民工)、性别、婚否等与落户意愿的影响(邱红、周文剑,2019;刘涛等,2019;孙婕等,2019),可以认为个体统计特征主要通过影响城乡两栖能力,进而影响落户决策。关于流动人口个体统计特征与落户意愿的基本统计特征(见表4-8)表明,男性落户意愿低于女性;在婚否中,未婚群体愿意落户和不愿意落户的比重均低于初婚和其他类型,未婚群体"没想好"的比重高于初婚和其他类型,这与未婚者的年龄往往更小、对安居问题的考虑较少或者未来的可选择性还

较多有关。流动人口年龄与落户意愿之间存在显著的波形关系（见图 4 - 1），从 20 岁的 32.31% 逐步提高到 32 岁的 43.05%，然后逐步降低到 52 岁的 32.75%，之后再稳步提升到 65 岁的 46.09%，后续由于样本量较少，代表性不足、分布比较离散；值得注意的是，回答"没想好"的比重，表现出显著的与年龄的负相关关系，年龄越小，"没想好"的比重越高，反之越低。

表 4 - 8　个体统计特征与落户意愿统计描述

单位：个，%

个体特征		样本量		愿意		不愿意		没想好	
		数量	总比重	数量	比重	数量	比重	数量	比重
性别	男	87871	51.69	33531	38.16	31278	35.60	23062	26.25
	女	82118	48.31	32779	39.92	27325	33.28	22014	26.81
婚否	未婚	25686	15.11	9669	37.64	7766	30.23	8251	32.12
	初婚	134515	79.13	52411	38.96	47662	35.43	34442	25.60
	其他	9788	5.76	4230	43.22	3175	32.44	2383	24.35

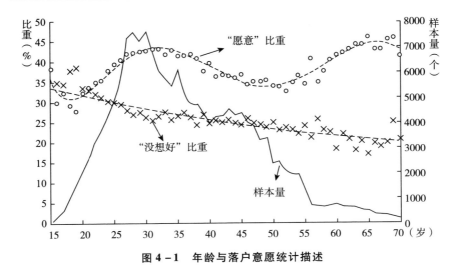

图 4 - 1　年龄与落户意愿统计描述

在城市特征方面，城市规模和行政级别等城市发展特征通过影响两栖能力和两栖成本，从而影响落户意愿。比如，叶俊焘和钱文荣

（2016）的研究发现，不同规模城市的农民工落户意愿的决定因素不同，大城市农民工落户意愿的形成更关注经济收益，中小城市农民工落户意愿的形成则更重视发展归属。李海波和仇保兴（2019）的研究发现，农民工市民化倾向与城市级别呈现 U 形关系，城市级别主要通过收入水平、居住福利、社交福利和心理福利影响农民工的市民化倾向。表 4 - 9 显示了城市行政级别与落户意愿的显著关系，直辖市流动人口中愿意落户的群体比重为 64.41%，省会及其他副省级城市的比重为 40.66%，地级市及其他城市的比重仅为 30.28%。除此之外，按县级行政区分类来看，区及其他流动人口愿意落户的比重显著提高，为 40.83%；县城中愿意落户的流动人口比重很低，仅为 25.56%。

表 4 - 9 城市行政级别与落户意愿统计描述

单位：个,%

城市分类		样本量		愿意		不愿意		没想好	
		数量	总比重	数量	比重	数量	比重	数量	比重
行政级别	地级市及其他	81976	48.22	24826	30.28	33053	40.32	24097	29.40
	省会及其他副省级城市	64015	37.66	26028	40.66	20820	32.52	17167	26.82
	直辖市	23998	14.12	15456	64.41	4730	19.71	3812	15.88
县级行政区	区及其他	149669	88.05	61117	40.83	49807	33.28	38745	25.89
	县城	20320	11.95	5193	25.56	8796	43.29	6331	31.16

三 落户意愿的实证检验

本章利用多分类 Logit 模型和相关数据对落户决策模型进行检验。在对总体样本、定居样本、自有房样本进行分析的基础上，对不同个体类型和不同级别城市进行异质性检验，并进行稳健性检验和说明。

（一）计量模型

从两栖能力和两栖成本视角来看，流动人口 i 选择落户意愿 j 的随机效用可以表示为：

$$U_{i,j} = \alpha_j Rural_i + \beta_j Urban_i + \gamma_j Cost_i + \varepsilon_{i,j} \qquad (4-1)$$

$Rural_i$ 和 $Urban_i$ 分别表示个体 i 在农村和城市生活的能力，$Cost_i$ 表示个体 i 两栖生活的成本。根据调查数据，j 包括 "愿意""不愿意""没想好" 三个选项，分别赋值为 1、2、3。本章采用多值选择模型，结合公式（4-1），流动人口 i 选择落户意愿 j 的概率估计表示为：

$$P_{i,j} = \frac{\exp(\alpha_j Rural_i + \beta_j Urban_i + \gamma_j Cost_i)}{\sum_{j=1}^{3} \exp(\alpha_j Rural_i + \beta_j Urban_i + \gamma_j Cost_i)} \qquad (4-2)$$

$P_{i,j}$ 表示流动人口 i 选择落户意愿 j 的概率。计量分析主要采用2017 年中国流动人口动态监测调查数据。在具体指标选择方面，衡量两栖能力和两栖成本的可选择指标较多，为避免共线性或内生性问题，以简约的指标验证这一模型。①在农村生活能力方面，主要选择是否有宅基地和是否有承包地指标，"有" = 1，"没有" = 0。②在城市生活能力方面，选择受教育状况和住房状况两个个体变量进行分析，具有相对独立性，避免采用收入、相对收入等与城市规模相关的指标导致的内生性问题。其中，受教育水平按照受教育年限从小到大赋值为 1~7。住房状况按照城市居住状况的稳定程度从小到大赋值，其中，单位/雇主房（不包括就业场所）、就业场所、其他非正规居所赋值为 1，租住私房–整租、租住私房–合租赋值为 2，政府提供公租房、借住房赋值为 3，自购商品房、自购保障性住房、自购小产权住房、自建房赋值为 4。③在两栖成本方面，选择迁移范围和城市公共服务水平指标。迁移范围按照市内跨县、省内跨市、跨省分别赋值为 1、2、3。城市公共服务水平采用《中国城市统计年鉴 2018》中的"地方一般公共预算支出/年平均人口" 数据进行度量，考虑到地方财政预算内支出主要是投向公共服务、社会保障、基础建设和城市管理等领域，利用人均地方财政支出规模作为城市公共服务水平的替代指标。④考虑到人口统计特征、城市特征与两栖能力、两栖成本的相关性，分别以年龄和城市行政级别为主进行异质性检验。

（二）基本检验结果

表4-10显示了全体样本、留城样本、定居样本的模型检验结果。其中，"留城样本"指对问题"今后一段时间，您是否打算继续留在本地"回答为"是"的样本，合计140494个（占82.65%）；"定居样本"指对问题"如果您打算留在本地，您预计自己将在本地留多久"回答为"定居"的样本，合计51277个（占30.16%）。由于部分数据缺失，最终进入模型的样本数少于各类样本总数。多分类Logit模型检验以"没想好"样本为参照组。在模型1和模型2中，因变量为"愿意"和"不愿意"时，各个变量的系数符号刚好相反，印证了模型的合理性，结合"无关方案的独立性"检验，也证明了多值选择模型的合理性。从结果来看，以拥有宅基地和承包地衡量的农村生活能力，显著降低了流动人口的落户意愿；以受教育水平和住房稳定状况衡量的城市生活能力，显著提高了流动人口的落户意愿；以迁移范围和城市公共服务水平衡量的两栖成本，显著提高了流动人口的落户意愿。根据系数和模型设计，全体样本中，有宅基地（或承包地）"愿意落户"的比重仅为参照组"没想好"的83.28%[①]（或92.04%），而有宅基地（或承包地）"不愿意落户"的比重比参照组"没想好"高16.18%（或29.43%）。以此类推，受教育水平每提高一级，"愿意落户"的比重比"没想好"高10.19%；住房状况稳定度每提高一级，"愿意落户"的比重比"没想好"高6.82%；迁移范围每提高一级，"愿意落户"的比重比"没想好"高3.87%；城市公共服务水平越高，"愿意落户"的比重越高。

在模型3中，定居样本中城市生活能力的系数出现偏差，主要是由于定居样本与受教育水平、住房稳定状况存在显著的相关性，从而导致了系数与模型设定的偏差。为此，表4-11进一步对城市生活能力较高的计划定居群体和自有房群体进行分析。

[①]　exp（-0.183），其余系数计算方法一致。

表 4 – 10　基本检验结果

指标		模型 1		模型 2		模型 3	
		愿意	不愿意	愿意	不愿意	愿意	不愿意
农村生活能力	是否有宅基地	– 0.183 *** (– 10.01)	0.150 *** (8.07)	– 0.268 *** (– 13.16)	0.104 *** (4.80)	– 0.179 *** (– 4.78)	0.005 (0.11)
	是否有承包地	– 0.083 *** (– 4.99)	0.258 *** (15.65)	– 0.157 *** (– 8.54)	0.219 *** (11.47)	– 0.339 *** (– 9.26)	0.361 *** (8.49)
城市生活能力	受教育水平	0.097 *** (13.30)	– 0.120 *** (– 16.18)	0.055 *** (6.87)	– 0.138 (– 16.25)	– 0.047 *** (– 3.30)	– 0.084 *** (– 5.10)
	住房稳定状况	0.066 *** (8.38)	– 0.024 *** (– 3.03)	0.007 (0.76)	– 0.026 *** (– 3.02)	– 0.410 *** (– 24.44)	0.073 *** (3.69)
两栖成本	迁移范围	0.038 *** (3.51)	– 0.055 *** (– 5.28)	0.050 *** (4.09)	– 0.071 *** (– 5.84)	0.283 *** (11.79)	– 0.227 *** (– 8.35)
	城市公共服务水平	2.33e – 05 *** (40.80)	– 5.64e – 06 *** (– 8.56)	2.43e – 05 *** (36.48)	– 5.42e – 06 *** (– 6.93)	4.65e – 05 *** (21.93)	– 2.61e – 06 (– 0.96)
常数项		– 0.559 *** (– 12.58)	0.740 *** (16.97)	0.042 (0.86)	0.951 *** (18.92)	1.739 *** (18.49)	0.616 *** (– 5.61)
样本量		117616 (全体样本)		97038 (留城样本)		31084 (定居样本)	

注：本表参照组为"没想好"的样本，表中系数估计值指对因变量的概率边际效应。括号中为 t 检验值。 *** 、 ** 、 * 分别表示 1% 、 5% 、 10% 的显著性水平。下同。

　　表 4 – 10 模型 3 中定居样本中检验结果的偏差表明，对于定居样本或者自有房样本来说，这类群体已经具备了在城市稳定生活的能力，"是否愿意落户"主要取决于其农村生活能力以及两栖成本。表 4 – 11 对这两类样本进行了检验，结果表明，对于定居样本和自有房样本，拥有宅基地和承包地显著降低了落户意愿；跨省迁移者越倾向于落户，市内迁移者的落户意愿最低。以"没想好"为对照组，"愿意"与"不愿意"样本的系数符号相反，进一步论证了模型的稳健性。从系数来看，由于定居样本中，有宅基地的样本偏少，影响了显著性，但两类样本结果结合起来看，依然是显著的。根据自有房样本的系数来看，有宅基地（或承包地）"愿意落户"的比重只有"没想好"的 75.91% （72.98%）；迁移范围每提高一级"愿意落户"的比重比"没想好"的高 14.45% 。同样地，城市公共服务水平越高，

"愿意落户"的比重越高。

表 4 – 11　定居与自有房样本检验结果

指标		模型 4		模型 5	
		愿意	不愿意	愿意	不愿意
农村生活能力	是否有宅基地	-0.065* (-1.77)	-0.030 (-0.71)	-0.277*** (-8.15)	0.163*** (4.82)
	是否有承包地	-0.358*** (-9.90)	0.378*** (8.91)	-0.315*** (-9.30)	0.353*** (10.42)
两栖成本	迁移范围	0.313*** (13.27)	-0.225*** (-8.31)	0.135*** (6.12)	-0.175*** (-8.29)
	城市公共服务水平	4.7e-05*** (22.38)	-3.50e-06 (-1.29)	4.94e-05*** (26.27)	-9.90e-07 (-0.46)
常数项		1.164*** (3.03)	0.588*** (9.52)	-0.424*** (-8.33)	0.380*** (7.53)
样本量		31084 (定居样本)		29021 (自有房样本)	

（三）异质性检验

在个体特征异质性检验中，考虑统计描述分析中年龄与落户意愿之间的波动关系，因为年龄本身就包含了收入和生活能力、婚否、不确定性与可塑性（"没想好"）等因素，所以以年龄为重点进行检验。前面的分析已经明确，对于越年轻的流动人口，"没想好"的比重越高；年龄超过 60 岁的流动人口样本较少，且以随迁进城为主。为此，这里不再考虑太年轻和年龄偏大的流动人口样本，主要以第一代流动人口（41~60 岁）和新生代流动人口（25~40 岁）进行异质性检验。根据表 4 – 12，第一代与新生代样本的结果依然表现出显著的关系，而且因变量为"愿意"和"不愿意"时，自变量系数符号相反，进一步证明了模型的稳健性。

表 4 – 12 第一代与新生代样本检验结果

指标		模型 6		模型 7	
		愿意	不愿意	愿意	不愿意
农村生活能力	是否有宅基地	− 0. 138 *** (− 5. 72)	0. 143 *** (5. 69)	− 0. 215 *** (− 6. 26)	0. 203 *** (6. 00)
	是否有承包地	− 0. 108 *** (− 4. 92)	0. 218 *** (9. 79)	− 0. 130 *** (− 4. 19)	0. 250 *** (8. 31)
城市生活能力	受教育水平	0. 169 *** (16. 99)	− 0. 069 *** (− 6. 65)	0. 079 *** (4. 63)	− 0. 078 (− 4. 78)
	住房状况	0. 026 ** (2. 43)	− 0. 040 *** (− 3. 73)	0. 049 *** (3. 36)	− 0. 025 * (− 1. 81)
两栖成本	迁移范围	0. 066 *** (4. 50)	− 0. 073 *** (− 5. 15)	0. 017 (0. 85)	− 0. 082 *** (− 4. 43)
	城市公共服务水平	$2. 24e − 05$ *** (29. 64)	$− 2. 62e − 06$ *** (− 2. 98)	$2. 91e − 05$ *** (26. 00)	$− 9. 81e − 06$ *** (− 7. 91)
常数项		− 0. 775 *** (− 13. 04)	0. 572 *** (9. 58)	− 0. 411 *** (− 4. 84)	0. 836 *** (10. 48)
样本数		63932 (新生代样本)		37911 (第一代样本)	

在城市特征异质性检验中，主要以城市级别进行分析，分为直辖市、省会及副省级城市、地级市及其他三类。根据表 4 – 13，总体依然与模型设定一致。是否有宅基地和承包地、受教育水平在不同级别城市中与落户意愿依然显著。迁移范围的关系有所差异，主要是所选样本与迁移范围存在一定的关系，其中，直辖市、省会及副省级城市、地级市及其他分别作为国家、各省或地方的中心城市，分别对应人口跨省迁移、省内跨市迁移、市内跨县迁移的主要目的地。因而，在模型 8 和模型 9 中由于主要是市内跨县或省内跨市迁移，所以愿意落户的系数产生偏差；在模型 10 中，主要是北京、上海、天津、重庆四个城市，其中北京、上海和天津存在更多跨省迁移人口，这几个城市的流动人口落户意愿较高，刚好论证了模型的合理性。

表 4 – 13　不同级别城市检验结果

指标		模型 8		模型 9		模型 10	
		愿意	不愿意	愿意	不愿意	愿意	不愿意
农村生活能力	是否有宅基地	– 0.203 ***	0.131 ***	– 0.151 ***	0.176 ***	– 0.326 ***	0.048
		(– 7.25)	(4.93)	(– 5.51)	(6.15)	(– 5.63)	(0.71)
	是否有承包地	– 0.047 *	0.271 ***	– 0.201 ***	0.247 ***	– 0.069	0.125 **
		(– 1.82)	(11.57)	(– 7.94)	(9.60)	(– 1.39)	(2.17)
城市生活能力	受教育水平	0.024 **	– 0.115 ***	0.099 ***	– 0.136	0.134 ***	– 0.088 ***
		(2.07)	(– 10.61)	(9.02)	(– 11.95)	(6.40)	(– 3.68)
	住房稳定状况	0.061 ***	– 0.030 ***	– 8.19e – 05	– 0.006	0.242 ***	– 0.078 ***
		(5.26)	(– 2.77)	(– 0.01)	(– 0.48)	(9.88)	(– 2.84)
两栖成本	迁移范围	– 0.038 **	– 0.015	– 0.065 ***	– 0.089 ***	0.298 ***	– 0.651 ***
		(– 2.53)	(– 1.14)	(– 3.66)	(– 5.00)	(3.67)	(– 8.08)
	城市公共服务水平	1.09e – 05 ***	– 1.6e – 05 ***	9.31e – 06 ***	– 1.77e – 07	3.81e – 05 ***	3.55e – 08
		(7.47)	(– 10.91)	(13.39)	(– 0.22)	(20.31)	(0.02)
常数项		– 0.179 ***	0.792 ***	0.168 **	0.696 ***	– 1.817 ***	2.460 ***
		(– 2.66)	(12.82)	(2.40)	(9.75)	(– 7.67)	(10.52)
样本数		53245（地级市及其他）		48396（省会及副省级城市）		15975（直辖市）	

（四）稳健性检验

在以上不同样本以及不同个体特征、城市级别的检验中，基本都符合模型设定，而且在大部分模型中，因变量为"愿意"和"不愿意"的系数符号都刚好相反。部分系数产生小偏差的原因主要在于两个方面：一是某个类型的样本变量较少，导致系数产生小的偏差或者不显著，比如部分分析中的宅基地和承包地的样本等；二是某类样本选择中某个变量以某个值为主，导致系数产生偏差，比如定居样本、直辖市样本等。总体而言，对于不同类型的样本，该模型是稳健的。

根据前面的分析，拥有农村土地权益且迁移距离较近的流动人口，落户意愿较低，反之较高。表 4 – 14 设立了农村生活能力和迁移范围的交叉项进行稳健性检验。模型 11 和模型 12 中 3 个交叉项，与"愿意"和"不愿意"表现出显著的关系，且符号相反，进一步验证了模型的稳健性。

表 4 - 14 稳健性检验（采用农村生活能力和迁移范围交叉项）

指标		模型 11		模型 12	
		愿意	不愿意	愿意	不愿意
农村生活能力 × 迁移范围	是否有宅基地 × 迁移范围	- 0.069 *** (- 7.39)	0.037 *** (4.11)		
	是否有承包地 × 迁移范围	- 0.063 *** (- 7.00)	0.126 *** (14.69)		
	是否有宅基地 × 是否有承包地 × 迁移范围			- 0.102 *** (- 12.93)	0.121 *** (16.62)
城市生活能力	受教育水平	0.099 *** (13.66)	- 0.124 *** (- 16.82)	0.098 *** (13.49)	- 0.125 (- 16.91)
	住房状况	0.077 ** (9.95)	- 0.038 *** (- 5.01)	0.075 *** (9.79)	- 0.029 * (- 3.88)
两栖成本	城市公共服务水平	2.27e - 05 *** (41.29)	- 4.64e - 06 *** (- 7.30)	2.32e - 05 *** (42.59)	- 5.76e - 06 *** (- 9.13)
常数项		- 0.526 *** (- 15.44)	0.734 *** (21.72)	- 0.583 *** (- 17.63)	0.803 *** (24.48)
样本数		117616 (全体样本)		117616 (全体样本)	

在城市生活能力方面，如前所述，考虑到个体收入水平与城市平均收入水平、城市房价等指标的相关关系，及其隐含的拉力、推力并存问题，即城市收入水平较高、吸引人口流入、房价提高产生挤出效应，综合检验结果的符号不能明确说明这一问题，故不再选择其他城市生活能力指标进行稳健性检验。

四 加快推进市民化的战略路径

当前，影响农业转移人口市民化进程的表面因素是落户意愿，其背后是系统性的制度问题。以上通过理论分析和统计描述，证明了两栖能力、两栖成本与落户意愿的显著关系。借此，针对当前存在的城市落户门槛和流动人口落户意愿的结构性矛盾，为进一步推进市民化，在路径选择上应把握以下三个着力点。

　　第一，加快推进户籍制度回归人口登记管理的本质。城市基本公共服务均等化的推进，逐步降低了现行户籍制度的重要性，有利于实现户籍制度回归人口登记管理的本质。魏后凯和盛广耀（2015）认为，"推进户籍制度改革，就是要按照常住居住地登记户口，实行城乡统一的户口登记管理制度"。之所以说"回归"，是因为在中华人民共和国成立之初①，户口管理制度的初衷是对人口迁移进行登记和管理。之后，伴随城乡二元制度与城乡二元结构的演化，户籍附属的权益不断调整。让户籍制度回归人口登记管理的本质，是要在基本公共服务均等化的基础上，通过"回归"，实现包括最低生活保障、住房保障、政治权利、非义务教育等的更广泛的权益均等化。根据当前户籍制度改革的进展，未来的难点在于，人口在500万人以上的超大、特大城市可通过落实推进城市各类资源与常住人口挂钩，而不是与户籍人口挂钩，攻克户籍制度改革最后难关。

　　第二，建立完善农村权益交易市场，实现"带资迁移"。研究表明，农村权益显著降低了流动人口落户意愿。促进农村权益流转，实现农民"带资迁移"，不仅有利于提高农民进城的资本，同时可以提高农村闲置承包地、宅基地及其附着的建设用地指标的使用效率。魏后凯和陈雪原（2012）认为，"让农民带着资产进城是跨越成本门槛、破解农民市民化难题的根本出路"。近年来，"资源变资产、资金变股金、农民变股东"的"三变改革"为农民"带资迁移"探索了较好的经验。《关于开展国家城乡融合发展试验区工作的通知》（发改规划〔2019〕1947号）提出"建立进城落户农民依法自愿有偿转让退出农村权益制度"，在此基础上，不仅试验区，其他地区也都可以加快探索建立完善转让和退出的平台和价格机制，加快实现农民"带资迁移"。

---

① 1949年的《中国人民政治协商会议共同纲领》和1954年第一部《中华人民共和国宪法》（"五四宪法"）均规定，中华人民共和国公民有居住和迁徙的自由。1951年政务院批转公安部的《城市户口管理暂行条例》，规定外地进城的人口需要到当地公安局登记。1975年《中华人民共和国宪法》删除了"五四宪法"中的"中华人民共和国公民有居住和迁徙的自由"。

　　第三，积极提高保障性住房供给水平，扩大覆盖面。流动人口城市生活的能力和稳定性，不仅仅是其自身落户的决定因素，也是城市吸纳其落户的决定因素，决定了微观主体生活和整个社会的稳定性。目前，保障性住房的目标对象是城市户籍居民，为推进流动人口安居落户，需要加快并全面提高保障性住房供给水平，推进保障性住房覆盖全体人口。叶裕民（2015）在广州和北京的城市实践中，探索提出了"将非户籍常住人口可支付健康住房纳入城中村改造规划，极大降低特大城市非户籍常住人口市民化成本"的建议。一方面，在流动人口退出农村宅基地的同时，可以将腾退的建设用地指标优先供给城市保障性住房用地，以此提高保障性住房供给水平。另一方面，要加快构建城市建设用地与常住人口挂钩的机制，全面提高人口大规模流入地的城市建设用地指标，科学规划，提高保障性住房用地供给水平。

第五章　城市公共服务与流动人口
永久迁移意愿

　　中国人口流动已经由劳动力个人流动模式转变为家庭流动模式，进入了人口迁移的第二个过程，即劳动力及其家庭成员在流入城市长期定居进行永久迁移。本章利用 2017 年中国流动人口动态监测调查数据与 289 个城市数据的匹配数据，研究城市公共服务对流动人口永久迁移意愿的影响，并进一步考察城市公共服务对流动人口永久迁移意愿的异质性作用。研究发现，城市公共服务显著影响了流动人口的永久迁移意愿，城市的公共服务水平越高，流动人口的永久迁移意愿越强。通过群体异质性检验发现，相对于农民工，城市公共服务对城镇流动人口永久迁移意愿的影响更大，而在农民工群体内，与第二代农民工相比，第一代农民工永久迁移意愿受城市公共服务的影响更大。进一步通过个体异质性检验发现，受教育水平越高、流入时间越长、收入水平越高、拥有自有住房、家属随迁的流动人口，对公共服务需求更大，永久迁移意愿更强。本章的政策启示是：城市间的公共服务均等化可以在一定程度上缓解人口向大城市集聚的趋势，进而遏制城镇化进程中出现的城镇规模两极分化，推动形成科学合理的城镇化格局。

一　中国城镇化面临的挑战

　　改革开放以来，中国流动人口规模急剧扩大，由 1982 年的 657 万人增加到 2020 年的 3.78 亿人，占总人口的比重从 0.66% 增加到

26.62%。与之相对应，中国的城镇化进程也在快速推进，城镇化率从 1978 年的 17.92% 提高到 2020 年的 63.89%，城镇常住人口从 1.72 亿人增长到 9.02 亿人。① 可见流动人口的大规模流动快速推动了中国的城镇化进程。但是，中国的城镇化进程也面临诸多挑战。一是流动人口的永久迁移比例较低。人口迁移可分为临时迁移和永久迁移，虽然这种区别在其他国家也存在，但在中国特有的户籍制度下，这种区别具有特别意义。与国外人口流动与定居同时发生不同，中国流动人口由于户籍制度的约束，选择向城市流动后，却不能预期在城市长期定居进行永久迁移，进而永久迁移比例过低（蔡昉，2001；白南生、何宇鹏，2002；章铮，2006）。二是城镇化进程中出现了大城市规模迅速膨胀、中小城市和小城镇相对萎缩的两极化倾向（魏后凯，2014b）。大城市人口比重不断增加，在提供公共服务方面面临巨大压力，而流动人口仍然向大城市集聚，根据 2010 年第六次全国人口普查数据，北京、上海、广州、深圳、东莞 5 个城市的流动人口占全部流动人口的 24.74%（夏怡然等，2015）。另外，根据 2017 年中国流动人口动态监测调查数据，流动人口具有较强意愿向大城市永久迁移，直辖市流动人口的户籍迁移意愿为 64.41%，省会及副省级城市流动人口的户籍迁移意愿为 40.66%，而其他地级市流动人口的户籍迁移意愿仅为 28.93%。可见，中国流动人口向大城市集聚，并具有较高的永久迁移意愿，那么其背后的作用机制是什么？

中国的人口迁移包含了两个过程，第一个过程是劳动力从迁出地转移出去，第二个过程是迁移者在迁入地居住下来（蔡昉，2001）。已有文献主要研究了中国人口迁移的第一个过程，认为城乡间和城市间的收入差距是劳动力流动的主要原因，大城市的高收入水平是吸引流动人口向大城市集聚的主要因素（巫锡炜等，2013；童玉芬、王莹莹，2015）。随着中国人口流动由劳动力个人流动模式转变为家庭流动模式（段成荣等，2013；吴帆，2016），中国人口迁移进入了第二

---

① 数据来源于第三次全国人口普查、第七次全国人口普查、《国民经济和社会发展统计公报》。

个过程，即劳动力及其家庭成员在流入地长期定居进行永久迁移，此时公共服务成为影响人口永久迁移的重要因素。根据 2017 年中国流动人口动态监测调查数据，流动人口打算居留在本地的主要原因中，排名前三的原因为子女有更好的教育机会、个人发展空间大、收入水平高，比例分别为 22.3%、19.2%、15.9%，可见公共服务中的基础教育已经成为流动人口居留城市的最主要原因，超过了收入水平和个人发展空间的影响。而中国优质的公共服务都高度集中在大城市，中小城市公共服务发展滞后，城市间公共服务差距已经成为流动人口向大城市集聚的重要因素。目前，已有文献主要利用地区加总数据研究公共服务对人口迁移的作用，或者研究流动人口个人获取公共服务对其迁移意愿的影响（汤韵、梁若冰，2009；李拓、李斌，2015；侯慧丽，2016；刘乃全等，2017）。但利用地区加总数据进行研究忽略了个体异质性和存在的反向因果关系，而利用微观数据直接估计个人获取公共服务对其迁移意愿的影响，存在内生性问题，并忽略了地区因素的影响。利用微观数据和地区数据的匹配数据进行研究则可以解决上述问题。

　　基于此，本章运用 2017 年中国流动人口动态监测调查数据和 289 个城市数据的匹配数据，研究城市公共服务对流动人口永久迁移意愿的影响，并进一步考察城市公共服务对流动人口永久迁移意愿的异质性作用。本章的贡献主要在于：一是随着中国人口迁移进入第二个过程，学术界开始关注人口的永久迁移意愿，而关于流入地公共服务对人口永久迁移意愿影响的实证研究则相对匮乏，本章实证研究了城市公共服务对流动人口永久迁移意愿的影响；二是与已有文献仅利用地区数据或微观数据相比，本章利用城市数据和微观数据的匹配数据进行研究，克服了仅利用地区加总数据存在的反向因果关系和仅利用微观数据存在的内生性问题，并同时控制了城市特征、个人及家庭特征因素的影响；三是本章考察了城市公共服务对城镇流动人口、农民工永久迁移意愿的异质性作用，并进一步研究了城市公共服务对农民工永久迁移意愿影响的代际差异。

二　人口迁移理论与公共服务

传统人口迁移理论认为，人口在地区间迁移是为了获得更高的工资或预期工资（Lewis，1954；Todaro，1969）。但除了更高的工资，人口还为了更好的公共服务而迁移。Tiebout（1956）最早将地区公共服务纳入人口迁移理论当中，提出了"用脚投票"机制，即居民会比较地区间公共服务和税收组合差异进而做出是否迁移的决策。之后大量文献就公共服务对人口迁移的作用进行了经验研究。Oates（1969）通过研究公共服务和税率的资本化对"用脚投票"机制进行实证检验，其逻辑是居民为了更好的公共服务和更低的税率而迁移会引起流入地房地产价值的上涨。研究发现，学校教育质量越高和税率越低的地区，其房地产价值越高，间接验证了"用脚投票"机制的存在。之后，大量文献根据 Oates 的基本模式，验证了中国、美国、欧洲、日本等国家同样存在公共服务资本化现象（Feng and Lu，2013；Brasington and Hite，2005；Carlsen et al.，2009；Sakashita and Hirao，1999）。但通过检验地方公共服务和房地产价值的相关关系只能间接证明"用脚投票"机制的存在，无法直接验证地方公共服务对人们居住地选择的影响（Quigley，1985），除了公共服务被资本化到房价中导致高房价之外，还有住房供给不足等因素导致高房价。

因此，学者们开始直接研究公共服务对人口迁移行为的影响。Day（1992）利用加拿大 1962～1981 年省级加总数据研究政府支出对省际人口迁移的影响，发现省级政府支出显著影响了省际人口迁移决策，尤其人均教育支出和人均健康支出越多的省份，人口流入率越高。杨义武等（2017）利用中国城市加总数据研究地方公共品供给对人口迁移的影响，发现地方公共品供给水平对人口迁移具有显著正向作用。李拓和李斌（2015）利用城市加总数据研究城市公共服务水平对人口流动的影响，发现城市公共服务能力及相对收入水平是吸引外来人口的首要因素。然而，利用地区加总数据研究公共服务对人口迁移行为的影响存在两个问题。一是忽略了个体异质性，加总迁移率暗含了人口同质假设，但人口在做出迁移决策时存在个体差异。二是存在反向因果关系，人口向某一地区迁移，该地区的公共服务会相应增加，较高的公共服务水平也可能是人口流入的结果。

随着相关微观数据的出现，学者们开始利用微观数据研究个人获取公共服务对其迁移行为的影响。侯慧丽（2016）利用2014年中国流动人口动态监测调查数据考察流动人口参加养老保险、建立健康档案等对其迁移意愿的影响。研究发现，城市公共服务的获取使得流动人口更倾向于在城市定居，对于超大城市更是如此。刘乃全等（2017）以长三角地区的流动人口为研究对象，研究城市公共服务获取对其迁移意愿的影响。研究发现，已经获取社会保障、社区居民健康档案、健康教育和医疗保障等公共服务的流动人口具有更强的长期迁移意愿。但上述研究主要存在两个问题，一是直接估计个人获取公共服务对其迁移意愿的影响存在内生性问题；二是忽略了地区因素的影响，人口迁移意愿不仅与其自身特征相关，也可能受流入地区因素的影响。

为解决上述问题，部分学者利用微观数据研究流入地区特征对人口迁移行为的影响。Dahlberg等（2012）利用瑞士的微观数据研究了地方公共服务对人口迁移行为的影响，发现在给定税率的情况下，在孩子照顾方面公共支出越多的地区对人口迁移的吸引力越大。但在中国，由于户籍制度的存在，学者们更多关注了经济发展水平、房价等流入地区因素（林李月、朱宇，2016；董昕，2015），而关于流入地区公共服务对人口迁移意愿影响的研究则相对匮乏。另外，新型城镇化的核心问题是人口永久迁移的实现，研究流动人口永久迁移意愿对推进新型城镇化具有更重要的意义。

因此，本章运用2017年中国流动人口动态监测调查数据与289个城市数据的匹配数据，研究城市公共服务对流动人口永久迁移意愿的影响，并进一步考察城市公共服务对流动人口永久迁移意愿的异质性作用。

三　城市公共服务特征与流动人口永久迁移假设

(一) 城市公共服务特征

中国的城镇发展具有政府资源配置的行政中心偏向特征，导致中国城镇资源配置严重不均衡，直辖市、省会城市和副省级城市等高等级行政中心获得了较多的发展机会和资源，并在市场力量的极化作用下，要素和资源进一步向这些城市集聚。在行政配置资源和市场力量的双重极化作用下，中国高等级行政中心的大城市集中了大量的资源、要素和产业，这种集中又使大城市政府有能力提供更好的公共服务 (魏后凯，2014b)。其结果是中国的公共服务水平在城市间存在两极分化，差距过大。由表 5-1 可知，根据城市的行政级别划分，2016 年中国直辖市、省会城市 (副省级城市)、其他地级市的人均财政支出分别为 35489 元、18555 元、9035 元。直辖市的人均财政支出是其他地级市的 4 倍左右，省会城市 (副省级城市) 的人均财政支出是其他地级市的 2 倍左右。与民生相关的基本公共服务支出，城市间差距也依然明显，2016 年，中国直辖市、省会城市 (副省级城市) 的人均教育支出分别为 4705 元、2647 元，而其他地级市的人均教育支出仅为 1537 元，远低于全国城市的人均教育支出 2963 元，更是仅占直辖市人均教育支出的 33% 左右。利用主成分分析法计算公共服务指数以衡量城市公共服务水平，直辖市、省会城市 (副省级城市)、其他地级市的公共服务指数分别为 1.8293、1.4755、0.9887，同样表明城市间的公共服务水平存在明显差距。

表 5-1　2016 年不同行政级别城市的公共服务水平

指标	直辖市	省会城市 (副省级城市)	其他地级市	城市均值
人均财政支出 (元)	35489	18555	9035	21026
人均教育支出 (元)	4705	2647	1537	2963
公共服务指数	1.8293	1.4755	0.9887	1.4312

资料来源：根据《中国城市统计年鉴 2017》数据计算所得。

　　中国流动人口具有向大城市集聚的特征，他们除了为了更多的就业机会、更高的收入水平向大城市集聚外（巫锡炜等，2013；童玉芬、王莹莹，2015），还为了更好的公共服务向大城市集聚（夏怡然、陆铭，2015）。随着人口流动的长期化和家庭化，流动人口对城市公共服务的需求越发强烈。但中国的户籍制度决定了城市公共服务供给的主要对象是城市的户籍人口。虽然大多数流动人口已经成为流入城市的常住人口，具有稳定的就业和居住（段成荣等，2013），但流动人口没有户籍制度的合法性保障，享受不到与城市户籍人口同等的公共服务。流动人口为了享受城市公共服务，就必须获得流入城市的户口，实现永久迁移。城市公共服务成为影响流动人口永久迁移意愿的重要因素。同时，由于公共服务水平在城市间的两极分化，流动人口的永久迁移意愿在城市间也存在两极分化。由表 5 - 2 可知，2017 年直辖市流动人口的户籍迁移意愿是其他地级市的 2.2 倍，省会城市（副省级城市）流动人口的户籍迁移意愿是其他地级市的 1.4 倍。

表 5 - 2　2017 年不同行政级别城市的流动人口户籍迁移意愿

单位：人，%

意愿	直辖市		省会城市（副省级城市）		其他地级市	
	数量	比例	数量	比例	数量	比例
愿意	15456	64.41	26028	40.66	19251	28.93
不愿意	4730	19.71	20820	32.52	27830	41.83
没想好	3812	15.88	17167	26.82	19455	29.24
全部	23998	100.00	64015	100.00	66536	100.00

资料来源：根据 2017 年中国流动人口动态监测调查数据计算所得。

（二）流动人口永久迁移假设

　　西方人口迁移理论认为，收入差距是人口迁移的主要原因（Lewis，1954；Todaro，1969），但西方发达国家的区际、城际公共服务差异不大，所以公共服务对人口迁移决策没有产生重要影响，而在中国这样的发展中国家，由于其仍处于发展过程中，且存在政府资源配置的行政中心偏向，城市间公共服务差异很大。这种城市间公共服务差异对中国人口迁移决策产生了更重要的影响。由2017年中国流动人口动态监测调查数据可知，子女有更好教育机会已成为流动人口打算居留在本地的最主要原因，收入水平高和个人发展空间大退居为次要原因。另外，与以往劳动力个人流动不同，中国目前超过7成流动人口是以部分或完整家庭形式流动的，家庭化特征十分明显（段成荣等，2013）。对于流动人口个人来说，其对城市公共服务需求较小，而随着人口流动的家庭化，流动人口及其随迁家属对城市公共服务的需求越发强烈，例如流动人口的未成年子女对城市基础教育存在刚性需求，流动人口的年迈父母对城市的医疗服务和养老服务存在刚性需求。另外，根据新家庭经济迁移理论，人口迁移决策是由家庭效益最大化来决定的（Stark and Bloom，1985；Stark and Taylor，1991）。因此，城市公共服务成为影响人口迁移决策的重要因素。

但中国特有的户籍制度决定了公民权利具有属地特征，即获取义务教育、医疗服务、生存救助等公共服务的权利是以地方户籍身份为凭证的（蔡禾、王进，2007）。所以，目前人口家庭化流动的实现程度并不高，仍有部分的流动人口面临着家庭成员异地分居，长期与配偶、子女或父母等分离（杨菊华、陈传波，2013），即使已经进入城市的流动家庭也面临诸多问题，缺乏合法的制度保障和公共服务资源的支持，相关政策仅从个人角度来满足个体需求，往往忽略了流动人口的家庭需求（段成荣等，2013）。可见，中国户籍制度决定了流动人口为了个人及家庭成员能够享受流入城市提供的公共服务，需要将户口迁入本地，实现永久迁移（蔡禾、王进，2007）。

城市公共服务水平越高，流动人口越会将户口迁入本地，实现永久迁移后，一方面，个人及家庭成员可以享受城市更好的公共服务，提高家庭效益水平。此时他们不仅可以享受城市优质的教育、医疗、文化、交通、环境等方面的资源，提高物质收益，而且可以享受家庭团聚的天伦之乐，带来更高的心理收益。这是因为户籍制度在一定程度上阻碍了流动人口实现家庭成员团聚的生活目标，不利于流动人口携带家眷（王志理、王如松，2011）。另一方面，这可以降低流动人口因无本地户口而支付的额外成本，尤其为了获取与户口相挂钩的教育资源和医疗服务。在教育资源方面，尽管目前大多数城市的教育部门明确规定公立学校要平等接受外来人口子女入学，并制定了外来人口子女入学需要满足的条件。但外来人口一般难以通过政府部门规定的各种证件审核，其子女就读公立学校的门槛仍然较高，如果通过其他渠道入学，需要支付其他成本。另外，近年来虽然多数省份陆续放开了外来人口子女在本地参加高考的限制，但各地所设置的前置条件仍然明显偏高，不少外来人口子女仍需返回户籍地读书和参加高考，父母或祖父母有一方则需要陪读，甚至一些子女独自生活，不仅造成家庭分离，更使子女不适应户籍地的教育和生活，高考失利，成本高昂。在医疗服务方面，医疗保险的参加具有属地特征，流动人口参加流入地医疗保险的比例较低，增加了流动人口的就医成本。根据2017年中国流动人口动态监测调查数据，流动人口在流入城市参加医疗保险的比例仅为25.89%，其中，参加城镇职工医疗保险的比例为18.53%，参加城镇居民医疗保险的比例为3.65%，参加新型农村合作医疗保险的比例为2.49%，参加城乡居民合作医疗保险的比例为1.22%。另外，大多数流动人口缴纳了户籍地的医疗保险，但户籍地的医疗保险对于长期在外地工作和生活的流动人口来说，并没有起到应有的作用，并且异地报销异常烦琐，常常难以通过申请。因此，本章提出如下假设。

H_1：城市的公共服务水平越高，流动人口的永久迁移意愿越强。

四　数据来源、变量选取与模型设定

（一）数据来源

本章利用国家卫生健康委的2017年中国流动人口动态监测调查

数据（China Migrants Dynamic Survey，CMDS）与城市数据的匹配数据进行实证研究。CMDS 数据按照随机原则在全国 31 个省（区、市）和新疆生产建设兵团中流动人口较为集中的流入地抽取样本点，采取分层、多阶段、与规模成比例的 PPS 方法开展抽样调查，使调查结果对全国和各省（区、市）具有代表性。调查对象为在流入地居住一个月以上，年龄为 15 周岁及以上的非本区（县、市）户口的流入人口，样本量为 169989 户。本章主要研究有工作的流动人口，具备实现个人及家庭成员迁移的能力，因此，仅保留流动原因为务工经商的样本，剔除了流动原因为家属随迁、婚姻嫁娶、拆迁搬家、投靠亲友、学习培训、参军、出生、异地养老、其他的样本。另外，为了便于识别城镇流动人口和农民工，本章根据户口性质，保留农业和非农业户口，剔除户口性质为农业转居民、非农业转居民、居民和其他的样本。最后，本章剔除了个人收入缺失的样本。

城市数据来源于《中国城市统计年鉴 2017》，城市是指地级及以上城市，统计口径为全市，房价的相关数据来源于国家信息中心宏观经济与房地产数据库（http://www.crei.cn）。CMDS 数据调查时间为 2017 年 5 月，本章根据已有文献的做法（Dahlberg et al.，2012；夏怡然、陆铭，2015），将城市特征数据滞后一年，采用 2016 年的城市数据。因为城市公共服务与人口迁移之间存在反向因果关系，不能直接得出城市公共服务影响了人口迁移，也可能是人口流入导致城市公共服务的增加，为了解决反向因果关系带来的内生性问题，将城市公共服务及其他城市特征的数据滞后一年。本章将 CMDS 数据与城市数据进行匹配，剔除了城市特征数据缺失严重的城市（三沙市、昌都市、林芝市、山南市、吐鲁番市、哈密市）和个体微观数据缺失的城市（抚顺市、通化市），最终得到 289 个地级及以上城市数据和 107876 户流动人口的个体微观数据。

（二）变量选取

1. 被解释变量选取

本章的被解释变量为流动人口的永久迁移意愿。所谓永久迁移意愿，一般是指流动人口在迁入地长期定居的意愿。在中国，受户籍制度的约束，学者们通常把它视为在迁入地落户定居的意愿。Alice Goldstein 和 Sidney Goldstein（1987）、Goldstein 等（1991）、蔡禾和王进（2007）认为，在中国的户籍制度下，流动人口只有实现了户籍迁移，才能获取与本地居民同等的、能够保障在当地工作和生活的各种权利，否则无论在流入地工作和生活多久，只要没有将户口迁入本地，流动人口都不具有永久迁移的制度合法性。另外，邓曲恒和古斯塔夫森（2007）、马忠东（2019）以是否获得当地户籍为标准，将已经获得当地户籍者视为永久移民。据此，一些文献以是否愿意将户口迁入本地为标准，把愿意将户口迁入本地的流动人口界定为具有永久迁移意愿（蔡禾、王进，2007；董昕，2015）。鉴于数据的可得性，本章采用以上文献的做法，同样把愿意将户口迁入本地的流动人口视为具有永久迁移意愿。本章利用的是 2017 年中国流动人口动态监测调查数据，其问卷中的问题为"如果您符合本地落户条件，您是否愿意把户口迁入本地"，答案选项为"愿意""不愿意""没想好"。本章将答案为"愿意"赋值为 1，即愿意将户口迁入本地，具有永久迁移意愿；其他答案赋值为 0，即不具有永久迁移意愿。

2. 核心解释变量选取

本章的核心解释变量为城市公共服务，鉴于公共服务数据可得性和代表性，根据一般文献的做法（梁若冰、汤韵，2008；汤玉刚等，2016；李永友、张子楠，2017），将城市公共服务分为基础教育、医疗服务、城市交通、城市环境、城市文化五个方面。为了避免各变量间共线性和尽可能保存原有数据信息，本章利用主成分分析法，计算公共服务指数以度量城市公共服务水平，具体指标和权重如表 5 - 3 所示。其中，基础教育、医疗服务、城市交通、城市环境、城市文化的总权重分别为 0.3559、0.1961、0.1615、0.1772、0.1093，可见，基础教育的权重最大，医疗服务的权重次之，这与常识相符，基础教育和医疗服务是城市提供的最重要的两种公共服务，也是个人最关心的两种公共服务。本章提取了 3 个主成分，主成分的方差贡献率为

61.4%。由于公共服务的主成分得分值出现负值，为了分析方便，本章对所有的得分值都加上 1，将其调整为正数，如此调整并不会改变城市间公共服务差异，也不会改变回归结果。

表 5 - 3　公共服务指标体系构成及权重

一级指标	二级指标	权重
基础教育	每万名中学生拥有的教师数（人）	0.1156
	每万名小学生拥有的教师数（人）	0.1076
	每万名中学生拥有的学校数（所）	0.0994
	每万名小学生拥有的学校数（所）	0.0333
医疗服务	每万人拥有的医院数（家）	0.0391
	每万人拥有的病床数（张）	0.0832
	每万人拥有的医生数（人）	0.0738
城市交通	人均道路面积（平方米）	0.0461
	每万人拥有的公共汽车数（辆）	0.0419
	每万人拥有的出租汽车数（辆）	0.0735
城市环境	建成区绿化覆盖率（%）	0.0495
	工业固体废物综合利用率（%）	0.0182
	污水集中处理率（%）	0.0596
	生活垃圾无害化处理率（%）	0.0499
城市文化	每万人拥有的公共图书馆藏书数（册）	0.0442
	每万人拥有的影剧院数（家）	0.0651

资料来源：根据《中国城市统计年鉴 2017》数据计算所得。

3. 控制变量选取

为了控制其他因素对流动人口永久迁移意愿的影响，本章控制了城市特征、个人及家庭特征两类因素。城市特征因素主要包括工资、经济发展、产业结构、人口规模、房价、城市行政级别。具体来说，①城市工资：流入城市的平均工资水平越高，对流动人口的拉力越大，其永久迁移意愿越强，本章利用职工年平均工资度量城市工资水平。②城市就业机会：本章通过控制经济发展水平和产业结构捕捉城市的就业机会，经济发展水平越高、产业结构越合理，代表城市的就

业机会越多，对流动人口的拉力越大，其永久迁移意愿越强。③城市
人口规模：一般来说，流动人口可以从城市人口规模的扩大中获取更
高的工资水平（余运江、高向东，2017），但城市人口规模过大，也
可能带来高房价、交通拥堵、环境污染等问题，所以人口规模对流动
人口永久迁移意愿的影响并不明确。本章利用城市户籍人口数据度量
城市的人口规模，城市常住人口统计口径包括部分流动人口，但流动
人口并不享受与户籍人口同等的公共服务，因而户籍人口更具有外生
性。④城市房价：住房成本是流动人口的主要生活成本，城市房价越
高，流动人口的住房成本越高，对流动人口的推力越大，其永久迁移
意愿越低。但根据已有研究，中国也存在公共服务资本化现象，高房
价也体现了更好的公共服务（梁若冰、汤韵，2008），所以房价对流
动人口永久迁移意愿的影响并不明确。⑤城市行政级别：在政府资源
配置的行政中心偏向下，城市的行政级别越高，配置的优质资源越
多，对流动人口的拉力越大，其永久迁移意愿越强。个人及家庭特征
因素主要包括年龄、性别、受教育水平、户口性质、流动范围、流入
时间、社会融合、个人收入、婚姻状态、家属随迁情况、家庭住房条
件。以年龄为例，相关研究表明，年龄与人口迁移意愿呈倒 U 形关
系，即迁移意愿随着人口年龄的增大而增强，但到达一定年龄之后逐
渐减弱（夏怡然、陆铭，2015），本章加入年龄及年龄的平方捕捉年
龄与人口迁移意愿的倒 U 形关系。由于篇幅限制以及相关文献综述已
对个人及家庭特征变量对人口迁移意愿的影响做了详细介绍（陈俊峰、
杨轩，2012），本章不再详细分析。变量的具体计算方法如表 5 - 4
所示。

表 5 - 4 变量的具体计算方法

类别	变量名称	变量计算方法
被解释变量	永久迁移意愿	1 = 愿意将户口迁入本地；0 = 不愿意或没想好将户口迁入本地
核心解释变量	城市公共服务	2016 年城市公共服务指数

续表

类别	变量名称	变量计算方法
控制变量	城市工资	2016 年城市职工年平均工资（万元）
	城市经济发展	2016 年城市人均 GDP（万元）
	城市产业结构	2016 年城市第三产业产值/第二产业产值
	城市人口规模	2016 年城市年末总人口（百万人）
	城市房价	2016 年城市商品房平均销售价格（千元/米^2）
	城市行政级别	1 = 直辖市、省会城市、副省级城市；0 = 其他地级市
	年龄	2017 - 出生年份
	年龄的平方	年龄的平方 = 年龄 × 年龄
	性别	1 = 男性；0 = 女性
	受教育水平	0 年 = 未上过学；6 年 = 小学；9 年 = 初中；12 年 = 高中及中专；14 年 = 大学专科；16 年 = 大学本科；19 年 = 研究生
	社会融合	1 = 完全同意或基本同意本地人接受我；0 = 不同意或完全不同意本地人接受我
	户口性质	1 = 农业户口；0 = 非农业户口
	流动范围	1 = 跨省流动；0 = 其他（省内跨市、市内跨县）
	流入时间	2017 - 流入年份
	个人收入	上个月收入（千元）
	婚姻状态	1 = 在婚（初婚、再婚）；0 = 其他（未婚、离婚、丧偶）
	家属随迁情况	1 = 家属随迁（包括配偶、子女、父母等）；0 = 家属没有随迁
	家庭住房条件	1 = 自购房、自建房；0 = 其他（租住私房、租住单位、雇主房、借住房、就业场所等）

资料来源：本章整理。

　　表 5 - 5 报告了主要变量的描述性统计，本章样本中 85.73% 的流动人口属于农业人口，14.27% 属于非农业人口，说明中国流动人口以农业人口为主，但非农业人口的流动也不容忽视。从个体特征变量可以看出，具有永久迁移意愿的流动人口的比例为 37.63%，表明流动人口永久迁移意愿偏低，与目前现状符合。另外，本章样本中流动人口的平均年龄为 35 岁，平均受教育年限为 10 年，平均月收入为 4444 元，平均流入时间为 6 年，74.09% 的流动人口家属部分或完整随迁，表明目前人口流动呈长期化和家庭化特征。而只有 21.43% 的

流动人口拥有自有住房，表明目前流动人口以租房为主。

表 5－5　主要变量的描述性统计

变量名称	观测值	均值	标准差	最小值	最大值
永久迁移意愿	107876	0.3763	0.4844	0	1
年龄	107876	35.3948	9.7137	15	79
性别	107876	0.5889	0.4920	0	1
受教育水平	107876	10.1026	3.1192	0	19
户口性质	107876	0.8573	0.3498	0	1
流动范围	107876	0.5203	0.4996	0	1
流入时间	107876	5.9544	5.7696	0	56
社会融合	107876	0.9203	0.2709	0	1
个人收入	107876	4.4444	3.6943	0.0020	120
婚姻状态	107876	0.8070	0.3947	0	1
家属随迁情况	107876	0.7409	0.4382	0	1
家庭住房条件	107876	0.2143	0.4104	0	1
城市公共服务	289	1.0500	0.4470	0.1183	3.1123
城市工资	289	5.9070	1.1948	3.6793	12.2749
城市经济发展	289	5.3570	3.1081	1.1892	21.5488
城市产业结构	289	1.0613	0.5331	0.3705	4.1656
城市人口规模	289	4.4946	3.2319	0.2100	33.9200
城市房价	289	5.5705	3.9286	2.5184	45.1465
城市行政级别	289	0.1246	0.3308	0	1

资料来源：本章整理。

（三）模型设定

本章基于 2017 年中国流动人口动态监测调查数据与 289 个城市数据的匹配数据，在控制流动人口个人及家庭特征、流入城市特征的基础上，利用 Logit 模型来研究城市公共服务对流动人口永久迁移意愿的影响。模型设定如下：

$$migrate_{ij} = \beta_0 + \beta_1 publicserv_j + \beta_2 X_j + \beta_3 Z_i + \varepsilon_{ij} \qquad (5-1)$$

其中，被解释变量 $migrate_{ij}$ 表示 j 城市 i 流动人口的永久迁移意愿，取值为 1 表示具有永久迁移意愿，取值为 0 表示不具有永久迁移意愿。核心解释变量 $publicserv_j$ 表示 j 城市的公共服务水平，本章利用城市公共服务指数度量城市公共服务水平。

控制变量包括两类，一类是城市特征变量 X_j，包括城市工资、经济发展、产业结构、人口规模、房价和行政级别；另一类是个人及家庭特征变量 Z_i，包括年龄、性别、受教育水平、户口性质、流动范围、流入时间、社会融合、个人收入、婚姻状态、家属随迁情况、家庭住房条件。ε_{ij} 表示随机扰动项。

五 城市公共服务与永久迁移意愿的实证检验

（一）城市公共服务对流动人口永久迁移意愿的影响效应

本章试图考察城市公共服务对流动人口永久迁移意愿的影响。由于被解释变量为二元离散变量，利用线性概率模型（LPM 模型）和 Logit 模型进行估计各有优劣，根据一般文献的做法（姚洋、张牧扬，2013；董昕，2015），本章首先利用 LPM 模型进行估计，然后再利用 Logit 模型进行估计，并将两种估计方法的回归结果进行比较。

表 5 - 6 的第（1）列和第（2）列是 LPM 模型的回归结果，第（3）列和第（4）列是 Logit 模型的回归结果，表中系数均为边际效应。将 LPM 模型的回归结果和 Logit 模型的回归结果相比较可知，核心解释变量城市公共服务的系数相近，且都在 1% 的显著性水平下为正，其他解释变量的系数和显著性水平也均相近。因此可以看出，LPM 模型的回归结果和 Logit 模型的回归结果基本一致，也从侧面说明了本章基本回归结果的稳健性。接下来，本章主要对 Logit 模型的回归结果进行分析，所有 Logit 模型的回归结果系数均为边际效应。

表 5 - 6 的第（3）列是 Logit 模型未加入城市特征控制变量的回归结果。回归结果显示，城市公共服务对流动人口永久迁移意愿具有显著正向作用，城市的公共服务水平越高，流动人口的永久迁移意愿

越强。具体而言，当公共服务指数增加1，流动人口永久迁移的概率提高17.2%。第（4）列控制了其他城市特征变量，此时城市公共服务的系数仍然在1%的显著性水平下为正，表明控制了其他城市特征因素之后，城市公共服务仍然对流动人口永久迁移意愿具有显著正向作用。但公共服务的参数估计值下降至0.0159，表示公共服务指数每增加1，流动人口永久迁移的概率提高1.6%。总体来说，回归结果较好地验证了本章的研究假设 H_1，说明城市的公共服务水平越高，流动人口的永久迁移意愿越强。在城市特征的控制变量中，城市工资的系数显著为正，表明城市的平均工资水平越高，流动人口的永久迁移意愿越强。经济发展和产业结构的系数均为正，表明城市就业机会对流动人口永久迁移意愿具有正向影响。房价的系数显著为正，表明流动人口具有较强意愿向房价较高城市进行永久迁移，这可能是因为高房价在一定程度上体现了更好的公共服务，即公共服务被资本化到房价中（梁若冰、汤韵，2008；夏怡然、陆铭，2015），房价资本化的公共服务对流动人口的拉力大于房价作为生活成本对流动人口的推力。城市行政级别的系数显著为正，表明流动人口向直辖市、省会城市和副省级城市永久迁移的意愿更强，因为行政级别越高的城市，政府配置的优质资源越多。而经济发展水平和人口规模对流动人口永久迁移意愿的影响并不显著。

表 5 – 6　　基本回归结果

变量名称	永久迁移意愿			
	（1）LPM	（2）LPM	（3）Logit	（4）Logit
城市公共服务	0.1789 ***	0.0127 ***	0.1724 ***	0.0159 ***
	（0.0026）	（0.0048）	（0.0025）	（0.0048）
城市工资		0.0339 ***		0.0329 ***
		（0.0014）		（0.0013）
城市经济发展		0.0005		0.0005
		（0.0006）		（0.0006）
城市产业结构		0.0375 ***		0.0362 ***
		（0.0026）		（0.0025）
城市人口规模		– 0.0004		– 0.0003
		（0.0003）		（0.0003）

续表

变量名称	永久迁移意愿			
	（1）LPM	（2）LPM	（3）Logit	（4）Logit
城市房价		0.0048 ***		0.0040 ***
		（0.0004）		（0.0003）
城市行政级别		0.0287 ***		0.0282 ***
		（0.0036）		（0.0035）
年龄	0.0071 ***	0.0060 ***	0.0074 ***	0.0063 ***
	（0.0011）	（0.0011）	（0.0011）	（0.0011）
年龄的平方	− 0.0001 ***	− 0.0001 ***	− 0.0001 ***	− 0.0001 ***
	（0.0000）	（0.0000）	（0.0000）	（0.0000）
性别	− 0.0148 ***	− 0.0079 ***	− 0.0148 ***	− 0.0086 ***
	（0.0029）	（0.0029）	（0.0029）	（0.0029）
受教育水平	0.0128 ***	0.0111 ***	0.0129 ***	0.0113 ***
	（0.0006）	（0.0006）	（0.0006）	（0.0006）
户口性质	− 0.1543 ***	− 0.1505 ***	− 0.1423 ***	− 0.1404 ***
	（0.0045）	（0.0045）	（0.0041）	（0.0041）
流动范围	0.0018	− 0.0322 ***	0.0005	− 0.0316 ***
	（0.0030）	（0.0031）	（0.0030）	（0.0031）
流入时间	0.0044 ***	0.0042 ***	0.0043 ***	0.0041 ***
	（0.0003）	（0.0003）	（0.0003）	（0.0003）
社会融合	0.1390 ***	0.1417 ***	0.1554 ***	0.1588 ***
	（0.0047）	（0.0047）	（0.0059）	（0.0059）
个人收入	0.0040 ***	0.0015 ***	0.0042 ***	0.0019 ***
	（0.0004）	（0.0004）	（0.0004）	（0.0004）
婚姻状态	− 0.0196 ***	− 0.0234 ***	− 0.0207 ***	− 0.0247 ***
	（0.0050）	（0.0050）	（0.0051）	（0.0050）
家属随迁情况	0.0408 ***	0.0456 ***	0.0428 ***	0.0471 ***
	（0.0039）	（0.0039）	（0.0040）	（0.0040）
家庭住房条件	0.0010	0.0165 ***	0.0001	0.0158 ***
	（0.0037）	（0.0036）	（0.0036）	（0.0035）
观测值	107876	107876	107876	107876
R^2/Pseudo R^2	0.1000	0.1232	0.0777	0.0962
F/Chi^2	1116.50	1049.92	9428.00	11291.43

注：　*** 表示在 1% 的水平下显著；括号中的数据为稳健标准误；LPM 模型报告了 R^2 和 F 值，Logit 模型报告了 Pseudo R^2 和 Chi^2 值。

资料来源：使用 Stata 14 软件估计得到。

（二）城市公共服务对流动人口永久迁移意愿影响的异质性效应

1. 群体异质性效应：城镇流动人口与农民工

流动人口根据户籍类型可分为城镇流动人口和农民工，其户口分别为非农业户口和农业户口。本章试图考察城市公共服务对城镇流动人口、农民工永久迁移意愿影响的异质性效应。由表 5 − 7 的第（1）列和第（2）列可知，无论是城镇流动人口还是农民工，城市公共服务对其永久迁移意愿都具有显著正向影响，城市公共服务对城镇流动人口永久迁移意愿的影响效应更强。城市公共服务对城镇流动人口、农民工永久迁移意愿影响的系数分别为 0.0281、0.0153，表明当公共服务指数增加 1，城镇流动人口永久迁移的概率提高 2.8%，农民工永久迁移的概率提高 1.5%。可见，城镇流动人口的永久迁移意愿受公共服务水平的影响更大。这与城镇流动人口具有更强家庭迁移能力和更重视公共服务有关，进而对公共服务有更强需求。个人收入水平和家庭住房条件可以反映个人实现家庭迁移的能力，城镇流动人口的平均月收入为 5700 元，拥有自有住房的比例为 37%，而农民工的平均月收入为 4200 元，拥有自有住房的比例为 19%。可见，城镇流动人口具有更强的实现家庭迁移的能力，对城市公共服务的需求更加强烈，具有更强的永久迁移意愿。受教育水平可以反映个人对公共服务的重视程度，高受教育水平的人口对公共服务的需求更大。城镇流动人口的平均受教育年限为 12.9 年，而农民工的平均受教育年限为 9.6年。可见，城镇流动人口的平均受教育年限高于农民工，他们更加重视城市公共服务，对公共服务需求更大，永久迁移意愿更强。

表 5 − 7　群体异质性效应检验

变量名称	永久迁移意愿			
	（1）城镇流动人口	（2）农民工	（3）第一代农民工	（4）第二代农民工
城市公共服务	0.0281 **	0.0153 ***	0.0215 **	0.0160 **
	（0.0125）	（0.0052）	（0.0088）	（0.0068）
城市工资	0.0245 ***	0.0340 ***	0.0311 ***	0.0334 ***
	（0.0038）	（0.0014）	（0.0022）	（0.0018）
城市经济发展	0.0053 ***	− 0.0004	− 0.0025 **	0.0008
	（0.0017）	（0.0006）	（0.0010）	（0.0008）
城市产业结构	0.0535 ***	0.0306 ***	0.0180 ***	0.0361 ***
	（0.0058）	（0.0028）	（0.0046）	（0.0036）

续表

变量名称	永久迁移意愿			
	（1）城镇流动人口	（2）农民工	（3）第一代农民工	（4）第二代农民工
城市人口规模	0.0005	− 0.0004	− 0.0002	− 0.0005
	（0.0007）	（0.0003）	（0.0005）	（0.0004）
城市房价	0.0037 ***	0.0041 ***	0.0071 ***	0.0028 ***
	（0.0010）	（0.0004）	（0.0007）	（0.0005）
城市行政级别	0.0568 ***	0.0238	0.0187 ***	0.0272 ***
	（0.0094）	（0.0038）	（0.0060）	（0.0049）
性别	− 0.0216 ***	− 0.0071 **	0.0114 **	− 0.0125 ***
	（0.0076）	（0.0031）	（0.0050）	（0.0040）
受教育水平	0.0118 ***	0.0112 ***	0.0065 ***	0.0131 ***
	（0.0015）	（0.0006）	（0.0009）	（0.0008）
流动范围	− 0.0449 ***	− 0.0309 ***	− 0.0167 ***	− 0.0395 ***
	（0.0082）	（0.0033）	（0.0052）	（0.0044）
流入时间	0.0039 ***	0.0042 ***	0.0039 ***	0.0057 ***
	（0.0008）	（0.0003）	（0.0003）	（0.0005）
社会融合	0.1930 ***	0.1552 ***	0.1455 ***	0.1601 ***
	（0.0186）	（0.0061）	（0.0094）	（0.0080）
个人收入	0.0013	0.0019 ***	0.0009	0.0024 ***
	（0.0009）	（0.0005）	（0.0007）	（0.0006）
婚姻状态	− 0.0236 **	− 0.0259 ***	− 0.1102 ***	0.0107 *
	（0.0115）	（0.0055）	（0.0105）	（0.0059）
家属随迁情况	0.0894 ***	0.0376 ***	0.0516 ***	0.0279 ***
	（0.0091）	（0.0044）	（0.0073）	（0.0056）
家庭住房条件	0.0947 ***	− 0.0057	0.0015	− 0.0125 **
	（0.0080）	（0.0040）	（0.0059）	（0.0054）
年龄	0.0077 ***	0.0060 ***		
	（0.0029）	（0.0012）		
年龄的平方	− 0.0001 ***	− 0.0001 ***		
	（0.0000）	（0.0000）		
观测值	15551	92980	37043	55937
Pseudo R^2	0.1357	0.0687	0.0750	0.0666
Chi^2	2240.12	7072.48	2928.61	4210.77

注：＊、＊＊、＊＊＊分别表示在10%、5%、1%的水平下显著；括号中的数据为稳健标准误。

资料来源：使用 Stata 14 软件估计得到。

2. 群体异质性效应：第一代农民工与第二代农民工

第二代农民工与第一代农民工的群体异质性逐渐凸显，本章进一步考察城市公共服务对第一代、第二代农民工永久迁移意愿影响的代际差异。根据钱文荣和李宝值（2013）的做法，本章将 1980 年及以后出生的农民工视为第二代农民工，将 1980 年之前出生的农民工视为第一代农民工。城市公共服务对第一代、第二代农民工永久迁移意愿的影响效应如表 5-7 的第（3）列和第（4）列所示，无论第一代农民工还是第二代农民工，城市公共服务对其永久迁移意愿都具有显著正向作用；相对于第二代农民工，城市公共服务对第一代农民工永久迁移意愿的影响效应更强。具体来说，当公共服务指数增加 1，第一代农民工永久迁移的概率提高 2.2%，第二代农民工永久迁移的概率提高 1.6%。这与农民工流入时间和家庭化迁移程度有关，人口在流入城市工作和生活时间越长，以及家庭化迁移程度越高，对该城市公共服务需求越大，永久迁移意愿越强。第一代农民工在流入城市的平均流入时间为 8 年，家庭成员随迁比例为 84%，而第二代农民工在流入城市的平均流入时间为 4 年，家庭成员随迁比例为 70%。由此可见，第一代农民工由于外出打工较早，流动呈现更长期化和家庭化，对公共服务需求更加强烈，永久迁移意愿受公共服务的影响更大。另外，第一代农民工拥有自有住房的比例为 22%，而第二代农民工拥有自有住房的比例为 17%，表明第一代农民工具有更强的实现家庭迁移的能力，对公共服务需求更加强烈，永久迁移意愿更强。

3. 个体异质性效应

以上基本回归是把流动人口视为同质群体，计算的是城市公共服务对流动人口永久迁移意愿影响的平均效应。然而，不同人口特征的流动人口对公共服务的需求具有异质性。接下来，本章将根据人口特征，重点分析不同受教育水平、流入时间、个人收入、家庭住房条件、家属随迁情况的流动人口对公共服务的异质性反应。本章通过将个人特征与城市公共服务的交叉项加入 Logit 模型捕捉公共服务影响流动人口永久迁移意愿的个体异质性，回归结果如表 5-8 所示：流动人口的个人受教育水平与城市公共服务的交叉项系数显著为正，表明流动人口的受教育水平越高，对城市公共服务的需求越大，永久迁移意愿越强；流动人口的流入时间与城市公共服务的交叉项系数显著为正，表明流动人口流入城市的时间越长，对城市公共服务的需求越强烈，永久迁移意愿越强；流动人口的个人收入与城市公共服务的交叉项系数显著为正，表明随着个人收入水平的提高，流动人口对城市公共服务的需求越大，永久迁移意愿越强；流动人口的住房条件与城市公共服务的交叉项系数显著为正，表明拥有自有住房的流动人口对城市公共服务需求更大，永久迁移意愿更强；流动人口的家属随迁情况与城市公共服务的交叉项系数显著为正，表明相对于个人流动，家属随迁的流动人口对城市公共服务需求更强烈，永久迁移意愿更强。

表 5 – 8　个体异质性效应检验

变量名称	永久迁移意愿				
	（1）	（2）	（3）	（4）	（5）
城市公共服务 × 受教育水平	0.0039 *** (0.0008)				
城市公共服务 × 流入时间		0.0029 *** (0.0005)			
城市公共服务 × 个人收入			0.0031 *** (0.0009)		
城市公共服务 × 家庭住房条件				0.1054 *** (0.0075)	
城市公共服务 × 家属随迁情况					0.0412 *** (0.0056)
其他个人特征	控制	控制	控制	控制	控制
其他城市特征	控制	控制	控制	控制	控制
观测值	107876	107876	107876	107876	107876
Pseudo R^2	0.0964	0.0965	0.0964	0.0966	0.0977
Chi^2	11137.10	11199.06	11105.63	11297.10	11206.61

注：*** 表示在 1% 的水平下显著；括号中的数据为稳健标准误。
资料来源：使用 Stata 14 软件估计得到。

（三）稳健性检验

1. 替换公共服务指标

本章利用主成分分析法计算公共服务指数来衡量城市公共服务水

平，另外也可以利用公共服务支出来衡量公共服务水平（Day，1992；Dahlberg et al.，2012），反映了公共服务投入。本章利用人均财政支出度量城市公共服务水平，并进行稳健性检验。回归结果如表 5 - 9 的第（1）列和第（2）列所示：无论是否加入其他城市特征变量，城市公共服务对流动人口永久迁移意愿都具有显著正向作用，这与前文基本回归结果相一致，进一步验证了本章结果的稳健性。

2. 剔除没想好迁移户口的样本

在基本回归中，本章将没想好把户口迁入本地的样本视为不具有永久迁移意愿，但没想好的人口将来也有可能将户口迁入本地，未来具有永久迁移意愿，所以本章剔除没想好迁移户口的样本，仅估计明确表示迁移和不迁移户口的样本。由表 5 - 9 的第（3）列和第（4）列的回归结果可知：无论是否加入其他城市特征变量，城市公共服务都显著影响了流动人口的永久迁移意愿，城市的公共服务水平越高，流动人口的永久迁移意愿越强，进一步验证了本章结果的稳健性。

表 5 - 9　稳健性检验

变量名称	永久迁移意愿			
	（1）	（2）	（3）	（4）
城市公共服务	0.0624 ***	0.0044 **	0.2001 ***	0.0292 ***
	(0.0013)	(0.0019)	(0.0032)	(0.0058)
城市工资		0.0322 ***		0.0325 ***
		(0.0014)		(0.0016)
城市经济发展		0.0012 **		0.0007
		(0.0006)		(0.0007)
城市产业结构		0.0406 ***		0.0365 ***
		0.0024		(0.0032)
城市人口规模		- 0.0005		- 0.0011 ***
		(0.0003)		(0.0003)
城市房价		0.0037 ***		0.0051 ***
		(0.0005)		(0.0005)
城市行政级别		0.0296 ***		0.0372 ***
		(0.0035)		(0.0042)
年龄	0.0061 ***	0.0062 ***	0.0070 ***	0.0059 ***
	(0.0011)	(0.0011)	(0.0013)	(0.0013)

变量名称	永久迁移意愿			
	（1）	（2）	（3）	（4）
年龄的平方	−0.0001***	−0.0001***	−0.0001***	−0.0001***
	（0.0000）	（0.0000）	（0.0000）	（0.0000）
性别	−0.0139***	−0.0086***	−0.0152***	−0.0091***
	（0.0029）	（0.0029）	（0.0035）	（0.0000）
受教育水平	0.0140***	0.0113***	0.0148***	0.0134***
	（0.0006）	（0.0006）	（0.0007）	（0.0006）
户口性质	−0.1513***	−0.1407***	−0.1761***	−0.1752***
	（0.0041）	（0.0041）	（0.0052）	（0.0052）
流动范围	−0.0026	−0.0312***	−0.0001	−0.0310***
	（0.0032）	（0.0031）	（0.0036）	（0.0036）
流动时间	0.0045***	0.0041***	0.0041***	0.0040***
	（0.0003）	（0.0003）	（0.0003）	（0.0003）
社会融合	0.1598***	0.1588***	0.2107***	0.2143***
	（0.0061）	（0.0059）	（0.0065）	（0.0065）
个人收入	0.0034***	0.0018***	0.0021***	−0.0002
	（0.0004）	（0.0004）	（0.0005）	（0.0005）
婚姻状态	−0.0241***	−0.0250***	−0.0561***	−0.0579***
	（0.0051）	（0.0050）	（0.0060）	（0.0059）
家属随迁情况	0.0511***	0.0474***	0.0575***	0.0619***
	（0.0040）	（0.0040）	（0.0047）	（0.0047）
家庭住房条件	0.0041	0.0161***	0.0003	0.0164***
	（0.0036）	（0.0035）	（0.0043）	（0.0042）
观测值	107876	107876	79406	79406
Pseudo R^2	0.0762	0.0962	0.0978	0.1152
Chi^2	7430.54	11629.83	8443.36	9546.47

注：**、***分别表示在5%、1%的水平下显著；括号中的数据为稳健标准误。
资料来源：使用 Stata 14 软件估计得到。

六　促进城市间公共服务均等化

本章运用 2017 年中国流动人口动态监测调查数据与 289 个城市数据的匹配数据，研究城市公共服务对流动人口永久迁移意愿的影响。估计结果显示，城市公共服务显著影响了流动人口的永久迁移意愿，城市的公共服务水平越高，流动人口的永久迁移意愿越强。通过群体异质性检验发现，相对于农民工，城市公共服务对城镇流动人口永久迁移意愿的影响更大，而在农民工群体内，与第二代农民工相比，第一代农民工永久迁移意愿受城市公共服务的影响更大。进一步通过个体异质性检验发现，受教育水平越高、流入时间越长、收入水平越高、拥有自有住房、家属随迁的流动人口，对公共服务需求更大，永久迁移意愿更强。

根据本章的研究结论，城市公共服务对流动人口永久迁移意愿具有显著正向作用，城市的公共服务水平越高，流动人口的永久迁移意愿越强。而中国城市间公共服务水平存在两极分化，优质公共服务大都高度集中于大城市，中小城市公共服务发展滞后。因此，城市间公共服务差异已经成为人口向大城市集聚的重要因素。由于资料限制，本章没有涉及县级市和建制镇，实际上，它们的公共服务差距更大。本章的政策启示是城市间的公共服务均等化可以在一定程度上缓解人口向大城市集聚趋势，进而遏制城镇化进程中出现的城镇规模两极分化。因此，促进大中小城市和小城镇协调发展，引导人口向中小城市和小城镇迁移，关键是要改善中小城市和小城镇的公共服务。

第一，优化公共财政支出结构，扩大社会资本参与，提高公共服务投入。目前，中小城市和小城镇的落户限制已经取消，但由于中小城市和小城镇的公共服务水平普遍偏低，其户口对流动人口的吸引力不大，流动人口的永久迁移意愿较低（贾淑军，2012）。因此，应坚持以人为本的原则，进一步优化中小城市的公共财政支出结构，将财政支出的重点转向基础教育、医疗服务和公共基础设施等领域，提高基本公共服务的财政支出比例。同时，要采取多方面途径，扩大与社会资本的合作，发挥社会资本的积极作用，提高中小城市和小城镇公共服务的供给效率，扩大覆盖面。

第二，扩大均衡性转移支付和共同财政事权转移支付规模，对公共服务成本进行合理分担。在中国财权和事权的分权制背景下，地方政府用约45%的本级财政收入承担了70%以上的公共服务支出责任（靳涛、梅伶俐，2015），而中小城市和小城镇的地方财力普遍不足，中央和省级政府应加大对中小城市和小城镇公共服务的转移支付，尤其是与民生相关的基础教育、医疗服务等，并按现代化小城市的标准推进小城镇建设，缩小与大城市公共服务差距，进而缓解人口向大城市集聚趋势。

第三，通过经济发展提高城市的公共服务供给能力。中小城市和小城镇需要积极培育特色优势产业，增加就业机会，提高人口吸纳能力，同时中央和省级政府需要改变以往政府资源配置的行政中心偏向和大城市偏向，将政府投资的基础设施和公共服务向中小城市和小城镇倾斜。另外，以城市群为载体，根据不同规模城镇的优势，深化大中小城市和小城镇的功能分工，推动特大城市全面转型升级，引导其产业、要素、人口向中小城市和小城镇转移扩散，通过促进中小城市和小城镇的经济发展提高其公共服务供给能力。

第六章　城市高房价与农民工
定居意愿

中国城镇化进入了以提升质量为特征的减速阶段，农民工有序完成迁移第二个过程，即在城市定居下来，是高质量城镇化的重要组成部分，而快速上涨的城市房价对农民工定居意愿的影响日益凸显。本章首先构建中国城乡人口迁移两个过程的理论模型，分析城市住房价格对农民工定居意愿的影响及作用机制，然后将 2012~2017 年中国流动人口动态监测调查数据与 288 个城市数据匹配进行实证检验。研究发现，城市高房价显著降低了农民工的定居意愿，而定居意愿下降将会阻滞城镇化的进程。机制检验发现，城市高房价主要通过提高农民工家庭在城市的预期购房成本进而降低其定居意愿。此外，本章还进行了个体异质性和城市异质性检验，个体异质性检验发现，城市高房价对第二代、更低受教育水平和本地无房农民工定居意愿的负向影响更大，对更高收入水平、更大发展空间以及可获得公共服务农民工定居意愿的负向影响更小；城市异质性检验发现，随着城市规模的扩大，城市高房价对农民工定居意愿影响的负向作用逐渐增大。本章的政策含义是抑制城市房价过快上涨、提高农民工收入和福利水平、提供更为平等的公共服务，以及解决好进城农民工"三权"有偿退出问题，这些措施可以增强农民工的定居意愿，推动城镇化高质量发展。

一　农民工定居城市的主要障碍

随着中国经济进入新常态，中国城镇化也进入了重要战略转型期，由加速推进向减速推进转变，由速度型向质量型转变。推进速度下降已成为中国城镇化的新常态，而全面提升质量则是新型城镇化战略的核心任务（魏后凯，2016）。其中，农民工家庭定居城镇是高质量城镇化的重要组成部分。一般来说，劳动力迁移包含两个过程，第一个过程是劳动力从迁出地转移出去，第二个过程是这些迁移者在迁入地居住下来。但与国外劳动力迁移同时完成这两个过程不同，中国城乡人口迁移以第一个过程为主，第二个过程相对滞后（蔡昉，2001）。也就是说，数以亿计的农村劳动力已经进城成为农民工，但他们并没有在城镇定居下来。在此背景下，探索农民工家庭定居城市的阻碍因素成为学术界的研究焦点。

已有研究普遍认为，户籍制度是农民工家庭定居城市的主要障碍，户籍制度改革的滞后阻滞了中国的城镇化进程（Au and Henderson，2006；Bosker et al.，2012；都阳等，2014）。但随着户籍制度改革的稳步推进，户籍制度对城镇化的负面影响已在逐渐减小。根据2017年中国流动人口动态监测调查数据，57%的农民工[①]在城市工作和生活遇到了困难，这些人中75%是收入太低的困难，65%是买不起房的困难，而由户籍制度带来的子女上学困难占32%。可见，随着户籍制度改革的推进，农民工家庭在城市定居的主要障碍已不再是户籍制度，而是城市的高房价和农民工的低收入。自2008年国际金融危机结束以后，全国商品住宅销售价格快速上涨，年均增速9.2%，2019年达到9287元/米^2，是2008年的2.6倍，并且农民工流入较为集中的35个大中城市房价上涨更快，年均增幅高达9.8%，2019年达到13800元/米^2。[②]而根据《2019年农民工监测调查报告》，2019年农民工月均收入仅为3962元。

相关研究也表明，在中国户籍制度之外，城市高房价成为人口迁移的现实障碍。董昕（2016）的研究发现，相对于收入水平，房价已

---

① 根据国家统计局对农民工的定义，本章对中国流动人口动态监测调查数据进行处理得到农民工数据，具体处理方法见本章"数据来源"部分。

② 资料来源：国家信息中心宏观经济与房地产数据库（http://www.crei.cn）。

经进入抑制人口持久性迁移意愿的阶段。赵文哲等（2018）的研究发现，城市房价的快速上涨导致农村流动人口更不愿意落户现居城市。城市高房价也会阻碍外来劳动力的流入，并增强已经流入劳动力的流动意愿，尤其是没有购房的、高技能水平的劳动力（张莉等，2017；周颖刚等，2019）。随着数以亿计的农村劳动力已经进城成为农民工，以及农民工家庭化流动特征明显，中国城乡人口迁移进入了第二个过程，即农民工家庭在城市定居下来（蔡昉，2001；段成荣等，2013）。本章将在已有研究基础上，首先根据中国城乡人口迁移两个过程的现实，从理论上区分城乡人口迁移的两个过程，并根据城乡人口迁移的阶段变化，重点分析城市房价对城乡人口迁移第二个过程的影响及作用机制，然后利用 2012～2017 年中国流动人口动态监测调查数据和城市数据进行实证检验。

本章的边际贡献在于：一是本章深入分析了城市房价对农民工定居意愿影响的作用机制和异质性，为有序推进农民工定居城市、促进高质量城镇化提供了新视角；二是已有文献主要研究了城市房价上涨对经济增长、通货膨胀、消费、储蓄等的影响（段忠东，2007；杜莉、罗俊良，2017；陈斌开、杨汝岱，2013），快速上涨的城市房价也对农民工定居意愿产生了重要影响，本章拓展了城市房价的文献领域；三是中国经济进入新常态之后，急需找到未来经济增长的新潜力，推动农民工家庭在城市安家定居，可以充分发挥他们稳定劳动力供给和新增消费需求的作用，释放出强大的内需增长潜力，促进经济高质量增长。

二　扩展的托达罗模型

传统人口迁移理论主要考察了城乡就业收入的差异和迁移成本对人口迁移的影响，认为农村劳动力受城乡收入差距影响不断地向城市现代工业部门转移（Lewis，1954；Ranis and Fei，1961），即使面临失业风险，只要城市就业的预期收入高于农村收入和迁移成本，他们仍会迁移（Todaro，1969；Harris and Todaro，1970）。但目前国内外的情况发生了很大变化，他们更多考虑就业之外的生活收益差异，如公共服务、环境质量等（Tiebout，1956；夏怡然、陆铭，2015；Brasington and Hite，2005；孙伟增等，2019）。因此，本章在托达罗模型的基础上，根据中国城乡人口迁移的实际情况，构建中国城乡人口迁移两个过程的理论模型，引入城市住房价格作为重要迁移成本，分析城市住房价格对人口迁移意愿的影响，并考虑生活收益差异。

托达罗模型的基本形式如下：

$$V_u(0) = \int_{t=0}^{n} [p(t)Y_u(t) - Y_r(t)] e^{-rt}dt - C(0) \tag{6-1}$$

式（6-1）中，$V_u(0)$表示预期城乡净收益的贴现值，r为贴现率，$p(t)$是t期农村劳动力在城市找到工作的概率，$Y_u(t)$表示t期农村劳动力在城市的就业收入，$Y_r(t)$表示t期农村劳动力在农村的就业收入，$C(0)$为迁移成本。

本章在托达罗模型基础上，构建了一个扩展的理论模型。鉴于对农民工进行追踪调查的困难，本章只考虑当期农民工的转移决策，即$t=0$。此外，根据中国城乡人口迁移的实际情况，考察城乡人口迁移的两个过程。将式（6-1）进行简化和拓展，人口迁移第一个过程的决策依据如式（6-2）所示。

$$V_1 = (p Y_{u1} - Y_{r1}) + (Z_{u1} - Z_{r1}) - C_1 \tag{6-2}$$

其中，下标1表示人口迁移的第一个过程，即农村劳动力个人向城市流动；V_1表示人口迁移第一个过程所预期的个人净收益；$p Y_{u1} - Y_{r1}$表示城乡就业收入差异，其中，p表示农村劳动力在城市找到工作的概率，Y_{u1}表示农村劳动力在城市的就业收入，Y_{r1}表示农村劳动力在农村的就业收入；$Z_{u1} - Z_{r1}$表示城乡生活收益差异，包括公共服务、环境质量等差异，Z_{u1}表示在城市的生活收益，Z_{r1}表示在农村的生活收益；C_1表示人口迁移第一个过程的个人迁移成本。

在人口迁移的第二个过程中，农民工家庭是否在城市定居的决策依据是家庭收益最大化（Stark and Bloom，1985；Stark and Taylor，

1991)。人口迁移第二个过程的决策依据如式（6-3）所示。

$$V_2 = (Y_{u2} - Y_{r2}) + (Z_{u2} - Z_{r2}) - C_2 \tag{6-3}$$

其中，下标 2 表示人口迁移的第二个过程，即农民工家庭在城市定居下来；V_2 表示人口迁移第二个过程所预期的家庭净收益；第二个过程的农村劳动力已在城市找到工作，此时 $p=1$，所以 $Y_{u2} - Y_{r2}$ 表示家庭城乡就业收入差异，Y_{u2} 表示在城市就业的家庭收入，Y_{r2} 表示在农村就业的家庭收入；$Z_{u2} - Z_{r2}$ 表示家庭生活收益差异，Z_{u2} 表示家庭在城市的生活收益，Z_{r2} 表示家庭在农村的生活收益；C_2 表示第二个迁移过程的家庭迁移成本。

托达罗模型中人口迁移成本 C 包括最初人口迁移的固定成本和城市定居成本。据此，本章将迁移成本 C_i（$i=1$，2）分为两个部分，一部分为最初人口迁移的固定成本，记为 C_{0i}，另外一部分为城市定居成本，记为 C_{ri}，进一步将城市定居成本分为住房成本 C_{hi} 和基本生活成本 C_{bi}，则迁移成本为：

$$C_i = C_{0i} + C_{ri} \tag{6-4}$$

$$C_{ri} = C_{hi} + C_{bi} \tag{6-5}$$

本章将式（6-2）、式（6-3）、式（6-4）、式（6-5）联立，得到中国城乡人口迁移两个过程的理论模型：

$$\begin{cases} V_1 = (pY_{u1} - Y_{r1}) + (Z_{u1} - Z_{r1}) - C_1 \\ V_2 = (Y_{u2} - Y_{r2}) + (Z_{u2} - Z_{r2}) - C_2 \\ C_i = C_{0i} + C_{ri} \\ C_{ri} = C_{hi} + C_{bi} \end{cases} \tag{6-6}$$

由以上理论模型可知人口迁移的三种情形。

第一种情形：若 $V_1 < 0$，农村劳动力一直留在农村，不流动。

第二种情形：若 $V_1 > 0$，$V_2 < 0$，农村劳动力在城乡间循环流动。

第三种情形：若 $V_1 > 0$，$V_2 > 0$，农村劳动力及其家庭在城市定居。

可以看到，城市住房价格对人口迁移决策具有重要作用，是人口迁移成本的重要组成部分。在第一个迁移过程，农民工在城市工作，在城市暂时居住，主要住在租赁住房、工厂宿舍、工作场所等，住房成本C_{h1}较低。而在第二个迁移过程，农民工及其家庭在城市定居，需要在城市购买住房或者租赁较大面积住房供家庭居住，住房成本C_{h2}较高。

鉴于城乡人口迁移的阶段变化，本章重点考察城乡人口迁移的第二个过程中，城市住房价格对流动人口定居意愿的影响及作用机制。农民工家庭在城市定居需要支付衣食住行等家庭住房成本（包括预期购房成本和租赁住房成本）和基本生活成本，城市高房价则可能通过提高农民工家庭住房成本和基本生活成本进而降低其定居城市的意愿。具体解释包括两点。

一是城市房价越高，农民工的家庭住房成本越高。城市房价越高，对于农民工来说，全款购房会面临更高的购房成本、分期付款会面临更高昂的首付成本和更大的未来还款压力，因此预期购房成本越高。另外，目前农民工在城市居住以租赁住房为主，由于房价是租金的现值，城市的房价越高，其房屋租赁价格越高，农民工家庭租赁住房成本也就越高。此外，城市房价上涨会降低农民工及其他城市人口的购房需求，增加房屋租赁需求，进而导致房屋租赁价格上升，农民工的家庭租赁住房成本则会进一步上涨。

二是城市房价越高，其物价水平也越高，农民工的家庭基本生活成本越高。房价上涨通过财富效应、托宾Q效应和信贷效应增加社会总消费和总投资，进而刺激社会总需求带来物价上涨（段忠东，2007；宫健、高铁梅，2014）。具体来说，财富效应是指房价上涨带来家庭资产增值和财富增加，这些有房者将进行更多消费，进而促进社会消费的增长。托宾Q效应是指房价上涨使得房地产行业利润增加，在利润驱动下开发建设房地产的投资增加，又因为房地产对原材料、建材等行业的拉动作用，这些行业的投资也增长。信贷效应是指房价上涨使抵押物价值随之增加，放松了企业融资约束，增强了银行贷款扩张意愿，导致企业投资支出也增加。因而物价上涨将增加农民工家庭在城市的基本生活成本。

三　数据来源与模型设计

（一）数据来源

农民工数据来源于国家卫生健康委的 2012～2017 年中国流动人口动态监测调查数据（China Migrants Dynamic Survey，CMDS）。CMDS 数据覆盖全国 31 个省（区、市），调查对象为在流入地居住一个月以上、非本区（县、市）户口的 15 周岁及以上人口。根据国家统计局《2019 年农民工监测调查报告》，农民工是指户籍仍在农村，年内在本地从事非农产业或外出从业 6 个月及以上的劳动者。根据国家统计局对农民工的定义，本章仅保留务工经商的农业户口样本。另外，存在家庭收入缺失以及未流动的样本，本章进行了剔除。城市数据来源于《中国城市统计年鉴》和国家信息中心宏观经济与房地产数据库（http://www.crei.cn）。由于 2013 年 CMDS 数据不包括长期居留意愿数据，本章主要利用 2012 年、2014 年、2015 年、2016 年、2017 年的数据与城市数据匹配，最终得到 288 个地级及以上城市数据和 578207 户农民工微观数据。

（二）模型设计

本章估计城市住房价格对农民工定居意愿影响的计量模型设定如下：

$$migration_{itj} = \beta_0 + \beta_1 houseprice_{it} + \beta_2 control + \gamma_t + \varepsilon_{itj} \qquad (6-7)$$

其中，被解释变量为 $migration_{itj}$，表示农民工的城市定居意愿，利用 2012～2017 年 CMDS 数据问卷中的问题"您今后是否打算在本地长期居住（5 年以上）"进行统计，答案选项为"打算""不打算""没想好"，将答案为"打算"样本赋值为 1，表示具有定居意愿，"不打算"和"没想好"样本赋值为 0，表示不具有定居意愿。核心解释变量为 $houseprice_{it}$，表示 i 城市 t 年的住房价格，根据一般文献的做法（陈斌开、杨汝岱，2013），本章利用城市商品住宅的平均销售价格作为城市住房价格的度量指标。control 为控制变量，包括城市特征和个人及家庭特征变量，城市特征变量包括工资水平、公共服务水平（包括医疗服务、基础教育、基础设施、公共交通），个人及家庭特征变量包括年龄、性别、受教育水平、流动范围、婚姻状态、家庭收入。γ_t 代表时间固定效应，ε_{itj} 为随机扰动项。在上述模型中，本章着重关注 β_1 的系数，它代表了城市住房价格对农民工定居意愿的影响。

表 6－1 报告了变量计算方法及描述性统计，本章样本中有 52% 的农民工具有在城市定居的意愿，农民工平均年龄为 35 岁，59% 的农民工为男性，平均受教育年限为 9.5 年，52% 的农民工是跨省流动，79% 的农民工已婚，平均家庭月收入为 6017 元。

表 6－1　变量计算方法及描述性统计

变量名称	变量计算方法	观测值	均值	标准差	最小值	最大值
定居意愿	1 = 打算定居；0 = 不打算和没想好定居	578207	0.5228	0.4495	0	1
年龄	当年－出生年份	578207	34.8948	9.5558	15	90
年龄的平方	年龄的平方 = 年龄 × 年龄	578207	1308.9610	711.2441	225	8100
性别	1 = 男性；0 = 女性	578207	0.5909	0.4917	0	1
受教育水平	受教育年限	578207	9.5165	2.6152	0	19
流动范围	1 = 跨省流动；0 = 省内跨市、市内跨县	578108	0.5221	0.4995	0	1
婚姻状态	1 = 已婚；0 = 其他（未婚、丧偶、离婚）	578207	0.7926	0.4054	0	1
家庭收入	家庭月收入（千元）	578202	6.0165	5.9673	0	1000
城市住房价格	对商品住宅平均销售价格取对数	2016	8.3814	0.4304	7.4567	10.7918
城市工资水平	对职工年平均工资取对数	2016	10.7781	0.2781	9.7531	12.6780
城市医疗服务	每万人拥有的医生数（人）	2016	22.4498	12.4008	0	176.4620
城市基础教育	每千名中小学生拥有的教师数（人）	2016	69.1283	15.7010	1.6844	141.5894

续表

变量名称	变量计算方法	观测值	均值	标准差	最小值	最大值
城市基础设施	人均道路铺装面积（平方米）	2016	11.6307	8.9610	0	108.3700
城市公共交通	每万人拥有的公共汽车数（辆）	2016	7.9396	10.5419	0	225.5000

注：受教育水平利用受教育年限表示，计算方法为 0 年 = 未上过学、6 年 = 小学、9 年 = 初中、12 年 = 高中及中专、14 年 = 大学专科、16 年 = 大学本科、19 年 = 研究生。

四　高房价与定居意愿实证检验

（一）基础回归结果

本章利用 2012 ~ 2017 年 CMDS 数据考察城市房价对农民工定居意愿的影响，被解释变量定居意愿为 0 − 1 虚拟变量，可使用 OLS 和 Logit 两种估计方法。OLS 方法估计的结果如表 6 − 2 第（1）列所示，Logit 方法估计的结果如第（2）列所示，由于 Logit 方法估计的系数为概率比，本章进一步估计了边际效用，结果如第（3）列所示。比较第（1）列和第（3）列的回归结果可知，核心解释变量城市住房价格的系数相近，且都在 1% 的显著性水平下为正，其他解释变量的系数和显著性水平也均相近。可以看出，OLS 和 Logit 两种估计方法得到的结果基本一致，也从侧面说明了本章基础回归结果的稳健性，所以本章主要利用了 OLS 估计方法。由 OLS 估计结果可知，城市住房价格对农民工的定居意愿具有显著负向影响，具体来说，城市住房价格每上涨 1 个百分点，农民工的定居概率下降 1.5 个百分点。

表 6 − 2　基础回归结果

解释变量	定居意愿		
	（1）	（2）	（3）
城市住房价格	− 0.0149 *** （− 7.6430）	− 0.0911 *** （− 10.8426）	− 0.0207 *** （− 10.8500）

续表

解释变量	定居意愿		
	（1）	（2）	（3）
城市工资水平	0.1739 ***	0.7459 ***	0.1694 ***
	(39.3269)	(38.6381)	(38.8100)
城市医疗服务	0.0003 ***	0.0018 ***	0.0004 ***
	(5.6661)	(6.6428)	(6.6400)
城市基础教育	0.0007 ***	0.0034 ***	0.0008 ***
	(13.0808)	(14.0026)	(14.0100)
城市基础设施	-0.0002 ***	-0.0014 ***	-0.0003 ***
	(-3.2027)	(-4.6052)	(-4.6100)
城市公共交通	-0.0002 ***	-0.0011 ***	-0.0003 ***
	(-5.5663)	(-5.9391)	(-5.9400)
年龄	0.0214 ***	0.0913 ***	0.0207 ***
	(42.3984)	(40.4449)	(40.6500)
年龄的平方	-0.0002 ***	-0.0010 ***	-0.0002 ***
	(-35.9637)	(-34.0128)	(-34.1300)
性别	-0.0094 ***	-0.0423 ***	-0.0096 ***
	(-7.2958)	(-7.4386)	(-7.4400)
受教育水平	0.0156 ***	0.0644 ***	0.0146 ***
	(55.0680)	(54.3026)	(54.7300)
流动范围	-0.1258 ***	-0.5605 ***	-0.1273 ***
	(-88.1629)	(-90.3477)	(-92.9400)
婚姻状态	0.1541 ***	0.6012 ***	0.1365 ***
	(65.0336)	(67.1410)	(67.9100)
家庭收入	0.0069 ***	0.0585 ***	0.0133 ***
	(12.6329)	(49.3731)	(50.1900)
时间固定效应	控制	控制	控制
观测值	576396	576396	576396
R^2	0.0861	0.0680	0.0680
F	3446.90	44178.56	44178.56

注：括号中的数据为 t 值，根据系数的稳健标准误计算；* 、 ** 、 *** 分别表示在 10% 、5% 、1% 的水平下显著。下同。

（二）稳健性检验

1. 工具变量法

住房价格与人口迁移之间存在反向因果关系，迁入地区的住房价格也可能是人口迁移带来的结果。为了解决存在的内生性问题，本章利用人均土地供应面积作为住房价格的工具变量进行回归，人均土地供应面积计算方法为城市总土地供应面积除以年末总人口。之所以利用土地供给作为房价的工具变量，是因为中国的建设用地指标受到中央政府严格管制，土地供给满足外生性条件。另外，中央政府出于区域均衡发展的考虑，在土地供给的空间分布上实行倾向中西部城市的用地政策，而东部城市是人口流入集中地。此外，随着城乡人口的大规模迁移，城市建设用地空间和指标紧缺，而农村存在大量闲置的集体建设用地，中国土地供给存在空间错配，进而导致了住房市场的供需失衡，住房价格上涨过快（陈斌开、杨汝岱，2013；陆铭等，2015；苏红键、魏后凯，2019），满足相关性条件。

　　2SLS 工具变量检验结果如表 6 – 3 第（1）列所示，城市住房价格的系数依然在 1% 的显著性水平下为负，但其系数绝对值大于 OLS 回归结果，这可能是因为城市房价存在测量误差，导致 OLS 回归系数被低估。另外，作为商品住宅开发的土地是由出让方式供应的，城市的土地出让面积可以在一定程度上代表城市商品住宅实际利用的土地面积，本章进一步利用城市的人均土地出让面积作为住房价格的工具变量进行回归，人均土地出让面积的计算方法为城市总土地出让面积除以年末总人口。回归结果如第（2）列所示，城市住房价格的系数仍然在 1% 的显著性水平下为负。土地供给可能影响公共服务尤其是基础设施服务提供，进而影响农民工定居意愿。为了排除土地供给从这些渠道影响农民工的定居意愿，本章分别利用住房用地供应面积和住房用地供应面积占总土地供应面积的比例作为住房价格的工具变量，回归结果如第（3）列和第（4）列所示，城市住房价格的系数仍然在 1% 的显著性水平下为负，进一步验证了本章回归结果的稳健性。

表 6 – 3　稳健性检验：工具变量法

解释变量	定居意愿			
	（1）	（2）	（3）	（4）
城市住房价格	－ 0. 0444 *** （ － 7. 9761 ）	－ 0. 2214 *** （ － 19. 7888 ）	－ 0. 0362 *** （ － 3. 8036 ）	－ 0. 4246 *** （ － 13. 9464 ）

解释变量	定居意愿			
	（1）	（2）	（3）	（4）
常数项	−2.0545 ***	−3.1110 ***	−2.0041 ***	−4.3215 ***
	（−39.4576）	（−39.8564）	（−29.2052）	（−23.3613）
控制变量	控制	控制	控制	控制
时间固定效应	控制	控制	控制	控制
观测值	576396	576396	574476	574476
R^2	0.0857	0.0668	0.0857	0.0094
F	3449.27	3401.21	3420.51	3147.44

2. 替换核心解释变量和被解释变量

本章的核心解释变量为城市住房价格，基础回归中利用商品住宅平均销售价格度量城市住房价格，但可能存在测量误差，本章进一步利用商品房平均销售价格、房价收入比作为房价度量指标进行稳健性检验，其中房价收入比的计算方法为城市商品住宅平均销售价格与农民工家庭月收入的比值。回归结果如表6-4的第（1）列和第（2）列所示，城市住房价格系数依然显著为负。本章的被解释变量为农民工的定居意愿，基础回归中将"没想好"在本地长期居留的农民工视为不具有定居意愿，但"没想好"的农民工具有不确定性，本章剔除"没想好"的样本，估计明确表示是否定居的样本。回归结果如表6-4的第（3）列所示，城市住房价格系数依然显著为负。

3. 控制城市落户限制以及不可观测因素

农民工定居意愿可能受到城市落户限制的影响，本章根据夏怡然和陆铭（2015）的做法，利用吴开亚等（2010）计算的46个城市落户门槛指数度量城市落户限制，进行稳健性检验。46个城市覆盖了4个直辖市、27个省会城市以及15个其他地级市，具有一定代表性。本章样本中这46个城市的农民工为329506个，占总样本的57.17%。回归结果如表6-4的第（4）列所示，控制城市落户限制之后，城市住房价格系数依然显著为负。农民工的定居意愿也可能受到流入城市中一些不可观测因素的影响，本章进一步控制流入城市固定效应进行稳健性检验，回归结果如表 6 - 4 的第（5）列所示，控制不可观测的流入城市因素之后，城市住房价格系数依然显著为负。

4. 剔除流入时间在 1 年以内以及超大城市样本

根据国家统计局对农民工的定义，农民工是指户籍仍在农村，年内在本地从事非农产业或外出从业 6 个月及以上的劳动者。由于 CMDS 数据调查对象为在流入地居住一个月以上的劳动者，为了更符合农民工定义，本章利用在流入地居住 1 年以上的样本进行稳健性检验，剔除了流入时间在 1 年以内的样本。回归结果如表 6 - 4 的第（6）列所示，城市住房价格系数依然显著为负。另外，根据 2017 年城市的城区常住人口划分，超大城市包括北京、上海、广州、深圳、天津、重庆 6 个城市，这些城市住房价格远高于全国城市平均住房价格，本章剔除这些城市后进行稳健性检验。回归结果如表 6 - 4 的第（7）列所示，城市住房价格系数依然显著为负。

表 6 - 4   稳健性检验：其他一系列检验

解释变量	定居意愿						
	（1）	（2）	（3）	（4）	（5）	（6）	（7）
城市住房价格	- 0.0158 ***	- 0.0005 *	- 0.0042 **	- 0.0594 ***	- 0.0358 ***	- 0.0144 ***	- 0.0173 ***
	（ - 7.5091）	（ - 1.8853）	（ - 2.2419）	（ - 16.8705）	（ - 5.6043）	（ - 6.8993）	（ - 8.3019）
常数项	- 1.8732 ***	- 1.9935 ***	- 0.6610 ***	- 0.1822 **	0.7846 ***	- 1.8453 ***	- 1.1251 ***
	（ - 46.2173）	（ - 53.1340）	（ - 16.9958）	（ - 2.0010）	（5.0379）	（ - 42.6758）	（ - 21.4973）
控制变量	控制	控制	控制	控制	控制	控制	控制
时间固定效应	控制	控制	控制	控制	控制	控制	控制
观测值	576396	575947	363038	329506	576396	511911	475031
R^2	0.0861	0.0798	0.0747	0.0830	0.1164	0.0798	0.0869
F	3446.61	3631.65	3872.03	1695.58	2302.83	2724.72	2886.17

五 高房价与定居意愿的机制检验和异质性检验

（一）机制检验

由以上理论模型部分的分析可知，城市高房价可能通过提高农民工家庭的预期购房成本、租赁住房成本和基本生活成本进而降低其定居意愿，本章进一步对以上潜在机制进行检验。本章利用商品住宅的平均销售价格除以农民工家庭月收入度量预期购房成本，利用农民工每个月的家庭住房支出度量租赁住房成本，利用农民工每个月的家庭总支出减去住房支出度量基本生活成本。表6-5的第（1）~（3）列分别检验了城市住房价格对农民工家庭预期购房成本、租赁住房成本以及基本生活成本的影响，回归结果显示，城市住房价格系数均显著为正，表明城市住房价格越高，农民工的家庭预期购房成本、租赁住房成本以及基本生活成本越高。

表6-5 机制检验

解释变量	（1）	（2）	（3）
	预期购房成本	租赁住房成本	基本生活成本
城市住房价格	2.1287*** (14.3257)	0.3845*** (31.8624)	0.3741*** (13.3395)
常数项	-17.0049*** (-12.8822)	-2.7704*** (-25.8431)	-1.0010*** (-4.0178)
城市固定效应	控制	控制	控制
时间固定效应	控制	控制	控制
观测值	577751	578201	578198
R^2	0.0092	0.0675	0.0439
F	205.23	1015.21	177.94

本章进一步检验预期购房成本、租赁住房成本和基本生活成本对农民工定居意愿的影响，回归结果如表6-6所示，预期购房成本对农民工定居意愿产生了显著负向影响，而租赁住房成本和基本生活成

本对农民工定居意愿产生了显著正向影响。预期购房成本、租赁住房成本和基本生活成本对农民工定居意愿的影响不一致，这是因为这两类成本的性质不同，预期购房成本高、一次投入量大，且非农民工家庭可控，而租赁住房成本和基本生活成本较低、按月支付（分摊），且农民工家庭可控，可以根据收入进行选择，低收入农民工往往选择租赁城中村、地下室、小产权房等低价住房，且基本生活支出低，高收入农民工则选择租赁条件更好的高价住房，且基本生活支出高，而高收入农民工也具有更强的定居意愿。此外，2003 年以来，中国城市房价和房租的变动并不同步，相对于房租，房价上涨更快，这种现象被概括为房价租金"剪刀差"（高波等，2013）。以北京、上海、广州、深圳为例，这四大城市租金房价比持续走低，逐渐显著偏离其历史均值，但房价仍持续膨胀（刘仁和等，2011）。房价已经进入抑制人口定居意愿的阶段，而房租尚未进入抑制人口定居意愿的阶段（董昕，2016）。根据以上回归结果可知，城市高房价主要通过提高农民工家庭预期购房成本进而降低其定居意愿。

表 6 - 6　进一步的机制检验

解释变量	定居意愿		
	（1）	（2）	（3）
预期购房成本	- 0.0008 *** （- 14.3964）		
租赁住房成本		0.0645 *** （91.9539）	
基本生活成本			0.0331 *** （110.0345）
常数项	0.5245 *** （815.8350）	0.4812 *** （621.1529）	0.4459 *** （474.7821）
城市固定效应	控制	控制	控制
时间固定效应	控制	控制	控制
观测值	577751	578201	578198
R^2	0.0709	0.0839	0.0896
F	207.26	8455.53	12107.59

(二) 异质性检验

1. 个体异质性检验

首先,考察城市住房价格对农民工定居意愿的影响是否存在代际差异。根据一般文献的做法 (钱文荣、李宝值,2013),将 1980 年之前出生的农民工视为第一代农民工,赋值为 0,1980 年及之后出生的农民工视为第二代农民工,赋值为 1,设置 0-1 虚拟变量。第二代农民工占 54%,已经成为农民工的主力军。回归结果如表 6-7 中的第 (1) 列所示,交互项系数显著为负,表明与第一代农民工相比,城市住房价格对第二代农民工定居意愿的负向影响更大。其次,考察城市房价是否对不同受教育水平农民工的定居意愿产生异质性影响。本章将学历为初中及以下视为低受教育水平,赋值为 1,学历为高中及以上视为高受教育水平,赋值为 0,设置 0-1 虚拟变量。其中,低受教育水平农民工占 71%。回归结果如表 6-7 中的第 (2) 列所示,交互项系数显著为负,表明与高受教育水平的农民工相比,城市高房价对低受教育水平农民工定居意愿的负向影响更大。最后,考察城市房价对本地有房、本地无房农民工定居意愿影响的差异。由于 CMDS 数据有一些年份无法区分农民工是否在本地有房,而 2017 年 CMDS 数据有相关信息,因此本章利用 2017 年 CMDS 数据进行分析,本地无房赋值为 1,本地有房赋值为 0,设置 0-1 虚拟变量。其中,本地无房农民工占 80%。回归结果如表 6-7 中的第 (3) 列所示,与本地有房的农民工相比,城市高房价对本地无房农民工定居意愿的负向影响更大。

本章进一步考察城市住房价格对不同收入水平、发展空间以及是否获得公共服务的农民工定居意愿的影响差异。首先考察收入水平,本章利用农民工的上个月 (或上次就业) 工资收入 (或纯收入) 度量农民工在城市的收入水平,回归结果如表 6-7 中的第 (4) 列所示,交互项系数显著为正,表明农民工在城市的收入水平越高,城市高房价对其定居意愿的负向影响越小。其次考察发展空间,本章根据农民工的就业行业衡量发展空间,与在传统行业就业相比,在现代行业就业往往具有更大的发展空间，现代行业包括信息软件、科研和技术服务、金融、房地产、教育等，传统行业包括农林牧渔、建筑、批发零售、交通运输、住宿餐饮等。回归结果如表 6 - 7 中的第（5）列所示，交互项系数显著为正，表明农民工在城市的个人发展空间越大，城市高房价对其定居意愿的负向影响越小。最后考察是否获得城市公共服务，囿于数据可获得性，以及 2017 年 CMDS 数据显示，子女教育成为农民工留在城市的最主要原因，公共服务主要考虑未成年子女在城市接受基础教育情况。CMDS 数据中有子女出生日期和现居地，而无具体的基础教育入学情况，因此，本章将未成年子女随迁视为在城市接受基础教育。回归结果如表 6 - 7 中的第（6）列所示，交互项系数显著为正，表明与子女留守的农民工相比，城市高房价对子女随迁在城市接受基础教育的农民工定居意愿的负向影响更小。

表 6 - 7　个体异质性检验

解释变量	定居意愿					
	（1）	（2）	（3）	（4）	（5）	（6）
城市住房价格 × 代际差异	-0.0119 *** (-5.4532)					
城市住房价格 × 受教育水平差异		-0.0260 *** (-11.1428)				
城市住房价格 × 住房性质差异			-0.0723 *** (-12.3265)			
城市住房价格 × 收入水平差异				0.0017 * (1.8564)		
城市住房价格 × 发展空间差异					0.0099 *** (2.6964)	
城市住房价格 × 公共服务差异						0.0088 ** (2.1781)
控制变量	控制	控制	控制	控制	控制	控制
时间固定效应	控制	控制	控制	控制	控制	控制
观测值	576396	576396	100353	545070	540283	240428
R^2	0.0832	0.0857	0.1557	0.0886	0.0899	0.0969
F	3255.10	3241.18	1476.62	3030.08	3076.79	1409.03

2. 城市异质性检验

本章利用了全国 288 个城市，但城市间具有较大差异，因此进一步考察不同规模城市的住房价格对农民工定居意愿影响的异质性。本章根据国务院《关于调整城市规模划分标准的通知》中的城市规模划分标准，以 2017 年城区常住人口为统计口径，将城市划分为超大城市、特大城市、大城市、中等城市和小城市。回归结果如表 6 - 8 所示：总体来说，随着城市规模的扩大，城市住房价格对农民工定居意愿影响的负向作用逐渐增大。具体来说，城市住房价格每上涨 1 个百分点，超大城市农民工定居概率下降 9.1 个百分点，特大城市农民工定居概率下降 6.7 个百分点，大城市农民工定居概率下降 3.5 个百分点，中等城市农民工定居概率下降 0.6 个百分点，而小城市农民工定居概率下降 5.2 个百分点。

表 6 - 8　城市异质性检验：城市规模

解释变量	定居意愿				
	（1）超大城市	（2）特大城市	（3）大城市	（4）中等城市	（5）小城市
城市住房价格	- 0.0911 ***	- 0.0665 ***	- 0.0353 ***	- 0.0061	- 0.0518 ***
	（- 7.3829）	（- 6.9088）	（- 11.5858）	（- 1.0825）	（- 4.7238）
常数项	- 2.2067 ***	- 1.8886 ***	- 1.3818 ***	1.4613 ***	1.3079 ***
	（- 8.5478）	（- 11.5853）	（- 16.0357）	（10.0222）	（8.6897）
控制变量	控制	控制	控制	控制	控制
时间固定效应	控制	控制	控制	控制	控制
观测值	101365	85047	281279	71473	37232
R^2	0.0914	0.1194	0.0920	0.0804	0.0866
F	628.73	804.47	1856.98	402.22	235.89

按照前述的四大区域划分方法，进一步将城市划分为东部、中部、西部和东北地区，回归结果如表 6 - 9 所示。回归结果显示，东部和西部地区的城市住房价格已经对农民工的定居意愿产生了显著负向影响，而中部和东北地区的城市住房价格对农民工的定居意愿产生了显著正向影响。对于中部地区来说，主要是因为中部地区城市房价较为适中，2017 年中部地区城市房价仅为东部地区城市的 51%，与

西部地区城市相差无几，并且省内农民工高达78%，农民工就地城镇化的意愿较强。对于东北地区来说，主要是因为东北地区城市房价在四大地区中最低，以及农民工拥有自有住房的比例最高，根据2017年CMDS数据，东北地区城市农民工拥有自有住房的比例达到37%，高于全国其他地区，尤其是东部地区城市（11%）。

表6-9　城市异质性检验：东部、中部、西部、东北地区

解释变量	定居意愿			
	（1）东部地区	（2）中部地区	（3）西部地区	（4）东北地区
城市住房价格	-0.0196*** (-5.3261)	0.1033*** (14.6080)	-0.0465*** (-8.1208)	0.0769*** (4.5440)
常数项	-2.9285*** (-40.5366)	0.4024*** (3.0986)	0.8974*** (8.3092)	0.4250 (1.4191)
控制变量	控制	控制	控制	控制
时间固定效应	控制	控制	控制	控制
观测值	277429	107151	156449	35367
R^2	0.1175	0.0844	0.0642	0.0604
F	2544.39	636.00	646.26	129.37

六　促进农民工定居城市的关键举措

本章考察城市高房价是否影响了农民工定居意愿进而阻滞了中国城镇化进程。研究发现，城市高房价已经对农民工的定居意愿产生了显著负向影响，城市住房价格越高，农民工的定居意愿越低，并通过了一系列稳健性检验。进一步机制检验发现，城市高房价主要通过提高农民工家庭的预期购房成本进而降低其定居意愿。此外，异质性检验发现，城市高房价对第二代农民工、更低受教育水平农民工和本地无房农民工定居意愿的负向影响更大，而对更高收入水平、更大发展空间以及可获得公共服务农民工定居意愿的负向影响更小，并随着城市规模的扩大，城市住房价格对农民工定居意愿的负向影响逐渐增大。

　　本章研究表明，城市高房价提高了农民工家庭的预期购房成本进而降低了其定居意愿。究其原因，一是城市房价快速上涨，而农民工的收入却没有相应增加。假设城市一套住房的平均面积为 100 平方米，对于农民工家庭来说，利用 2019 年全国城市房价计算的房价收入比为 9.8，利用农民工流入较为集中的 35 个大中城市房价计算的房价收入比为 14.5，均远超合理的房价收入比（标准为 3~6），农民工难以负担在城市的定居成本。二是农民工在农村的财产不能进城。虽然农民工已进入城镇，但他们在农村的土地承包权、宅基地使用权、集体收益分配权难以通过市场有偿退出，无法为其进城定居提供充足的资金来源，进城定居的成本过高、能力不足。因此，从破除高房价障碍的角度看，要促进农民工在城市定居，关键是采取以下两方面的举措。一是在城市重点抑制房价过快上涨，提高农民工收入和福利水平，提供更为平等的公共服务，尤其是随迁子女的平等受教育权；二是在农村重点解决好进城农民工"三权"有偿退出问题，所得资金用于其进城定居的费用，进而从城市和农村两个方面增强农民工的定居意愿，促进农民工有序完成迁移第二个过程，推动城镇化高质量发展。

第七章　迁入潜能与城市增长

本章结合城市增长理论和人口迁移理论的观点，构建了迁入潜能指标，以此衡量本地区及其他地区人口向城市迁入的潜在供给水平，并结合综合效用指标，共同解释中国快速城镇化进程中的城市增长问题。研究结果发现：随着中国城市人口规模的扩大，城市规模体系不断优化；迁入潜能指标能够很好地解释城市增长差异，对迁入潜能指标的分解发现，基期城市人口规模比按距离加权的本地区和其他地区人口规模的促进作用更大；收入水平和城市环境通过影响综合效用进而影响迁入意愿和城市增长，影响系数略低于迁入潜能；城市行政等级与沿海城市虚拟变量均与城市增长正相关。未来推进城镇化进程中，各个城市可以通过加强对其迁入潜能的考察，提高城市人口预测和规划的科学性，制定合理的城镇化战略。

一　城镇化进程中的城市增长

城市增长是城市经济学研究的核心内容，传统的城市增长理论以城市人口增长为主要研究对象，随着内生增长理论的发展，学术界越来越多地关注城市生产效率和经济增长问题。理论研究中，有的研究会同时考察城市人口增长和城市经济增长问题（Glaeser et al., 1995; Duranton and Puga, 2014），考虑到城市人口增长的微观基础是人口迁入和人口自然增长，与经济增长相关但并不一样，本章重点研究城市人口规模及其增长问题。

近年来，国内关于城市规模的研究侧重于考察城市规模的效率问题（苏红键等，2014；苏红键、魏后凯，2017），不过，对处于快速城镇化和城市规模快速增长阶段的发展中国家来说，"什么决定城市规模"比"城市规模决定什么"的问题更加重要。根据诺瑟姆关于城镇化阶段的观点，在2030年前后中国城镇化率达到70%之前（魏后凯，2014a），城镇化还将继续快速推进、城市人口还将继续快速增长。与此同时，当前关于中国城市增长决定因素的理论研究还较少、观点还不明确，城市人口预测和规划管理的科学性还有待加强。因而，相对于城市规模的效率问题，明确中国城市人口规模及其增长的影响因素和增长潜力具有更加重要的理论和现实意义。

数据显示，在中国30多年快速城镇化进程中，有的城市增长较快，有的城市增长缓慢甚至出现衰退。即使同为行政级别较高的中心城市，依然表现出显著不同的增长规模和增长速度。[①] 1980~2010年末，深圳市城市人口从6.8万人增长到1035.8万人，是中国人口增长最快的城市，年均增长18.2%；北京市城市人口从487.0万人增长到1685.9万人，上海市城市人口从659.0万人增长到2301.9万人，是人口增长规模最大的两个城市。同期，天津市和沈阳市分别增长了223万人和194万人，增长规模较大，但年均增长率较低，分别仅为1.5%和1.7%；兰州、哈尔滨、西宁等城市的增长率仅为2.1%~2.7%，增长规模在55万人和93万人之间，增长规模和增长率均不高。另外，在中国城镇化快速推进的30多年中，有的城市表现出显著的人口规模缩小情况。比如，六盘水市1985年市区非农业人口为36.35万人，1995年为43.03万人，2010年的城市人口只有31.53万人；伊春市1985年非农业人口为76.07万人，1995年达80.16万人，2010年降低到75.26万人。

在城市人口预测与规划方面，通过各地城镇化规划和城市规划可以发现，目前实践领域对城市人口预测和规划的科学性还有待加强。在国家新型城镇化战略引导下，一些中小城镇纷纷提出2020年、

---

① 数据来源和说明详见第三部分。

2030 年人口倍增目标。有调查显示，据不完全统计，截至 2016 年 5 月，全国县及县以上的新城新区数量达 3500 多个，这些新城新区规划人口达到 34 亿人（新京报，2016）。这些规划提出的人口总量相当于当前中国总人口的 2.5 倍，这个明显不合理的规划数据除了受地方政府的土地扩张欲望和"以人定地"标准影响，还与人口规划的科学性和严谨性密切相关。另外，改革开放以来，北京市制定过四次城市总体规划，每次总体规划的规划期是 20 年，但前三次规划的人口规模指标都在实施的第 4 ~ 7 年即被突破①（董光器，2010）。2017 年 9 月，《北京城市总体规划（2016—2035）》（第四次修编）要求"常住人口规模到 2020 年控制在 2300 万人以内，2020 年以后长期稳定在这一水平"，之后，北京市人口控制政策在实际执行过程中广受诟病。可见，无论是中小城市还是超大城市，在其人口预测和规划管理中的科学性都有待加强。

另外，对于城镇化快速推进的发展中国家，人口迁移是城市增长的重要微观基础，人口迁移的决定因素也是城市增长的决定因素。近年来，在一线城市进入壁垒不断提高以及国家新型城镇化战略和人口迁移政策的双重作用下，出现了年轻人"逃离""逃回"一线城市的现象。有报告显示，受房价、交通、空气质量等因素影响，2013 年"90 后"高校毕业生里有 61% 主动"逃离"一线城市，前往二三线城市工作生活，而这个数据，在 2011 年时还是 46%（深圳晚报，2014）。"逃离北上广"现象不到两年，"逃回北上广"的新现象开始出现，首批逃离北上广的年轻人，在回到家乡工作之后出现了文化、生活等方面的不适应，又选择回到北上广。可见，城市发展水平、政策导向等会通过影响效用水平、迁入意愿进而影响城市人口增长，但其关系还有待进一步明确，这提高了城市人口预测与规划管理的复杂性。

---

① 1982 年修编的总规要求"20 年内全市常住人口控制在 1000 万人左右"，1986 年被突破。1991 年修编的总规要求"到 2010 年，北京常住人口控制在 1250 万人左右"，1996 年被突破。2003 年修编的总规要求"2020 年北京实际居住人口控制在 1800 万人左右"，而 2010 年末常住人口达 1962 万人。

在此理论背景和现实问题启发下，本章利用中国城市数据考察了30 多年来中国快速城镇化阶段的城市规模增长特征及其决定因素。本章的创新之处主要在于，考虑到快速城镇化阶段存在大规模人口迁移，设计了迁入潜能指标，用来衡量本地区及其他地区人口向该城市迁入的潜在供给水平，并构建了包含迁入潜能的城市增长模型，解释中国城市规模增长问题。本章后面的结构安排如下：第二部分对以往关于城市增长决定因素的研究进行综述；第三部分分析中国不同城市的规模增长差异及城市体系演进特征；第四部分构建迁入潜能指标，建立包含迁入潜能与综合效用的城市增长模型；第五部分利用中国城市1985 年、1995 年和 2010 年的跨期数据，对迁入潜能、综合效用及其他影响中国城市规模增长的因素进行实证检验；第六部分是结论与启示。

二　什么决定城市规模？

相对于城市规模与效率的关系研究来说，关于城市规模决定因素的研究较少。Evans（1985）较早总结了自然条件对城市增长的影响，墨尔本和旧金山在 19 世纪因为金矿发展起来，阿伯丁在 20 世纪 70 年代因北海石油的发现和开采而快速发展，之后，一些港口城市随着国际贸易快速发展而快速增长。Glaeser 等（1995）考察了美国 1960～1990 年城市增长与 1960 年城市各项特征之间的关系，如初始特征（基期人口和收入水平）、区位特征、种族与隔离特征、就业特征（失业率和制造业就业比重）、教育水平、收入差距、政府管理等，研究发现，城市规模增长与基期人口规模和收入水平的关系不显著，与基期教育水平正相关，与基期失业率负相关，与基期制造业就业比重负相关，基期种族结构和隔离情况与之后的规模增长关系较小。Beeson 等（2001）利用美国 1840～1990 年的县级统计数据考察了城市区位与城市规模增长之间的关系，研究发现，交通网络的可达性（既包括自然的海运条件也包括修建的铁路运输网络）是规模增长的重要来源，另外，产业混合度、教育基础设施以及气候条件也与人口增长相关。Black 和 Henderson（2003）利用美国城市 1900～1990 年的数据考察了城市地理特征对城市规模增长的影响。其中，第一地理特征为气候条件、相对海岸距离以及离矿产的距离等；第二地理特征用市场潜能衡量。研究发现，海边温暖干燥的城市增长更快，区域虚拟变量的影响较小，是否控制基期规模影响不大。市场潜能对城市规模增长的影响是二次型的（倒 U 形关系）。Mata 等（2007）考察了巴西 1980～2000 年城市增长的决定因素，研究发现，腹地农村人口供给水平、区间交通可达性、劳动力教育可获得性等对城市规模增长具有较大影响，犯罪与暴力对城市增长会产生负向作用，较高的私营部门工业比重等会促进城市规模增长。Carlino 和 Saiz（2008）采用城市休闲观光人数衡量城市舒适便利水平，认为休闲观光的人数能够很好地反映城市公共设施和生活质量，分析结果发现，该变量对 1990～2000 年美国大都市区人口增长的弹性系数约为 2%。Duranton 和 Puga（2014）以单中心城市模型为基础，构建了发达国家城市人口增长的分析框架，主要包括城市交通和住房供给、城市公共设施、集聚效应和人力资本、对城市经济的技术或其他因素冲击等。Duranton（2016）分析了哥伦比亚 1993～2010 年的城市增长问题，通过对多个因素的考察，发现人口生育水平、高工资（源于教育和产业结构情况）、道路交通情况等对城市增长的显著影响。

在国内，于涛方（2012）考察了 2000～2010 年中国城市增长问题，研究发现，便捷的交通和通信技术已成为当前中国城市增长的关键因素，城市人口增长与人力资本和平均受教育年限显著正相关，并与科学支出和教育支出显著正相关。魏后凯（2014b）考察了中国城市行政级别与城市规模之间的关系，发现城市规模大小及是否增长与行政等级高低密切相关，随着行政等级的提高，城市人口规模和用地规模均呈现指数递增的趋势。魏守华等（2015）检验了中国 287 个地级以上城市的实际规模与理论规模偏差，发现偏大城市由显著的集聚效应和优越的公共服务共同引致，相对偏小的中等城市尽管有一定的集聚效应，但滞后的教育、医疗等公共服务却制约了城市规模的合理增长。苏红键和魏后凯（2017）[1] 基于以往研究将影响城市规模及其增长的因素总结为自然条件、人文环境、经济因素以及行政级别等方面。其中，影响城市规模的自然条件主要包括气候条件、离矿产资源的距离、离江海的距离等；影响城市规模的人文环境主要包括交通、城市公共设施、社会问题等因素，较好的人文环境有利于留住或吸引人口；影响城市规模的经济因素主要包括就业率（失业率）、收入水平、市场潜能、集聚经济、人力资本和企业家精神等；另外，行政级别、规划管理等因素也会影响城市增长。

总体来看，国内外关于城市规模增长决定因素的研究考察的因素较多，但还没有形成统一的分析框架。Gabaix 和 Ioannides（2004）指出，学术界对该问题的研究还不多，有待加强，尤其需要更多美国之外的相关研究。Duranton 和 Puga（2014）的城市增长分析框架的研究对象是发达国家，这些国家并不像中国一样存在大规模的人口城乡区域间的迁移。因而，对处于快速城镇化阶段的发展中国家城市增长的研究还缺乏一个系统框架。快速城镇化阶段的城市增长与人口迁移紧密相关，人口迁移理论从另一维度为城市规模增长提供了微观基础，其中"推拉"理论中的拉力因素与城市增长的决定因素密切相关。本章融合城市增长理论和人口迁移理论设计迁入潜能指标，构建包含迁入潜能的城市增长模型，以解释中国城市规模增长问题。

三 中国城市增长与城市体系演进特征

本部分对 1985~2010 年中国城市增长和城市体系演进特征进行分析。由于不能获得连续的县城和建制镇人口数据，所以这里仅考察县级及以上城市体系特征。根据中国城镇化阶段特征和城市人口统计数据的特征，分别选取 1985 年、1995 年、2010 年数据进行分析。其中，1985年是较早可获得完整数据的年份，因而选择 1985 年为基期；由于 1997

---

① 苏红键和魏后凯（2017）对城市规模的理论研究和政策争论做了梳理和述评。

年冻结撤县设市，1995 年之后的城市数量基本稳定，而且 1995 年也是中国城镇化从稳步推进向快速推进的转折点（魏后凯，2014c）；2006年开始有城区人口和城区暂住人口的统计数据，但是统计数据质量一般，2010 年是全国人口普查年份，城区人口和城区暂住人口数据质量较好。1985 年和 1995 年的城市人口数据为《中国城市统计年鉴》相关年份市区的非农业人口数，由于当时城市中的外来人口较少，该数据基本能够反映当年的城市人口规模；2010 年的城市人口数据为《中国城市建设统计年鉴》相关年份城区人口和城区暂住人口之和，根据 2006年之后的统计数据特征，该数据能够反映当年的城市人口规模。[①] 总体来看，中国城市增长与城市体系演进主要表现出以下四方面特征。

一是城市规模分布逐步上移。1985 年以来，随着中国城市的快速发展，城市平均规模不断扩大，20 万以下人口城市数量和比重大幅降低，20 万及以上人口城市数量和比重逐步增加（见表 7 - 1）。1985年，在当时的 324 个县级及以上城市中，有 178 个是 20 万以下人口城市，占城市总数的 54.94%，100 万及以上人口城市数量只有 21 个。1985~1995 年，城市数量从 324 个增加到 640 个，由于新设了很多规模较小的城市，因而城市平均规模从 36.50 万人减少到 31.27 万人，1995 年 20 万以下人口城市数量达 374 个，占 58.44%。1995 年之后，建制市（包括地级和县级）数量变化较小，数据更具可比性，各类城市人口规模快速增长，20 万以下人口城市逐步降低到 2010 年的 230个（占总数的 35.06%），城市平均规模从 31.27 万人增长到 60.17 万人，增长了近 1 倍。相应的 20 万 ~ 50 万人口城市数量、50 万 ~ 100万人口城市数量、100 万 ~ 500 万人口城市人口数量，分别从 1995 年的 191 个、43 个、30 个逐步增加到 2010 年的 259 个、98 个、61 个，500 万及以上人口城市也从 1985 年的 2 个增加到 2010 年的 8 个，城

---

① 在数据选择方面，考虑到中国城市人口统计口径的调整，本章在数据选择过程中做了大量比较，尽可能提高数据间的可比性，但还并不能做到完全一致。鉴于此，为降低人口统计误差的影响，避免采用年度面板数据的质量问题，同时考虑到以往很多研究也都是采用的跨期数据（见综述部分），因而本章的统计和计量分析主要采用跨期数据进行比较分析和实证检验，并在计量分析中剔除了一些前后不一致的城市样本。

市规模不再集中在 20 万人以下，城市规模分布逐步上移。

表 7 - 1　中国城市体系的规模分布特征

指标	1985 年		1995 年		2010 年	
城市合计（个）	324		640		656	
城市平均规模（万人）	36.50		31.27		60.17	
1000 万及以上人口城市数和比重（个、%）	0	0.00	0	0.00	4	0.61
500 万 ~ 1000 万人口城市数和比重（个、%）	2	0.62	2	0.31	4	0.61
100 万 ~ 500 万人口城市数和比重（个、%）	19	5.86	30	4.69	61	9.30
50 万 ~ 100 万人口城市数和比重（个、%）	31	9.57	43	6.72	98	14.94
20 万 ~ 50 万人口城市数和比重（个、%）	94	29.01	191	29.84	259	39.48
20 万以下人口城市数和比重（个、%）	178	54.94	374	58.44	230	35.06

二是城市规模体系不断优化。从城市规模位序分布来看，自 Auerbach（1913）的研究以来，城市规模分布往往被看作帕累托分布，人口规模为 N 的城市的位序 $Rank$ 与 N 成负幂次方的关系（$\ln Rank_i = \beta_0 - \xi \ln N_i + \varepsilon_i$），该幂次方为 "$-1$" 的特例被称为齐普夫定律（世界银行，2009），ξ 也称为帕累托指数。利用 1985 年、1995 年、2010 年以及 2015 年的城市人口数据考察中国城市规模位序分布（见图 7 - 1）可以发现以下特点。第一，由于样本范围的问题，分布图的上部不符合位序分布，这主要是因为本章的样本不包括县城和建制镇数据。如果补充县城和建制镇数据，则规模小的城市的位序 $Rank$ 和 ln（$Rank$）值会提高，将散点图上部抬起，从而使所有城市分布均符合齐普夫定律。第二，根据上一特征，仅对 ln（N）>3（即 N >20 万人）的样本进行规模位序法则分析，拟合曲线的结果发现，随着中国城镇化和城市发展，ξ 从 1985 年的 1.2757 调整为 2010 年的 1.1851，再调整到 2015 年的 1.1430，越来越接近 1，与 Rosen 和 Resnick（1980）计算的 44 个国家的平均帕累托指数（1.14）基本一致。另外，美国 1991 年 135 个大都市区的帕累托指数为 1.005（Gabaix and Ioannides，2004），可以判断，中国城市、县城、镇的规模位序分布基本符合齐普夫定律，而且随着人口迁移和城镇化进程不断优化。第三，由散点图和

拟合曲线的关系可以看到，对于规模较大的城市，按照规模位序法则，位序是偏低的，这与其他国家的规律基本一致。

a:1985年城市规模位序分布

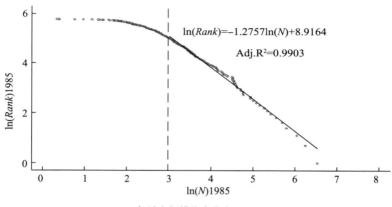

b:1995年城市规模位序分布

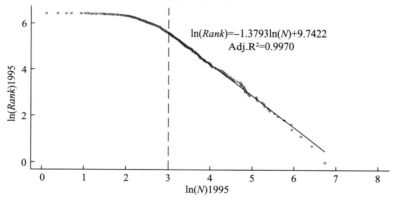

c:2010年城市规模位序分布

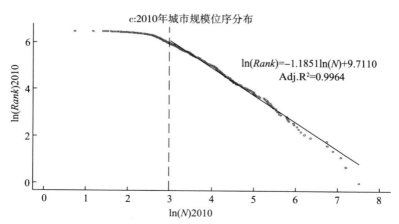

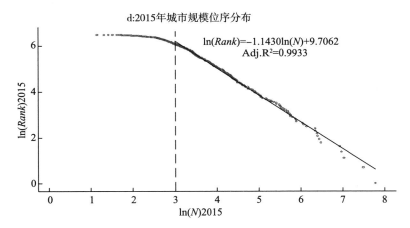

图 7 - 1　中国城市规模位序分布与演进情况

　　三是城市规模增长差异较大。以 36 个大中城市为例，不仅各个城市的增长规模不同（见本章第一部分），同时还存在相应的位序变化差异（见表 7 - 2）。中国城市规模位序前 5 位从 1985 年的上海、北京、天津、沈阳、武汉调整为 2010 年的上海、北京、重庆、深圳、广州。近 30 年来，增长最快的城市是深圳市，深圳市的城市规模位序从 1985 年的第 143 位提高到 2010 年的第 4 位（＋139 位），其次是海口、厦门、银川等，分别提高 72 位、56 位、42 位，属于增长较快的城市。上海、北京、长沙、贵阳、广州、石家庄、武汉、南京、成都、福州等城市的规模位序变化较小，属于增长稳定的城市。兰州、西宁的降幅较大，兰州从 1985 年的第 15 位逐步降低到 2010 年的第 35 位，西宁从第 52 位降低到第 66 位，属于增长相对缓慢的城市。东北地区的沈阳、哈尔滨、长春、大连均出现 5 ~ 7 位的位序下降情况，反映了东北地区城市增长缓慢的状况。拉萨是地级以上城市中规模最小、位序最靠后的城市，从 1985 年的第 211 位逐步提高到 2010 年的第 187 位，提升了 24 位。可见，即使是集聚水平较高的直辖市、省会城市和其他副省级城市等，城市增长的相对速度也会不同，位序和城市体系也会随之调整。

表 7 - 2　36 个大中城市规模位序变化情况（按变化幅度排序）

单位：位

城市	1985年位序	1995年位序	2010年位序	变化幅度	城市	1985年位序	1995年位序	2010年位序	变化幅度
深圳	143	47	4	139	长沙	24	23	24	0
海口	132	108	60	72	贵阳	31	28	31	0
厦门	78	80	22	56	武汉	5	5	6	-1
银川	105	93	63	42	南京	9	9	10	-1
拉萨	211	218	187	24	成都	11	11	12	-1
合肥	43	37	25	18	福州	33	33	34	-1
南宁	46	39	30	16	济南	17	16	20	-3
郑州	21	18	9	12	天津	3	3	7	-4
宁波	49	55	40	9	西安	10	10	14	-4
昆明	22	21	15	7	长春	12	12	17	-5
呼和浩特	48	52	41	7	太原	13	14	18	-5
重庆	8	7	3	5	大连	14	13	19	-5
乌鲁木齐	26	27	21	5	南昌	28	26	33	-5
杭州	20	25	16	4	哈尔滨	7	8	13	-6
广州	6	6	5	1	沈阳	4	4	11	-7
石家庄	27	24	26	1	青岛	16	15	23	-7
上海	1	1	1	0	西宁	52	59	66	-14
北京	2	2	2	0	兰州	15	19	35	-20

注：排序城市为 1985~2010 年没有更名且数据齐全的 231 个地级以上城市；变化幅度为 1985 年位序 - 2010 年位序，等于 0 表示位序不变，大于 0 表示位序提高，小于 0 表示位序降低。

四是城市增长空间特征显著。在规模体系不断优化的同时，中国城市增长和城市体系演进表现出显著的空间特征（见表 7 - 3）。第一，东部地区城市数量、平均规模、增幅大多高于其他地区。2010 年东部地区城市数量为 231 个，平均规模为 81.56 万人，比 1995 年增长 47.06 万人。其中，除了直辖市之外，广东省的城市平均规模（100.03 万人）和增幅（69.47 万人）均远高于其他省份，珠三角地区表现出很强的人口吸纳能力。第二，东北地区城市的增速相对稳定，城市平均规模从 1995 年的 41.01 万人增长到 2010 年的 51.01 万人，是增幅最小的地区。在 1985 年和 1995 年，东北地区的平均规模都是全国最高的地区，之后随着东北老工业基地的衰退、东部地区的快速发展以及国家人口迁移政策的宽松化，东北地区城市人口外流趋势明显，由此导致东北地区城市增长比较缓慢。第三，中西部地区的城市数量、平均规模以及增幅均比较接近，西部地区的人口集聚水平最低。2010 年，中部地区和西部地区的城市数量均为 168 个，城市平均规模分别为 48.45 万人和 47.32 万人。但是，中部地区 6 个省份的省均城市数量远高于西部地区 12 个省份，西部地区除了四川和重庆之外的其他省份的建制市数量是全国各地区中最少的。结合设市的人口标准来看，这与"黑河—腾冲"线东西的人口分布规律是相符的。

表 7 - 3　中国城市体系的地区分布特征

单位：万人，个

地区	1985 年		1995 年		2010 年	
	规模	个数	规模	个数	规模	个数
东部城市	52.60	85	34.50	243	81.56	231
北京	510.26	1	619.40	1	1685.90	1
天津	420.25	1	474.25	1	615.29	1
河北	39.86	12	23.11	33	46.53	33
上海	687.13	1	833.80	1	2301.91	1
江苏	50.81	13	31.99	43	64.79	39
浙江	28.39	11	17.77	34	55.11	33
福建	21.12	10	17.27	23	43.43	23
山东	31.17	19	33.95	47	56.81	48
广东	38.04	15	30.56	53	100.03	44
海南	13.99	2	14.42	7	28.52	8
中部城市	27.21	89	27.09	142	48.45	168
山西	33.20	10	25.43	20	43.99	22
安徽	24.35	15	30.80	20	56.57	22
江西	22.72	12	22.51	20	39.19	21
河南	27.72	18	25.31	36	55.89	38
湖北	40.22	14	33.36	34	48.54	36
湖南	19.49	20	23.58	12	42.53	29

地区	1985 年		1995 年		2010 年	
	规模	个数	规模	个数	规模	个数
西部城市	24.05	105	24.89	168	47.32	168
内蒙古	21.61	16	24.29	19	41.88	20
广西	19.87	11	23.17	17	40.34	21
四川	27.04	18	24.79	34	49.48	32
重庆	208.03	1	275.33	1	1059.65	1
贵州	30.71	6	23.58	12	41.67	13
云南	16.61	11	17.59	16	38.55	19
西藏	8.44	1	7.25	2	22.48	2
陕西	37.36	8	33.84	13	60.59	13
甘肃	18.57	12	22.09	13	33.82	16
青海	27.90	2	22.51	20	39.61	3
宁夏	14.36	4	21.86	4	32.02	7
新疆	17.07	15	19.09	17	30.04	21
东北城市	53.49	45	41.01	87	51.01	89
辽宁	68.29	17	52.60	30	68.21	31
吉林	39.50	12	30.75	27	38.18	28
黑龙江	48.26	16	38.66	30	45.22	30

四　包含迁入潜能的城市增长模型

为了解释中国不同城市的规模增长差异，考虑到快速城镇化阶段发展中国家城市增长的特殊性，本部分在 Duranton 和 Puga（2014）关于综合效用与城市增长的关系中，构建并引入迁入潜能指标，共同解释中国城市增长差异问题。

根据 Duranton 和 Puga（2014）的研究，城市人口规模由综合效用决定。在发达国家开放的城市体系中，均衡条件下所有城市效用相等：$U_i = \overline{U} = U(A_i, v_i) = U\{A_i, v[c(\underline{R}_i + \tau_i N_i), w_i]\}$，其中，$U_i$ 表示城市居民效用，A_i 表示城市公共设施等公共环境情况，v_i 表示城市居民住房和一般商品消费的间接效用函数，由工资水平 w_i 和人口规模 N_i、城市交通水平 τ_i、城市土地和住房供给情况 $c(\underline{R_i} + \tau_i N_i)$ 等决定，由此均衡时的人口规模 N_i 由 $\overline{U}$、A_i、w_i、τ_i 和 $c(\underline{R_i} + \tau_i N_i)$ 等决定。

考虑到快速城镇化阶段的城市增长以人口迁入为主，本章在城市增长模型中引入迁入潜能指标，将影响城市增长的因素分为综合效用和迁入潜能两个方面，分别用来衡量城市的生产生活条件能够为人们提供的效用大小和本地区及其他地区人口向城市迁入的潜能。其中，综合效用反映人口迁入的意愿，源于城市增长理论的微观基础，即效用函数（Duranton and Puga，2014）；迁入潜能反映人口迁入的可供给规模，用来衡量在城镇化进程中本地区及其他地区人口向该城市迁入的潜在供给水平[①]，包含了人口迁移理论中影响人口迁移的人口分布格局（蔡昉，1995）、距离、迁移存量（Chan et al.，1999；Fan，2005）等因素。可以表示为：

$$\Delta N_{i,t-1,t} = N_{i,t} - N_{i,t-1} = f(U_{i,t-1}, G_{i,t-1}) \qquad (7-1)$$

本章相当于在城市增长理论模型中引入迁入潜能变量，结合 Duranton 和 Puga（2014）的研究综述中对城市增长决定因素的计量方法，将公式（7-1）表示为：

$$\Delta N_{i,t-1,t} = AG_{i,t-1}^{\alpha} U_{i,t-1}^{\beta} \text{ 或 } \ln \Delta N_{i,t-1,t} = c + \alpha \ln G_{i,t-1} + \beta \ln U_{i,t-1} \qquad (7-2)$$

其中，$N_{i,t} - N_{i,t-1}$ 表示第 $t-1$ 期到第 t 期的人口增量。$U_{i,t-1}$ 和 $G_{i,t-1}$ 分别表示基期的综合效用和迁入潜能。综合效用越高，人口增长规模越大，即 $\partial \Delta N / \partial U > 0$；迁入潜能越大，人口增长规模越大，即 $\partial \Delta N / \partial G > 0$。本章采用人口增量而不是增长率指标，主要是考虑到增长数量比增量率的现实意义更强，一个城市从 5 万人增长到 10 万人与一个城市从 500 万人增长到 1000 万人相比，都是 100% 的增长率，但其对城市发展、城市建设管理和城市规划的影响差别很大，其决定因素也并不相同。

---

① Mata 等（2007）考察了城市的农村腹地人口规模对城市增长的影响，迁入潜能指标将潜在迁入人口的范围扩大（一般化）。

　　迁入潜能是基于引力模型、市场潜能、城市腹地等概念提出的。第一，引力模型以万有引力概念和公式为基础，认为两地之间的经济联系与它们各自的经济规模成正比，与它们之间的距离成反比（Tinbergen，1962；Poyhonen，1963），用 $G_{ij} = AY_iY_j/d_{ij}$ 度量，其中 G_{ij}、A、Y_i、Y_j、d_{ij} 分别表示引力、常数项、i 地的经济规模、j 地的经济规模、两地间的距离。迁入潜能借用引力模型的概念，将经济联系转换为人口联系，用来衡量城市对其他地区人口的吸引力，将引力的辐射范围从周边乡村扩展到其他城市和地区。第二，市场潜能是指某地区的潜在市场容量，与本地区及其他地区的总收入成正比，与其他地区到该地区的距离成反比（Harris，1954），表示为 $MP_i = \sum Y_j/d_{ij} + Y_i/d_{ii}$，$i \neq j$，$MP_i$ 指某地的市场潜力，d_{ii} 用 $\frac{2}{3}\sqrt{Area_i/\pi}$ 度量，其中 $Area$ 表示城市 i 的面积，π 为常数。迁入潜能借用市场潜能的概念，用来衡量本地区及其他所有地区对城市人口增长潜在的供给能力。第三，城市腹地的大小由城市本身的规模和经济实力决定，随周边城市的竞争力强弱而发生变化（潘竟虎等，2008），通常用场强模型 $F_{ik} = Z_i/d_{ik}^2$ 衡量，其中，F_{ik} 表示 i 城市在 k 点的场强，Z_i 表示 i 城市的综合规模，d_{ik} 表示两地距离。腹地测量中的场强模型与引力的概念类似，都内含了城市的辐射带动能力。

　　与这三个指标的原理类似，一个城市的迁入潜能由它自身的人口规模、本地区及其他地区的人口规模以及相互距离等因素决定，与各个城市人口规模成正比，与城市间距离成反比。迁入潜能的基本公式可以表示为：

$$G_i = N_i/d_{ii} + \sum N_j/d_{ij}, i \neq j \tag{7-3}$$

　　G_i 表示城市 i 的迁入潜能。G_i 越大，表明城市 i 对其他地区人口流入的引力越大；反之越小。考虑到中国的统计数据特征和可得性，由于所有地级市并不能涵盖所有地区，所以将城市层面数据和省级层面的数据结合使用。具体采用以下公式：

$$G_i = (P_I/d_{iI} + \sum P_J/d_{iJ}) \times N_i = N_iP_I/d_{iI} + \sum N_iP_J/d_{iJ}, i \neq j, I \neq J \tag{7-4}$$

其中，P_I 表示城市 i 所属省份 I 的人口总量，P_J 表示其他省份的人口总量。d_{iJ} 表示城市 i 到省份 J 的距离，用城市 i 到省份 J 的省会城市的距离衡量；d_{iI} 表示本省城市 i 与本省省会城市的距离，参考城市内部 d_{ii} 的算法，用 $d_{iI} = \dfrac{2}{3}\sqrt{Area_I/\pi}$ 衡量；当外省城市到本省省会城市的距离小于 d_{iI} 时，令 $d_{iJ} = d_{iI}$。由于中国城市中的国际移民较少，所以暂不考虑国际范围的迁入潜能。

根据构建原理和公式，迁入潜能的特点主要表现在两个方面。①迁入潜能与距离（d）成反比，即城市邻近地区的人口规模越大，越有利于促进城市增长。这符合中国人口迁移和城市人口增长现状，也符合迁移理论中迁移量与距离成反比的基本规律（Ravenstein，1885）。比如，珠三角地区的城市对邻近的广西、湖南、湖北、海南等省份的人口引力较大，四省迁出人口中有 50% 以上是流入珠三角地区的城市（王桂新等，2012），广东省及邻近省份较大的人口规模支撑珠三角地区经历了 30 多年较快的人口增长。中国的人口迁移特征也表明，北京对邻近的河北、天津、山西、东北地区的人口引力较大；上海对邻近的浙江、江苏、安徽的人口引力较大。再比如，克拉玛依和鄂尔多斯是中国人均收入水平较高、城市公用设施建设较好的两个城市，按照城市增长理论的效用函数，应该对应较高的人口规模，但是这两个城市的人口规模并不高，2010 年城区人口分别为 34.9 万人和 71.8 万人左右，而且人口规模相对稳定，这可以解释为两个城市周边可供给的人口规模不大（迁入潜能较小）。②" $\times N_i$ "表示城市 i 本身的规模越大，对本地区和其他地区的辐射带动能力越大，迁入潜能越大。这表明虽然 $\sum P_J/d_{iJ}$ 会随着距离消减，但北京、上海、广州、深圳等特大城市对较远地区的人口依然存在较强的吸引力，而小城市主要是吸引行政区内的农村人口，对其他地区的引力作用则很小；两个城市之间的迁入潜能大小，也体现在城市自身规模方面，比如北京和天津，北京的人口规模更大，则迁入潜能也更大，由此产生虹吸效应；在一个省份内，省会城市或者其他副省级城市往往是前两位规模的城市，对本省人口具有较大的吸引力，虽然本省内城

市间距离都取 d_{il}，迁入潜能也会随城市自身规模大小而不同，这也可以解释省内人口倾向于向省会城市迁移的现象。但是，迁入潜能并不能解释所有的人口增长，比如，深圳市在 1980 年人口规模为 6.8 万人时，迁入潜能较小，之后的快速增长与城市收入水平、城市行政级别、区位因素等有关。

综合效用是影响人口迁入城市的另一重要方面，决定了人口的迁入意愿。结合城市增长理论和人口迁移理论的观点，影响综合效用的因素可以用城市的收入水平和城市环境衡量。城市环境（E）反映了城市的生产生活条件，包括城市自然环境（E_1）和城市人文环境（E_2），其中 E_2 与 Duranton 和 Puga（2014）模型中的 A 的含义类似。用 U_i 表示城市 i 能够为人们提供的效用水平，可以表示为：

$$U_i = U(w_i, E_i) = U(w_i, E_{1i}, E_{2i}) \qquad (7-5)$$

收入水平（w）是影响综合效用和城市人口增长的因素之一。城市增长理论把收入水平作为影响城市增长的重要因素（Glaeser et al.，1995；Duranton and Puga，2014）。人口迁移理论把收入差距作为人口迁移的重要动力，把改善经济条件作为人口迁移的最基本假设（Ravenstein，1885；Herberle，1938；Lee，1966）。国内研究也表明城乡区域间的收入差距能够促进人口迁移，工资水平越高的地区对人口迁入的吸引力越大（蔡昉，1995；王秀芝，2014）。由此，在其他条件一致的条件下，城市收入水平越高，越能促进城市人口增长。部分研究选择市场潜能变量衡量收入水平（Black and Henderson，2003），本章考虑到收入水平有数据基础，而且本章的研究重点在于迁入潜能，因而不专门引入衡量收入水平的集聚经济、人力资本或者市场潜能变量，直接使用平均工资（w）数据。同时，收入变量与以往研究中考察的经济发展水平、人均 GDP、开放水平、工业化水平等密切相关，可以用来综合考察城市经济发展水平，因而本章不再选择其他同类变量。

城市环境是影响综合效用和城市人口增长的另一重要因素。中国的就近就地城镇化和产业转移实践发现，对于中西部地区的年轻劳动力而言，即使当地中小城市与沿海地区的工资水平比较接近或者一致，这些劳动力依然倾向于向沿海发达地区流动，发达地区城市的综合环境对年轻劳动力形成了较强的吸引力。这在以往的人口迁移研究中都有考察，但是具体考察的指标不一样。本章将城市环境分为自然环境E_1和人文环境E_2两大方面。E_1表示影响城市生产生活条件的自然地理条件，包括气候条件（湿度、温度等）、邻江邻海等因素。以往研究认为更好的气候条件（温暖干燥）、沿海区位以及离资源的距离越近等有利于促进城市增长（Beeson et al.，2001；Black and Henderson，2003）。考虑到迁入潜能指标内含了城市区位因素，因而本章对该项因素不做重点考察，仅考察沿海城市虚拟变量（Coastal）。城市人文环境E_2用来衡量城市生产生活环境的后天因素，包括教育医疗等公共服务的供给水平、空气质量、内外部交通基础设施状况、社会因素、娱乐设施等。考虑到数据可得性和连续性，同时考虑到城市地方财政预算内支出主要是投向公共服务、社会保障、基础建设和城市管理等领域，假定财政资金使用效率在各地区差别不大，地方财政支出规模基本可以反映城市的社会事业和建设管理水平，因此，本章利用城市市辖区的地方财政预算内支出（F）综合衡量城市人文环境（社会事业和建设管理水平）。

综上，建立如下计量模型：

$$\ln \Delta N_{i,t-1,t} = C + \alpha \ln G_{i,t-1} + \beta \ln w_{i,t-1} + \gamma \ln F_{i,t-1} + \delta X_{i,t-1} + \varepsilon_{i,t-1} \qquad (7-6)$$

其中，C 为常数项，$X_{i,t-1}$ 表示控制变量，$\varepsilon_{i,t-1}$ 为误差项。

本章的主要变量及指标说明见表 7 - 4。其中，城市人口增长规模用两个年份间的（年均）人口变化规模衡量。迁入潜能指标中的人口数据与城市人口规模中的数据来源一致，距离数据采用中国城市间的经纬度直线距离数据。工资水平来源于《中国城市统计年鉴》相关年份的职工平均工资数据，国有企业、集体企业和其他类型企业等不同性质企业存在不同平均工资时，取最高值。城市人文环境用地方财政支出衡量，地方财政支出指标采用《中国城市统计年鉴》相关年份的地方财政预算内支出数据。除此之外，根据中国城市发展的特殊性，引入行政级别虚拟变量，分别考察首都（Capital，简写为 Cap.）、直辖市（Province Level Municipal，简写为 P. M.）、省会城市及其他副省级城市（Province Capital，简写为 P. C.）、地级市等行政级别对城市增长的影响；另外，加入沿海城市虚拟变量。

表 7 - 4　主要变量及指标说明

变量名	指标	指标说明	单位
人口增长	$\Delta N_{t-1,t}$	年均人口增长水平	万人
迁入潜能	$G_i = (P_I/d_{iI} + \sum P_J/d_{iJ}) \times N_i$	衡量城市人口增长的潜在供给水平，由城市自身规模（N）、按距离加权的本地区及其他地区人口规模（FD）共同决定	复合单位
综合效用	城市收入水平：工资水平（w）	用职工平均工资衡量城市收入水平	元
	城市社会事业和建设管理综合水平：地方财政支出（F）	根据财政支出的内容，假定财政资金使用效率差别不大，用地方财政支出衡量城市社会事业和建设管理的综合水平	万元
控制变量	行政级别（$Level$）	虚拟变量，首都（$Cap.$）、直辖市（$P. M.$）、省会城市及其他副省级城市（$P. C.$）均设为 1	—
	邻海（$Coastal$）	虚拟变量，邻海的城市设为 1	—

五　城市增长的决定因素检验

在理论研究基础上，本部分利用中国城市数据，对迁入潜能、综合效用及其他因素与城市增长的关系进行实证检验。

（一）迁入潜能与城市增长的基本关系

在数据齐全的 231 个地级及以上城市中，随着中国人口总量增长和城市人口增长，各个城市的平均迁入潜能不断提高，从 1985 年的 6380 提高到 2010 年的 23847，标准差、最小值和最大值也均大幅提高

（见表7-5）。从各个年份城市迁入潜能的排序（见表7-6）来看，上海和北京的迁入潜能一直居第1和第2位，这与城市规模的排序一致；其余长期居前十位的城市还有天津、武汉、南京、广州、重庆5个城市；沈阳在1985年和1995年居第6位，2010年居第11位，这在一定程度上反映了东北地区的衰退；深圳和东莞属于提升较快的城市，深圳的迁入潜能从1985年的第160位提高到1995年的第57位，2010年为第4位，东莞则是从1985年和1995年的第120多位上升到2010年的第9位。

表7-5　迁入潜能基本统计特征

变量	观测值	平均值	标准差	最小值	最大值
G_{1985}	231	6380	11657	376	121331
G_{1995}	231	9837	16176	663	168563
G_{2010}	231	23847	50092	1028	577966

表7-6　各年份迁入潜能排名前十位的城市

排序	城市	G_{1985}	城市	G_{1995}	城市	G_{2010}
1	上海	121331	上海	168563	上海	577966
2	北京	76747	北京	108985	北京	352086
3	天津	65058	天津	85136	重庆	185994
4	武汉	51011	武汉	74736	深圳	171124
5	南京	38581	南京	52157	广州	150305
6	沈阳	34276	沈阳	45649	武汉	138435
7	广州	31343	广州	45220	天津	129440
8	重庆	28683	重庆	43432	南京	126455
9	西安	21870	济南	31553	东莞	101872
10	太原	20738	西安	31516	杭州	70950

在明确迁入潜能基本统计特征的基础上，利用最小二乘法对迁入潜能与城市增长的关系做初步分析，结果显示，迁入潜能与城市增长之间存在显著的正相关关系（见表7-7）。由于231个城市中的部分城市统计数据缺失，经过模型自动识别，最终进入模型的样本为

228～230 个。1985 年各个城市的迁入潜能与 1985～1995 年、1985～
2010 年的城市人口增长规模均存在显著的正相关关系（见表 7-7 中
的模型 1 和模型 2），相关系数不同，主要是由于跨期越长 ΔN 越大从
而相应的系数越大。同样，1995 年各个城市的迁入潜能对 1995～
2010 年的城市人口增长具有显著的促进作用（见表 7-7 中的模型 3）。

　　根据迁入潜能的内涵和计算公式，可以对迁入潜能指标进行分
解，通过对迁入潜能等式两边取对数分别考察迁入潜能中城市人口规
模（N）、按距离加权的本地区及其他地区人口规模（FD）对城市增
长（ΔN）的影响（见表 7-7 中的模型 4～模型 6）。考虑到结果的可
比性，因变量采用各个期间年均人口增长规模的对数。研究发现，基
期城市人口规模和按距离加权的本地区及其他地区人口规模都对城市
增长具有显著的正向促进作用。从标准化的系数来看，基期城市人口
规模对城市增长的影响更大，促进系数在 0.5858 和 0.6721 之间，在
1% 的水平下显著；按距离加权的本地区及其他地区人口对城市增长
的促进系数在 0.1657 和 0.1944 之间，在 1% 的水平下显著。从模型 4～
模型 6 的结果来看，基期城市人口规模和按距离加权的本地区及其他
地区人口规模对城市增长的作用基本稳定。本章研究发现，基期城市
人口规模与城市增长的正相关关系不同于 Glaeser 等（1995）、Black
和 Henderson（2003）对美国的研究结果，这主要是由于不同研究分
别采用了人口增量和增长率作为因变量。快速城镇化阶段的发展中国
家，城市增长以人口迁入为主，基期城市人口规模越大，集聚效应和
吸纳能力越强，城市增长越快；城镇化基本稳定的发达国家，城市增
长与人口自然增长、经济发展态势的关系更加紧密。

表 7-7　迁入潜能与城市增长的基本关系

变量	（模型 1）$N_{1995}-N_{1985}$	（模型 2）$N_{2010}-N_{1985}$	（模型 3）$N_{2010}-N_{1995}$	（模型 4）$\ln \Delta N_{1985-1995}$	（模型 5）$\ln \Delta N_{1985-2010}$	（模型 6）$\ln \Delta N_{1995-2010}$
G_{t-1}	1.216e-4 *** (24.53)	4.454e-4 *** (18.39)	4.873e-4 *** (17.93)			

续表

变量	（模型1） $N_{1995-1985}$	（模型2） $N_{2010-1985}$	（模型3） $N_{2010-1995}$	（模型4） $\ln \Delta N_{1985-1995}$	（模型5） $\ln \Delta N_{1985-2010}$	（模型6） $\ln \Delta N_{1995-2010}$
$\ln N_{t-1}$				0.5695 *** （14.06） ［0.6721］	0.6389 *** （11.18） ［0.5858］	0.8117 *** （11.98） ［0.6124］
$\ln FD_{t-1}$				0.4812 *** （4.04） ［0.1929］	0.6238 *** （3.71） ［0.1944］	0.5830 *** （3.24） ［0.1657］
C	0.7439 *** （11.29）	0.4985 ** （1.55）	-0.2427 （-0.47）	-4.1402 *** （-6.90）	-4.5760 *** （-5.41）	-5.1437 *** （-5.55）
Adj. R^2	0.7240	0.5956	0.5833	0.4793	0.3710	0.4079
F	601.61	338.21	321.55	105.94	68.53	79.20
观测值	230	230	230	229	230	228

注：G_{t-1}表示因变量基期的迁入潜能。N_{t-1}、FD_{t-1}分别表示因变量基期城市人口规模和按距离加权的本地区和其他地区城市人口规模。单元格中的第一行为系数，圆括号中为单个系数的t检验值，方括号中为标准化系数。***、**、*分别表示在1%、5%、10%的水平下显著。下同。

（二）城市增长决定因素的综合检验

在考察迁入潜能和城市增长基本关系的基础上，结合公式（7-6）和表7-4中的相关变量对影响城市增长的各个因素进行综合检验。用两组数据构成类似的面板数据对公式（7-6）进行估计，两个截面的因变量分别为1985～1995年、1995～2010年各个城市的年均人口增长规模的对数，自变量为各个城市基期的迁入潜能、工资水平、城市人文环境（用地方财政支出水平衡量的城市社会事业和建设管理水平）等的对数，$X_{i,t-1}$表示基期的城市行政级别、区位因素等其他控制变量。

表7-8中模型7～模型12显示了面板数据的分析结果。① 根据模型设计和数据特征，选择时期固定效应。在模型7～模型12中，城市

① 关于模型中内生性问题的说明：模型中的解释变量为基期数据（$t-1$期），被解释变量为第$t-1$期到第t期的增长规模（年均人口增长规模），因此，被解释产量不会对解释变量产生影响，解释变量的内生性应该是不存在的。

年均人口增长规模的对数与基期迁入潜能的对数表现出显著的正相关关系，均在 1% 的水平下显著，不管是否加入其他解释变量，这一关系均很稳健，迁入潜能指标对城市增长表现出较强的解释力。在模型 8～模型 12 中，基期工资水平与城市增长表现出显著的正相关关系，均在 1% 的水平下显著，相关系数比较接近，稳健性较好，证明了城市收入水平对人口迁入的正向吸引力，与理论假设和以往的研究结果一致。在模型 9 和模型 11 中，基期城市人文环境（用城市地方财政支出水平衡量）与城市增长显著正相关，在 1% 的水平下显著，而且相关系数比较接近；但是在模型 10 和模型 12 中，当引入城市行政级别虚拟变量时，地方财政支出指标的显著性降低，这主要是由多重共线性引起的，在一定程度上反映了城市行政级别与地方财政支出、城市社会事业和建设管理水平之间显著的正相关关系。表 7 - 9 显示了城市行政级别与地方财政支出之间的显著正相关关系，行政级别越高，相关系数越大，可见行政级别越高通常意味着更高的地方财政支出水平和更好的城市建设管理和服务水平，越有利于促进城市增长，这与魏后凯（2014b）的观点是一致的。在表 7 - 8 的模型 11 和模型 12 中，沿海城市虚拟变量与城市增长之间存在一定的正相关关系，这与 Beeson 等（2001）、Black 和 Henderson（2003）的研究结果一致，证明了沿海地区的城市增长较快，与东部地区增长较快的现状相符，该变量的系数显著性水平略低（在 10% 的水平下显著），这与迁入潜能中包含了城市区位因素有关。根据中国人口分布特征，中国东部沿海城市的迁入潜能比较大，从而在一定程度上降低了沿海城市虚拟变量的显著性。

表 7 - 8　城市增长决定因素的面板数据分析

变量	（模型 7） $\ln \Delta N_i$	（模型 8） $\ln \Delta N_i$	（模型 9） $\ln \Delta N_i$	（模型 10） $\ln \Delta N_i$	（模型 11） $\ln \Delta N_i$	（模型 12） $\ln \Delta N_i$
$\ln G_{i,t-1}$	0.6648 *** (18.62)	0.6004 *** (17.72)	0.4567 *** (8.01)	0.3975 *** (7.17)	0.4784 *** (8.24)	0.4197 *** (7.44)
$\ln w_{i,t-1}$		1.2259 *** (8.68)	0.9480 *** (5.74)	0.9297 *** (5.85)	0.8961 *** (5.36)	0.8742 *** (5.43)

续表

变量	（模型7） $\ln \Delta N_i$	（模型8） $\ln \Delta N_i$	（模型9） $\ln \Delta N_i$	（模型10） $\ln \Delta N_i$	（模型11） $\ln \Delta N_i$	（模型12） $\ln \Delta N_i$
$\ln F_{i,t-1}$			0.1898*** (3.13)	0.0554 (0.89)	0.1611*** (2.58)	0.0264 (0.41)
Cap.				1.2337*** (2.57)		1.3258*** (2.75)
P.M.				1.0997*** (3.68)		1.0528*** (3.53)
P.C.				0.6763*** (6.20)		0.6780*** (6.24)
Coastal					0.1673* (1.86)	0.1706* (1.96)
C	−5.1752*** (−17.07)	−14.2286*** (−13.18)	−12.6831*** (−10.78)	−10.8500*** (−9.33)	−12.2099*** (−10.17)	−10.3517*** (−8.72)
组内 R^2	0.4356	0.5177	0.5281	0.5698	0.5317	0.5735
F	346.86	239.91	166.00	97.58	126.05	84.72
观测值	451	451	450	450	450	450
备注	时期固定	时期固定	时期固定	时期固定	时期固定	时期固定

表 7-9 城市行政级别与财政支出的关系

因变量	控制变量			组内 R^2	F
	Cap.	P.M.	P.C.		
$\ln F$	3.9123*** (7.51)	3.3153*** (10.97)	1.5484*** (15.41)	0.4636	130.79

为进一步检验城市增长决定因素的稳健性，考虑到行政级别、沿海城市等虚拟变量与迁入潜能、地方财政支出等指标存在显著相关关系，因而在不加入虚拟变量的情况下进一步分析城市增长的三个主要决定因素的影响力大小（见表7-10）。模型13～模型15分别考察了因变量1985～1995年、1985～2010年、1995～2010年年均人口增长对数与相应基期指标的关系。基期的迁入潜能、工资水平和城市人文环境均表现出与城市增长之间的正相关关系，模型13～模型15的显著性均很高。从标准化的系数来看，基期迁入潜能对城市增长的影响力最大，系数在0.3675和0.5053之间，均在1%的水平下显著；基

期城市人文环境（以地方财政支出衡量）系数在 0.2102 和 0.2756 之间，基期工资水平系数在 0.1201 和 0.2600 之间，在各个模型中分别在 1% 或 5% 的水平下显著。另外，本章还利用其他期间数据对模型进行了检验，检验结果都很接近，表现出较强的稳健性。

表 7 - 10　城市增长决定因素的截面数据分析

变量	（模型 13） $\ln \Delta N_{1985-1995}$	（模型 14） $\ln \Delta N_{1985-2010}$	（模型 15） $\ln \Delta N_{1995-2010}$
$\ln G_{i,t-1}$	0.4075 *** （5.86） [0.5053]	0.3819 *** （3.93） [0.3675]	0.4861 *** （5.42） [0.3986]
$\ln w_{i,t-1}$	0.4991 ** （2.32） [0.1201]	0.6885 ** （2.29） [0.1286]	1.0979 *** （4.38） [0.2600]
$\ln F_{i,t-1}$	0.1677 ** （2.30） [0.2102]	0.2827 *** （2.78） [0.2756]	0.2458 ** （2.53） [0.2207]
C	- 8.2671 *** （ - 5.68）	- 9.9216 *** （ - 4.86）	- 15.4663 *** （ - 8.34）
Adj R^2	0.5188	0.4263	0.5290
F	82.58	57.46	85.98
观测值	228	229	228

六　确立科学的城市规模战略

在中国城镇化快速推进和城市快速发展的过程中，"什么决定城市规模"比"城市规模决定什么"的问题更加重要。本章在对城市增长理论和人口迁移理论进行综述的基础上，构建了迁入潜能指标，用来衡量本地区及其他地区人口向该城市迁入的潜在供给水平，并结合综合效用指标，从人口迁入的潜在供给水平和迁入意愿两个方面解释中国城镇化快速推进过程中的城市增长差异。在分析中国城市增长和城市体系演进特征的基础上，对迁入潜能和其他影响城市增长的因素进行了实证检验，得到了一些具有一定理论和现实意义的观点。

随着中国城市规模的增长，城市体系不断优化。改革开放以来，中国城市快速发展，城市平均规模不断扩大，特大城市数量和规模快速增长，城市规模分布逐步上移。中国城市的规模位序系数逐步降低到 1.1430（2015 年），越来越接近世界平均水平 1.14，表现出不断优化的趋势。36 个大中城市近 30 年的规模位序变化情况进一步反映了不同城市的增长差异。东部地区城市数量、平均规模、增幅大多高于其他地区，其中，除了直辖市之外，广东省的城市表现出最强的人口吸纳能力；东北地区城市人口外流趋势明显，城市增长比较缓慢；中西部地区的城市数量、平均规模以及增幅均比较接近，西部地区的人口集聚水平最低，这反映了"黑河—腾冲"线东西的人口分布规律。

迁入潜能指标能够很好地解释城市增长差异。各个计量模型显示了迁入潜能与城市增长之间显著的稳健的正相关关系。对迁入潜能指标的分解发现，基期城市人口规模对城市增长的影响作用更大，促进系数在 0.5858 和 0.6721 之间，按距离加权的本地区及其他地区人口规模对城市增长的促进系数在 0.1657 和 0.1944 之间。基期城市人口规模与城市增长的正相关关系不同于 Glaeser 等（1995）、Black 和 Henderson（2003）对美国的研究结果，这主要是由于不同的研究分别选择了人口增量和增长率作为因变量。当引入其他变量之后，无论是面板数据分析还是各个期间数据的回归分析，迁入潜能与城市增长之间的正相关关系都很稳健。从标准化的系数来看，基期迁入潜能对城市增长的影响力最大，系数在 0.3675 和 0.5053 之间；基期城市人文环境（以地方财政支出衡量）的影响系数在 0.2102 和 0.2756 之间，基期工资水平的影响系数在 0.1201 和 0.2600 之间。

收入水平和城市环境通过影响综合效用进而影响迁入意愿和城市增长。与以往的研究一致，本章的研究结果支持了收入水平、城市环境因素与城市增长的正相关关系，符合人口迁移理论中"人口迁移是为了改善经济条件和综合效用"的假设。基期平均工资水平越高，城市增长越快，这一关系在各个模型中均是显著的。考虑到地方财政支出主要用于公共服务、社会保障、基础建设和城市管理等领域，本章假定财政资金使用效率在各地区差别不大，采用地方财政支出规模衡量城市社会事业和建设管理等综合人文环境，研究发现，这一替代指标是合理的，地方财政支出规模越大，城市对人口的吸引力越大。与此同时，对城市行政级别虚拟变量的考察发现，行政等级越高，地方财政支出水平越高，越有利于城市增长。沿海城市虚拟变量与城市增长正相关，与东部沿海城市规模和增速较快的现状相符。总体来看，收入水平和城市环境对城市增长的促进系数差不多，都小于迁入潜能的影响系数。

　　未来在推进城镇化的过程中，各个城市要加强对其迁入潜能的考察，提高城市人口预测和规划的科学性，制定合理的城镇化战略。总体来说，迁入潜能较小的城市，人口吸纳能力不足，要避免盲目建设新城新区；迁入潜能较大的城市，要在积极吸纳潜在迁入人口的同时，制定合理的空间发展战略，科学处理人口迁入与承载力的关系。具体而言，不同地区和规模的城市可以根据其迁入潜能相对大小制定不同的城镇化战略。对于中小城市，尤其是中西部地区中小城市及其县城来说，由于其迁入潜能较小、人口吸纳能力较弱，人口增长缓慢或者负增长，盲目扩张很容易造成空城、荒地现象，因而要更加科学地制定和推进新城新区建设规划。同时，该类城市要通过积极提高收入水平、优化城市生产生活环境，为就近就地城镇化创造良好的条件。对于迁入潜能较大的中心城市，合理规划建设新城新区是符合发展规律的。中心城市往往具有较大的城市规模和迁入潜能，对本地区和其他地区人口的吸引力较大，因而，对于直辖市、省会城市或者其他副省级城市等中心城市来说，可以合理超前规划建设新城新区。比如，郑东新区的人口快速增长就与郑州市的迁入潜能较大有关，河南省作为中国的人口第一大省，为郑州市和郑东新区的发展提供了较大的人口供给潜能。但是，需要注意的是，对于人口稀少的西部地区的中心城市来说，城市自身人口规模较小，所在省区人口总量较小，离其他地区的距离较远，因而迁入潜能较小，需要谨慎扩张。对于迁入潜能较大，但面临承载力约束较大的超大城市来说，要积极推进城市群战略、引导大都市区化，通过科学疏解、布局产业和人口，优化城市群和大都市区空间格局，提高区域综合承载力，积极吸纳潜在迁入人口，最大化城市集聚经济。

第八章 中国智慧城镇化的推进战略

新型城镇化是一种集约、智能、绿色、低碳的城镇化，智能化或智慧化是新型城镇化的根本特征和内在要求。在当今信息革命席卷全球的新形势下，必须加快信息化与城镇化深度融合，通过智慧化连接城乡，全面推进智慧城乡建设，走智慧城镇化之路。本章结合智慧城市与数字乡村建设的背景，着重分析当前中国智慧城镇化建设现状，探讨推进智慧城镇化建设的战略思路和战略举措。

一 推进智慧城镇化的背景与意义

早在 2012 年底召开的中央经济工作会议上，中共中央就提出了"集约、智能、绿色、低碳"的新型城镇化"八字方针"，把"智能"作为新型城镇化中"新型"的核心要素。世界银行和国务院发展研究中心联合课题组在研究报告《中国 2030》中强调"促进经济持续、高效增长，城镇化不仅要快，而且要'智慧'"，并明确提出了"智慧城镇化"（Smart Urbanization）概念（World Bank and Development Research Center of the State Council, The People's Republic of China, 2012）。中共中央、国务院印发的《国家新型城镇化规划（2014—2020 年）》把到 2020 年城市家庭宽带接入能力超过 50Mbps 作为新型城镇化的主要指标。《中华人民共和国国民经济和社会发展第十四个五年规划和 2035 年远景目标纲要》则对"建设智慧城市和数字乡村"进行了全面安排和部署。很明显，新型城镇化应该更多地体现智慧化，而智慧城乡建设是推进智慧城镇化的根本途径，也是促进信息化与城镇化深度融合的最佳契合点。加快智慧城乡建设可以释放巨大的"智慧红利"。据世界银行测算,一座百万人口智慧城市的建设,在投入不变的前提下实施全方位的智慧化管理,将使城市的发展红利增加3倍(孙荫环,2015)。下面结合大数据、云计算、物联网、区块链、人工智能等新一代信息技术在城乡发展中的应用前景和趋势,归纳梳理与智慧城市和数字乡村有关的政策演变和现实背景,进而探讨推进智慧城镇化建设的重大意义。

(一) 智慧城市建设

在城镇化快速推进的关键历史时期,公众对社会服务的及时性、便捷性要求,特别是对城乡一体化发展的要求不断提升。新一代信息技术的广泛应用,不仅改变了人们的生产和交往方式,而且正在从根本上变革城市的运行、管理、服务方式,使得城市生活更加智能化(辜胜阻等,2013b),智慧城市应运而生。

根据《智慧城市术语》(GB/T 37043—2018),智慧城市(Smart City)是指运用信息通信技术,有效整合各类城市管理系统,实现城市各系统间信息资源共享和业务协同,推动城市管理和服务智慧化,提升城市运行管理和公共服务水平,提高城市居民幸福感和满意度,实现可持续发展的一种创新型城市,已成为世界城市发展的前沿趋势。城市大脑的概念是伴随大数据在国家管理与社会治理应用的不断深化中所形成的理论内涵,是智慧城市建设理论的延伸。近年来,针对城市转型过程中面临的资源消耗高、生态环境压力大、城市经济持续动力不足、城乡规划布局特色缺失等城市治理问题,杭州、上海、北京、广州等地相继提出了城市大脑建设方案,阿里、华为、腾讯、科大讯飞等互联网企业聚焦产业领域,也提出了相应的城市大脑顶层设计。按照《杭州城市数据大脑规划》,城市大脑是指"按照城市学'城市生命体'理论和'互联网+现代治理'思维,创新运用大数据、云计算、人工智能等前沿科技构建的平台型人工智能中枢",采用人工智能技术对整个城市信息数据进行动态实时分析,利用算力和数据资源去优化和高效调配城市自然资源和公共资源的使用的城市数字基础设施（王坚，2020），是智能治理城市的"超级人工智能"（张建芹、陈兴淋，2018），能为"互联网＋"政务服务、交通出行、智慧医疗、智慧旅游、数字普惠金融、效能提升、信用建设、新型治理等提供支持，已成为各地开展数字城乡规划的重要举措。

　　中国智慧城市的探索可以追溯到 2008 年 11 月国际商业机器公司（IBM）提出的"智慧地球"概念、2009 年 8 月发布的《智慧地球赢在中国》计划书。之后，恰逢"十二五"规划期，中国智慧城市研究和实践在全国各地全面推进，这段时期中国处于智慧城市 1.0 阶段。2012～2017 年中国处于智慧城市 2.0 阶段，2012 年 11 月，住房和城乡建设部正式启动国家智慧城市试点工作，印发《国家智慧城市试点暂行管理办法》和《国家智慧城市（区、镇）试点指标体系（试行）》，陆续确定 3 批智慧城市试点（含专项试点），包括 277 个城市（区、县、镇）、13 个扩大范围试点、41 个专项试点。2014 年 3 月，中国首次将智慧城市建设引入国家战略规划；同年 8 月，经国务院同意，国家发展改革委等八部委联合印发了《关于促进智慧城市健康发展的指导意见》。2015 年底，中央网信办、国家互联网信息办提出了"新型智慧城市"概念。新型智慧城市的目标在于集中数据资源，通过高效统一的城市运行调度，实现精准细致的城市治理。截至 2017 年 4 月，中国有超过 500 个城市，在其《政府工作报告》或"十三五"规划中，已明确提出或正在建设智慧城市。如今，智慧城市顶层设计不断强化，实现上下联动、条块结合和分级分类推进，城市治理和公共服务水平持续提高，智慧城市 3.0 阶段已经开启。

（二）数字乡村建设

　　2018 年中央一号文件首次提出"实施数字乡村战略"，强调要做好整体规划设计，弥合城乡"数字鸿沟"。2019 年中央一号文件将实施数字乡村战略作为发展壮大乡村产业、拓宽农民增收渠道的重要抓手，进一步突出数字化在农村产业发展中的支撑作用。2020 年中央一号文件提出加快物联网、大数据、区块链、人工智能、第五代移动通信网络、智慧气象等现代信息技术在农业领域的应用,开展国家数字乡村试点。2021 年中央一号文件又提出"实施数字乡村建设发展工程",强调推动农村千兆光网、第五代移动通信(5G)、移动物联网与城市同步规划建设。2019 年中共中央办公厅、国务院办公厅发布了《数字乡村发展战略纲要》,农业农村部、中央网络安全和信息化委员会办公室印发了《数字农业农村发展规划(2019—2025 年)》,有关部门还相继出台一些专项政策文件,进一步明确了数字乡村建设的目标、任务、技术体系与重大工程等,围绕数字乡村建设的顶层设计与政策框架已初步形成(见表 8 - 1)。

表 8 - 1　关于数字乡村建设的相关文件与措施

发布时间	发布部门	文件名称	部分措施
2018 年 1 月	中共中央、国务院	《中共中央　国务院关于实施乡村振兴战略的意见》	实施数字乡村战略,做好整体规划设计,加快农村地区宽带网络和第四代移动通信网络覆盖步伐
2019 年 1 月	中共中央、国务院	《中共中央　国务院关于坚持农业农村优先发展做好"三农"工作的若干意见》	实施数字乡村战略。加强国家数字农业农村系统建设、依托"互联网＋"推动公共服务向农村延伸
2019 年 5 月	中共中央办公厅、国务院办公厅	《数字乡村发展战略纲要》	加快乡村信息基础设施建设,发展农村数字经济,强化农业农村科技创新供给,建设智慧绿色乡村,统筹推动城乡信息化融合发展等
2019 年 12 月	农业农村部、中央网络安全和信息化委员会办公室	《数字农业农村发展规划(2019—2025 年)》	全面提升农业农村生产智能化、经营网络化、管理高效化、服务便捷化水平
2020 年 1 月	中共中央、国务院	《中共中央　国务院关于抓好"三农"领域重点工作确保如期实现全面小康的意见》	加快物联网、大数据、区块链、人工智能、第五代移动通信网络、智慧气象等现代信息技术在农业领域的应用。开展国家数字乡村试点

续表

发布时间	发布部门	文件名称	部分措施
2020 年 5 月	农业农村部办公厅	《2020 年农业农村部网络安全和信息化工作要点》	大力实施数字农业农村建设，深入推进农业数字化转型，扎实推动农业农村大数据建设，全面提升农业农村信息化水平
2020 年 5 月	中央网络安全和信息化委员会办公室、农业农村部、国家发展改革委、工业和信息化部	《2020 年数字乡村发展工作要点》	推进乡村新型基础设施建设、推动乡村数字经济发展、加强数字乡村发展的统筹协调等
2020 年 7 月	中央网信办、农业农村部、国家发展改革委、工业和信息化部、科技部、市场监管总局、国务院扶贫办	《关于开展国家数字乡村试点工作的通知》	开展数字乡村整体规划设计、完善乡村新一代信息基础设施、探索乡村数字经济新业态、探索乡村数字治理新模式、完善"三农"信息服务体系、完善设施资源整合共享机制、探索数字乡村可持续发展机制

　　在多项政策指导下，2020 年中央网信办、农业农村部、国家发展改革委等部门联合印发《关于公布国家数字乡村试点地区名单的通知》，公布首批国家数字乡村试点地区名单。这些试点地区是数字化在乡村振兴方面的初步探索，将逐步为开展乡村数字经济、乡村数字治理、乡村数字生活等更多层面的推广奠定基础（崔凯、冯献，2020），成为未来乡村发展的重要体现。

　　结合国际科技前沿，从中国近期的政策导向看，智慧城乡建设将迎来难得的大发展机遇。因此，要把握历史机遇，通过数字化革命改造城市和传统乡村，推动城乡发展的数字化、智慧化转型。未来加快智慧城乡建设，不仅是顺应全球城市科技发展新趋势、弥合城乡"数字鸿沟"、推动数字普惠发展的需要，更是转换增长动力、引领高质量发展以及同步提升城镇化、信息化、工业化和农业农村现代化水平的重要手段，对大力推进数字中国建设、加快新型城镇化和全面实施乡村振兴战略等也都具有积极意义。

二　中国智慧城镇化建设现状

新技术在城乡发展中的应用将与体制机制改革一起，促进智慧城乡融合发展。下面着重从智慧城市和数字乡村建设的现状和进展出发，结合当前新技术的特点以及在城乡发展中的重点应用领域，从基础建设、产业发展、公共服务等方面，阐述智慧城镇化建设现状和发展潜力。

（一）新技术在城乡基础设施建设中的应用

对信息技术的认识由工具到渠道到基础设施的逐步深入过程，推动了信息网络、智慧交通等基础设施建设，是破解城乡信息鸿沟、促进城乡互联互通的重要前提。截至2020年6月，中国网民规模达9.4亿人，互联网普及率为67%，其中农村网民规模为2.85亿人，农村地区互联网普及率为52.3%[①]，低于城市24.1个百分点，城乡信息化水平仍存在明显差距。同时城市拥堵问题正在成为制约城市发展的重要因素，在高德交通大数据监测的360个城市中，有5.54%的城市通勤高峰受拥堵威胁，有56.23%的城市通勤高峰处于缓行。[②] 加快信息技术和资源的开发、利用和共享，统筹网络基础设施与核心平台，能够为居民提供集业务融合、技术融合、数据融合于一体的跨层级、跨地域、跨系统的协同服务。

从信息基础设施来看，当前中国新一代信息基础设施实现跨越式发展，随着卫星导航技术和地基网的物联网、通信网技术结合，信息化基础设施正从传统以地基网为主，向立体"空天地海"一体化的通信网络布局转变，为城乡提供多层次、立体化、广覆盖的基础通信设施保障。在移动通信网络方面，中国已建成全球最大的固定光纤网络、4G网络，移动通信正加快实现5G引领。上海、浙江、广东、江

[①] 中国互联网络信息中心：《第46次中国互联网络发展状况统计报告》，2020。
[②] 高德地图：《2020 Q2中国主要城市交通分析报告》，2020。

苏、北京、福建、重庆、辽宁、湖北、宁夏等地方都在优化信息基础设施，推进 IPv6（互联网协议第 6 版）规模部署，提升网络服务质量，促进线上线下融合创新。

基础数据资源建设也取得重要成果。国家人口、企业法人、自然资源等基础数据库建成，自然资源实现"一张图"监管，覆盖 5 个大类、23 个子类、6992 个图层、58.3 亿个空间要素。政务信息共享取得重要进展，基本建成国家数据共享交换平台体系，71 个部门、32 个地方全面接入国家电子政务外网和国家数据共享交换平台，数据共享交换总量累计超过 394 亿条次。[①]

从交通基础设施来看，出行工具的感知监控设备可保证感知数据实现可靠准确的上传，结合边缘计算和深度学习技术让城市基础设施实现"智能化"，确保城市的智能交通系统良好运行。在深圳，智慧点（智慧路灯）被列入智慧城市的信息基础设施建设，在城市原有公共基础设施的基础上，通过结合视频监控、公共广播、智能照明、信息发布等多功能模块，组建智能交互模块、搭建智能感知网络。同时，华为与深圳共同打造业界领先的智慧交通实验室，双方共同探索更高效、更智能的交通管理技术体系，形成全城交通流量感知、出行规律实时分析等技术创新成果。在杭州和苏州等城市，阿里云协助打造 ET 城市大脑，通过对城市运行状态的全局分析，智能干预城市交通系统，实现城市交通运转效率的大幅提升。

（二）新技术在城乡产业发展中的应用

通过产业融合打破区域边界的效应，加快城乡间生产要素和资源的流动和重组，有助于改善城乡二元结构，对城乡融合发展具有重要意义。在新一轮技术革命背景下，信息技术的使用已成为提升经济效率和优化产业结构的重要动力，国际产业分工和生产格局出现新的调整与变革，催生出智能化、数字化的产业形态，数字行业规模显著扩

[①]　国家互联网信息办公室：《数字中国建设发展报告（2018 年）》，2019。

大。全球 10% 的消费品零售已经转向互联网，全球 40% 的广告支出
转向数字渠道①，中国软件和信息技术服务业 2017 年完成收入 5.5 万
亿元，信息技术发明专利授权数达 16.7 万件。新技术引发的产业变
革将改造传统生产模式和服务业态，促进第一、第二、第三产业融合
发展，具体表现为两个方面的应用。

一是推动传统产业转型升级。新一代信息技术和智能制造技术融
入传统产业，助力农业、加工制造业等传统产业升级，大幅拓展传统
产业发展空间。世界主要工业国家已经借助数字技术开始了新一轮的
产业结构转型升级，通过数字技术与传统制造技术相结合，创造新产
品与新服务。中国传统产业开始借助互联网转型，2017 年关键工序数
控化率达到 46.4%。在制造业方面，中国制造业总体行业集中度较
低，存在更多中小企业。通过平台赋能小型企业成为中国一个重要的
数字化转型模式。如百度的通用 AI 开放平台涵盖了作为人工智能应
用技术基础的百度大脑和大数据、云计算等三大领域，应用于各行业
提升运营效率，包括利用人工智能对农作物病虫害智能化监测、利用
图像识别技术判断钢材缺陷等。在农业方面，以互联网、物联网、大
数据、云计算、人工智能技术为支撑和手段的智慧农业，将成为现代
农业发展的新方向，以实现对农业生产精准控制，对农产品进行溯源
管理，保证农产品质量安全。目前，阿里云"农业大脑"将人工智能
和大数据应用到农业生产中，通过数字档案管理全生命周期，使得农
事分析智能化，做到及时预报病虫害、发布疫情、预测产量，提出科
学有效的田间管理和养殖方案。同时，新一代信息技术在农村的发展
及应用推动了特色小镇、共享农庄、智慧旅游等新产业，第一、第
二、第三产业融合发展加快推进，为乡村发展注入新动能。

二是打破产业边界，重构产业模式。技术进步使传统封闭式的生
产制造流程和业态被打破，产业边界逐渐模糊并趋向融合。当前，中
国各地都积极推动信息技术在制造业、农业、服务业中的深度应用，

---

① 阿里研究院：《2018 全球数字经济发展指数》，2018。

全面推进信息化和工业化深度融合，产业数字化转型的创新活力和核心竞争力明显提升。如北京强化人工智能技术研发与产业应用；广东大力发展智能制造、工业互联网，推进新一代信息技术与传统产业深度融合发展，拓展制造业发展新空间，推进产业集群发展；江苏积极打造物联网技术创新先导区、产业集聚区和应用示范先行区，大力推进互联网、大数据、人工智能与实体经济融合发展；天津全面推进智能制造，发展大规模个性化定制，加快构建融合创新的数字经济体系。随着新一代信息技术、智能制造技术等全面嵌入生产、制造业和服务业领域，城乡新技术、新产品、新业态将不断涌现。

（三）　新技术在城乡基本公共服务中的应用

智慧城市通过运用信息和通信技术手段，感测、分析整个城市运行核心系统的各项关键信息，从而围绕民生、环保、公共安全、城市服务、工商业活动等各种需求做出智能响应。智慧城市以数据共享为基础，而城市大数据平台就是实现数据共享与治理的核心引擎。目前北京、上海、浙江、青岛、武汉等十余个省市都建立了专门的政府数据开放的网站。在政府数据开放平台基础上，企业或个人开发者的数据贡献能够共同为实现城市精细化管理提供数据支撑，使数据价值释放为全社会共享资源。

信息技术的发展为改善教育、医疗、养老、社会保障等公共服务条件，推动城乡公共服务一体化提供了重要手段。针对现有公共服务存在的问题，现代信息技术能够通过技术与社会属性的结合，充分利用大数据、物联网和人工智能等技术以及由其带来的治理方式的改变，应对社会公众越来越多元化的公共服务需求，提高公共服务供给的可达性、有效性，扩大覆盖范围。截至 2017 年底，全国中小学互联网接入率达 90%，多媒体教室比例达 87%，实现了翻番。截至 2017 年 6 月，在线教育用户规模达 1.44 亿人，在线教育使用率达 19.2%。[①] 在社会

---

① 国家互联网信息办公室：《数字中国建设发展报告（2017 年）》，2018。

保障服务方面，社保卡覆盖全国所有省份 99.7% 的地区，全面支持跨省异地就医持卡直接结算，养老服务和社区服务信息协同共享机制初步建立。

数字化、智能化的公共服务，是公共服务信息化的高级形态。人工智能已在或正在电子公共服务的各个领域得到应用，这些领域包括身份认证、在线客服、信息检索、行政审批、主动服务、辅助决策、应急处置、态势感知、智能自助终端、服务机器人等。在交通领域，通过卫星分析和开放云平台等实时进行流量监测，感知交通路况，帮助市民优化出行方案。在城市安全领域，通过行为轨迹、社会关系、社会舆情等集中监控和分析，为公安部门指挥决策、情报研判提供有力支持。在政务服务领域，浙江、江苏、福建、上海等地依托"互联网＋政务服务"，打通部门数据壁垒，创新"最多跑一次""不见面审批"等模式，让信息多跑路、百姓少跑腿。在医疗健康领域，通过健康档案、电子病历等数据互通，既能提升医疗服务质量，也能及时监测疫情，降低市民医疗风险。总之，现代信息技术不仅仅能为产业发展创造机会，更是政府提高公共服务水平和创造社会福利的抓手，未来基于智能技术的基础设施和公共服务的供给水平将不断提高。

三　推进智慧城镇化的战略思路

智慧化是新型城镇化的重要方向，加快推进智慧城镇化，必须以信息化引领城镇化，推动城镇化与信息化全面深度融合，走高质量的城乡建设智慧化之路。按照新型城镇化战略的总要求，本部分重点从强化技术支撑、加快城乡融合角度，探讨新形势下推进智慧城镇化建设的总体思路和目标。

（一）推进智慧城镇化的总体思路

以统筹发展智慧城市与数字乡村为主线，以缩小城乡"数字鸿沟"为目标，按照"共享、统筹、分类、创新"的推进原则，通过智慧城市建设增强城市承载力，通过数字乡村、智慧乡村建设激活农村发展动能。重点围绕城乡基础设施、产业发展、公共服务、社会治理等领域，推进城乡新型基础设施普及、信息要素跨界配置、公共服务信息共享和治理手段数字化，提升城乡生产、生活、生态空间的数字化、网络化、智能化水平。通过智慧城镇化建设加快形成共建共享、优势互补、各具特色的智慧城乡发展格局，全面提高城乡一体化水平，为协同推进新型城镇化战略与乡村振兴战略提供有力支撑。

一要坚持共享推进。智慧城镇化的最终目的是提高城乡居民福祉，缩小城乡居民的福祉差距。要充分考虑农民需求，提高农民的参与度和积极性，促进乡村智慧基础设施建设和智慧应用体系建设。着力改善农村生活条件，促进农村经济发展，提高农民收入水平，全面增强农民的获得感和幸福感。

二要坚持统筹推进。当前，智慧城市建设已在全面推进，智慧乡村建设还处于自主探索阶段。针对城乡"数字鸿沟"问题，要在现有农业农村信息化规划和智慧城市建设顶层设计的基础上，加强智慧城乡整体规划设计，以设计试点和自主探索相结合、自上而下和自下而上相结合的方式，引导各级政府、企业、村组织、公众积极参与，统筹推进智慧城镇化建设。

三要坚持分类推进。各地差异化的自然条件、经济社会发展基础以及城镇化趋势决定了实践中应采用多样化的推进模式。要在整体设计的基础上，尊重各地差异，根据各地基础和需求分类推进，因地制宜地推进基础设施建设和智慧城乡应用功能的设计和创新。

四要坚持创新推进。要加强引导多方合作、参与，积极创新建立有利于促进智慧城镇化建设的体制机制；在智慧城市应用体系拓展的基础上，积极探索、创新、开发符合农民需求和乡村发展需求的智慧应用功能；顺应新技术发展趋势，积极探索新技术在城镇化发展中的应用，实现城镇化的智慧、融合发展。

（二）智慧城镇化建设的目标

到 2030 年，在一系列政策体系支撑与技术创新应用下，智慧城市建设取得重要进展，城乡新型基础设施条件显著改善，基于前沿信息技术的产业形态与模式不断丰富，城乡公共服务数字化、智能化水平大幅提升，信息化普惠效应有效释放，城乡信息资源配置效率和共享水平不断提升，涌现出一大批智慧城市、数字乡村等，共建共享、优势互补、各具特色的智慧城乡融合发展格局基本形成。

一是现代信息技术为城镇全面发展提供更多支撑。5G、互联网/移动互联网、大数据、人工智能等应用程度不断提升，在交通、教育、医疗、文化、公共安全等领域信息化普惠效应与溢出效应更加明显，城市居民大数据基础资源库基本建立，为城乡居民提供了全面、优质、高效的多样化生活服务。

二是城乡新型基础设施普及率趋于协同，乡村网络基础设施与服务终端建设持续深化，全国行政村5G覆盖率接近城市，城乡"数字鸿沟"明显缩小，"智慧水利""智慧交通""智慧电网""智慧物流"等基础设施数字化转型基本在发达乡村得到探索应用，建成一批"各级政府＋村集体"涉农信息资源共建共享平台和乡村治理大数据平台。

三是综合便民服务全面向乡村延伸，乡村数字教育快速发展，农村中小学校信息化基础设施建设进一步完善，远程教育大力发展。乡村智慧健康医疗稳步推进，智慧医疗、养老服务等平台建设取得积极进展。村域文化数据资源库普遍建成，文化传播共享平台建成，信息技术得到广泛应用，乡村网络文化阵地建设不断加强。

四　推进智慧城镇化的战略举措

智慧城乡建设体现了前沿信息技术与先进城乡经营服务理念的有效融合。根据前述的总体思路和目标，下面着重从城乡规划、基础设施、技术应用、公共服务等方面，提出推进智慧城镇化和城乡建设的主要措施。

（一）推进智慧城乡规划一体化

一是加强组织领导。发挥中央网络安全和信息化领导小组的集中统一领导作用，加强对城乡信息化融合和智慧城乡建设的顶层设计和组织领导，强化各级政府和部门之间的分工与合作，形成一股合力。建立城乡信息化融合的统筹协调机制，加强跨部门、跨行业、跨领域、跨城乡的协同，重视发挥军地合作、军民融合的作用，建立完善城乡信息化融合可持续推进机制。

二是强化数字城乡一体化设计。将城乡信息化融合纳入国家信息化发展战略，加快出台"十四五"时期乃至中长期推进城乡信息化融合的专项规划，强化智慧城市与数字乡村的一体化设计，以"一体化设计、同步实施、协同并进"为主线，发挥信息化在城乡规划设计中的作用，推动各地智慧城市规划、数字乡村规划与其他规划"多规合一""同步实施"，加快推进"城市大脑"在城乡空间规划、产业布局、社会治理、陆海生态、民生保障中的应用，促进城乡生产、生活、生态空间的信息化协同，加快形成数字城乡融合发展新格局。

三是加强监督评估。构建城乡信息化融合监测评估体系，在有条件的地区先行开展试点探索，并选定一批城乡信息化融合重点项目进行绩效评估与跟踪，切实提升城乡信息化融合的水平和质量。

（二）建设城乡信息化基础设施

一是加快智能基础设施城乡覆盖。加快实现县级城市和小城镇主干道路交通智能监控体系全覆盖，建立城乡一体化智能交通综合管控体系，构建城乡交通信息采集发布、交通视频监视、缉查布控、交通管理执法、出行信息服务、互联网＋交通管理、综合运行集成指挥平台等智能交通系统，实现全域交通引导、指挥控制、调度管理和应急处理的智慧化。

二是依托省级政务云建立省级城乡统一的大数据资源中心。加强城乡数据中心等新型基础设施的统筹规划和部署，探索建立跨部门、跨城乡、跨区域的省级数据中心，打造省级数字治理智慧大脑。

三是补齐农村数字化基础设施短板。以推进城乡发展一体化为目标，对城乡信息化基础设施进行统一规划、统一建设、统一管护，加快推进 4G 网络在农村边远地区、贫困地区深度覆盖，将农村无线网络建设纳入无线城市建设工程当中，实现城乡重点区域 WIFI 全覆盖，在有条件的地方部署 5G 网络，打造一批 5G 应用智慧生活小区。

四是重视信息安全体系建设。加快出台针对城乡政务服务领域的信息安全相关法律法规，以智慧城市与数字乡村应用系统、网络与平台安全以及数据安全管理建设为重点，探索引入社会第三方安全机构为政务服务提供安全保障服务，形成可持续的城乡信息化建设的信息安全保障机制。

（三）加快实用性技术创新和应用

一是加强面向智慧城市应用的技术创新。大力推动感知技术的发展，尤其要推动传感器和无线传感网技术不断向高性能、低能耗、微型化、低成本方向发展，为实现各种智慧城市应用提供可行性，扩大智慧城市应用范围。在现有网络的基础上，研究和开发适应和满足智慧城市通信特征的网络能力改进，以及与之相适应的通信网络运维体系。

二是强化农业生产端信息化基础设施建设，推动工业互联网与农业互联网协同发展。将农业农村信息化基础设施建设重点转向田间、圈舍、鱼塘、农机库，加快推进"天空地"一体化信息网络，重视乡村尤其是产粮大县、蔬菜大县的物流基础设施建设，为乡村产业数字化转型奠定基础，推动城乡产业互联互通。

三是拓展信息技术在农业生产中的应用。以物联网技术为重点，对大田种植、设施园艺、畜禽和水产养殖等生产过程中的各要素实行数字化设计、智能化控制、精准化运行、科学化管理，提高农业生产的标准化、集约化、自动化、产业化及组织化水平，促进农业生产实现高产、优质、高效、生态和安全。着力培育新型农业经营主体，建立现代农业经营方式，推动农民专业合作社、农业产业化龙头企业及其他农业社会化服务组织的集约化生产、智能化管理、电子化交易、规范化服务，加快新一代信息技术和现代农业深度融合。

四是加强技术方法对数据共享的支持。对于政务信息资源，"要以公开为常态，不公开为例外"，加强对公共数据织的公开、共享与使用。通过技术方法对敏感数据进行脱敏处理，加强私有数据共享。对于公安数据等敏感数据不宜对外开放，但在智慧城市中数据分析不具体针对个体信息，所以可通过数据脱敏有效防止个人数据、商业数据、安全数据等敏感数据的外泄，降低数据风险。可利用区块链和智能合约实现数据拥有权与使用权的分离，盘活各数据仓库中的数字资产，使数据有效流通使用，服务于智慧城市建设。

（四）以新技术促进城乡服务融合

一是提高涉农政府决策与公共服务智慧应用水平。构建智慧农业综合服务平台，建设农业资源大数据管理与服务中心，融合各级各类涉农信息资源和业务系统，解决"信息孤岛"问题，实现部门信息交换、资源共享和业务协作，以大数据支撑科学决策，提高农业发展中的预测预警和风险应对能力。建立健全信息服务运维制度和保障措施，通过农业多元系统集成，减少建设投入，逐步形成"公益＋市场"的信息服务模式，实现按需服务，持续推动农业公共服务领域的智慧应用，发展"知农、为农、应农"的智慧农业。

二是尽快补齐城乡公共服务短板。全面推进信息进村入户工程建设，充分发挥数字技术的"信息共享、服务协同、资源共建、知识溢出"的优势，推进数字技术在医疗卫生、教育、就业培训等民生保障方面的应用，积极利用互联网推动城市优质服务资源下沉，向乡村居民提供全面、优质、高效的智慧教育、智慧医疗、数字文化、便民服务、金融服务等数字化公共服务，加速形成城乡要素均衡配置格局，让信息化发展成果更好地推进城乡基本公共服务均等普惠可及。

三是建立乡村服务智慧化体系，推进智慧教育、智慧医疗、智慧养老、智慧交通、智慧就业等智慧城市民生领域的主要应用向乡村延伸和覆盖。改善乡村智慧学习环境，培育和推广新型教学模式，推进乡村教育智慧化和城乡教育一体化；推动城乡医疗信息资源共享，促进医疗服务、公共卫生、医疗保障、用药监管等智慧医疗体系向农村延伸；将城市智慧养老向乡村延伸，提高村镇养老服务中心的信息化水平；积极构建城乡一体的智慧交通体系，实现全域交通引导、指挥控制、调度管理和应急处理的智慧化。

四是遴选一批乡村治理示范县开展乡村治理数字化试点。在全国乡村治理示范县遴选一批信息化基础能力较好的乡村，试点建设一批集"乡村规划、村务管理、环境监测、民生保障、综合执法、应急指挥、便民服务"于一体的、全方位的乡村治理数字化示范村镇。积极推进"互联网＋政务服务"向农村延伸，以省级政府门户网站为基础，整合本地各层级政务服务资源，加快建立城乡统一的一站式"互联网＋政务服务"平台，为城乡居民提供均等的一站式便民服务与政务服务，推动城乡政务信息资源共享。

第九章　县域城镇化的推进战略

当前，随着中国城镇化的快速推进，县城作为就近就地城镇化的重要载体，发挥着越来越重要的作用。中共十九届五中全会明确指出要"推进以县城为重要载体的城镇化建设"[①]；2021年中央一号文件又提出"把县域作为城乡融合发展的重要切入点"，并强调"推动在县域就业的农民工就地市民化"[②]。因此，在新发展阶段，积极推进县域城镇化，加快发展县域经济，对统筹推进新型城镇化与乡村振兴战略、促进城乡融合发展具有重要意义。本章着重分析中国县域城镇化的主要特征和存在的问题，探讨新发展阶段推进县域城镇化的战略思路、实施路径和政策措施。

一　中国县域城镇化进程与存在的问题

（一）中国县域城镇化的演变趋势

2002年，作为解决"三农"问题的切入点，中共十六大报告明确提出要"壮大县域经济"，此后县域作为重要的行政区域受到高度关注，县域经济实现了长足发展。县域具有广义和狭义之分。从广义看，县域是指县级行政区；从狭义看，县域是指县（自治县、民族县、旗等）和县级市，不包括市辖区，这里采用狭义的县域

---

① 《中共中央关于制定国民经济和社会发展第十四个五年规划和二○三五年远景目标的建议》，《人民日报》2020年11月4日，第1版。

② 《中共中央　国务院关于全面推进乡村振兴加快农业农村现代化的意见》，2021年1月4日。

定义。

改革开放以来，中国县级行政区数量变化呈现不同的特征。截至2020年底，中国共有县级行政区 2844 个，其中，市辖区 973 个，县级市 388 个，县 1312 个，自治县 117 个，县、自治县和县级市共计1817 个。根据历年《中国统计摘要》和《中国城乡建设统计年鉴》中的数据，中国县级行政区的数量在 1984 年前明显上升，于 1998 年达到最大值 2863 个，之后持续保持稳中有降；县级市辖区数量呈现不断上升趋势，1978 年只有 408 个，到 2020 年增加至 973 个；县级市数量在 1996 年之前逐年增长，其后缓慢下降，整体上呈现先增后减的态势，近年来略有上升；而县和自治县的数量则逐年下降，从1978 年的 2153 个下降到 2020 年的 1429 个，与县级市辖区和县级市数量呈现此消彼长的特点（见图 9 - 1）。作为县级行政区的重要组成部分，2020 年县及县级市数量占全国县级行政区数量的 60%，约为地级及以上城市市辖区数量的 2 倍。

在全国城镇化快速推进的背景下，县域城镇化水平也在不断提高。根据第五次和第六次全国人口普查资料，2000～2010 年，中国县域城镇化率由 22.8% 提高到 35.7%，其中直辖市县的城镇化率由20.8% 提高到 47.8%，省区县的城镇化率由 17.2% 提高到 31.3%，县级市的城镇化率由 36.7% 提高到 45.6%（见表 9 - 1）。这期间，县域城镇化率年均提高 1.29 个百分点，其中，直辖市县、省区县和县级市的城镇化率分别年均提高 2.70、1.41 和 0.89 个百分点；同期全国新增城镇人口的 48.2% 是县域吸纳的，其中县（直辖市县、省区县）吸纳了 41.6%，县级市吸纳了 6.6%。县级市吸纳新增城镇人口较少，主要是 1997 年冻结县改市以后，县级市的数量不但没有增加，反而呈现不断减少的趋势。这期间全国县级市数量由 400 个下降到370 个，共减少了 30 个。需要指出的是，由于新增城镇人口不断向地级及以上城市集中，县域城镇化率通常低于全国和省域城镇化平均水平。

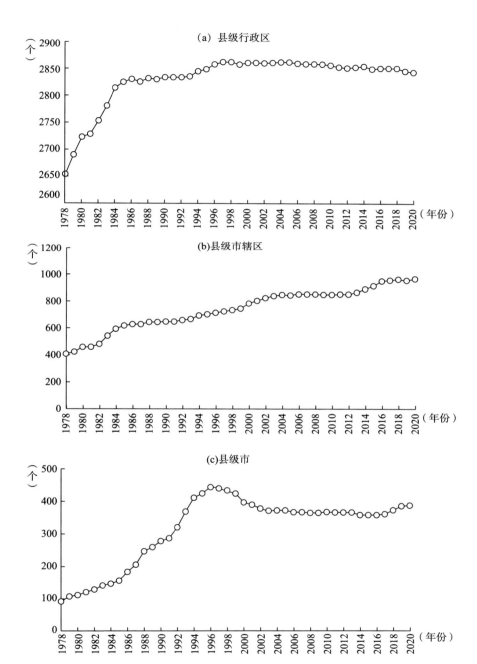

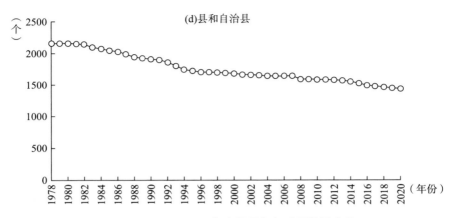

图 9 – 1　1978 ～ 2020 年中国县级行政区数量变化

资料来源：根据历年《中国城乡建设统计年鉴》《中国统计摘要》行政区数据绘制。

表 9 – 1　中国市辖区和县域城镇化率的变化

地区	2000 年			2010 年			城镇化率变化（百分点）
	总人口（万人）	城镇人口（万人）	城镇化率（％）	总人口（万人）	城镇人口（万人）	城镇化率（％）	
市辖区	32757	25014	76.4	46399	35959	77.5	1.1
#直辖市市辖区	4383	3669	83.7	5661	4969	87.8	4.1
#地级市市辖区	28373	21345	75.2	40738	30990	76.1	0.9
县城	91505	20863	22.8	86882	31041	35.7	12.9
#直辖市县	2650	551	20.8	2780	1330	47.8	27.0
#省区县	63058	10841	17.2	60302	18848	31.3	14.1
#县级市	25796	9472	36.7	23800	10864	45.6	8.9
全国	124261	45877	36.9	133281	67000	50.3	13.4

注：2000 年数据来源于国家统计局 2002 年发布的第五次全国人口普查详细数据的专题数据集《中国 2000 年人口普查资料》，其中编辑说明部分指出该次统计数据中全国总人口数比国家统计局根据快速汇总发布的总人口 126583 万人（含 250 万解放军现役军人）少 2322 万（参见 http://www. stats. gov. cn/tjsj/pcsj/rkpc/5rp/index. htm），因此计算出的城镇化率略高于官方发布的 36.2％。2010 年数据来源于国家统计局发布的以 2010 年 11 月 1 日零时为标准时点的第六次全国人口普查详细数据的专题数据集《中国 2010 年人口普查资料》，不包括人口普查漏登的人口（事后质量抽查表明人口漏登率为 0.12％），不包括 230 万现役军人，不包括 465 万难以确定常住地的人口（参见 http://www. stats. gov. cn/tjsj/pcsj/rkpc/6rp/indexch. htm），因此总人口数为 133281 万人，所计算出的城镇化率略高于官方发布的 49.9％，特此说明。

在县域城镇化中，县城发挥着核心支撑作用。从图 9 – 2 中可以看出，近年来中国县城人口数量整体呈现不断上升的态势，从 2002 年的 8874 万人增长至 2019 年的 15865 万人（含县城暂住人口），同期县城平均人口规模由 5.4 万人迅速提高到 10.5 万人，提高了 94.4%，这反映出县城的人口集聚能力和吸引力在不断增强。2019 年，全国县级市城区人口约 0.9 亿人（含暂住人口），加上县城人口，二者合计近 2.5 亿人，占全国城镇常住人口的 28.2%。

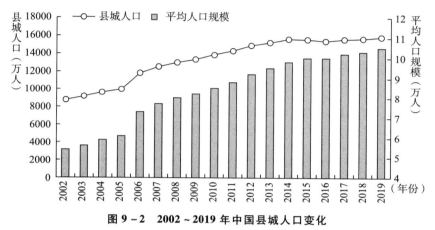

图 9 - 2　2002 ~ 2019 年中国县城人口变化

注：2006 年及之后县城人口包括县城暂住人口。县城人口比重为县城人口占全国城镇常住人口的比重。

资料来源：根据《中国城乡建设统计年鉴 2019》数据绘制。

（二）县域城镇化的空间特征

中国县域数量多，其区位条件、资源禀赋和社会经济特点差异大，发展类型多样。根据第五次和第六次全国人口普查资料，2000 ~ 2010 年，全国县域新增城镇人口有 39.6% 是由中部地区贡献的；其次是东部地区，占 37.8%；西部地区占 20.5%；而东北地区仅占 2.2%。这说明，中西部地区是推进县域城镇化的主战场，这期间吸纳的新增城镇人口超过 60%。四大区域县域城镇化率的提升幅度呈现同样的格局，中部地区的提升幅度最大，年均增速达 1.50 个百分点，高于东部和西部地区的 1.42 和 1.01 个百分点，而东北地区年均增速仅有 0.47 个百分点（见表 9 - 2）。其结果表明，四大区域县域城镇化水平格局由 2000 年的东北 > 东部 > 西部 > 中部格局，转变为 2010 年的东部 > 东北 > 中部 > 西部格局。

表 9 - 2　2000~2010 年中国各地区县域城镇化率的变化

地区	2000 年（%）	2010 年（%）	变化（百分点）	地区	2000 年（%）	2010 年（%）	变化（百分点）
东部地区	28.5	42.8	14.3	江西	19.1	35.6	16.5
北京	31.4	63.0	31.6	河南	13.1	29.4	16.3
天津	14.2	65.1	50.9	湖北	26.5	36.3	9.8
河北	15.2	34.2	19.0	湖南	16.8	33.4	16.6
上海	47.7	54.5	6.8	西部地区	20.6	30.7	10.1
江苏	29.9	49.5	19.6	内蒙古	33.7	42.8	9.1
浙江	38.0	53.6	15.6	广西	28.2	29.7	1.5
福建	30.7	44.7	14.0	重庆	18.8	39.8	21.0
山东	25.7	39.5	13.8	四川	18.0	30.1	12.1
广东	37.5	38.6	1.1	贵州	16.9	26.2	9.3
海南	32.1	39.4	7.3	云南	17.7	28.3	10.6
东北地区	32.0	36.7	4.7	西藏	14.1	17.7	3.6
辽宁	28.4	33.9	5.5	陕西	18.3	32.6	14.3
吉林	36.0	39.4	3.4	甘肃	14.7	23.0	8.3
黑龙江	32.2	37.2	5.0	青海	17.8	30.8	13.0
中部地区	17.8	32.8	15.0	宁夏	17.2	29.2	12.0
山西	21.5	34.5	13.0	新疆	25.9	33.3	7.4
安徽	15.9	31.6	15.7				

资料来源：《中国 2000 年人口普查资料》和《中国 2010 年人口普查资料》。

　　目前，第七次全国人口普查仅公布全国和省级城镇化率数据，分县数据仍未正式公布。考虑到县域数据的可得性，这里参照孙久文和周玉龙（2015）的估计方法，计算了县域非农就业比重，即"非农就业人口（总就业人口减去农林牧渔业就业人口）/总就业人口"。在缺乏系统数据的情况下，该指标可以在一定程度上体现县域的城镇化水平。图 9 - 3 显示了 2018 年各地区的县域非农就业比重。

　　从图中可以看出，东部整体县域非农就业比重较高，北京、浙

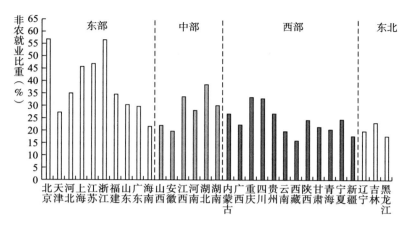

图 9-3 2018 年中国各地区的县域非农就业比重

资料来源：根据《中国县域统计年鉴（县市卷）2019》计算和绘制。

江、江苏和上海显著高于全国平均水平，山东、海南、天津等县域非农就业比重与中西部地区接近；中部地区整体水平较好，其中山西、安徽两地县域非农就业比重较低，甚至低于西部大多数地区；西部地区整体水平较低，其中川渝两地最为突出；东北地区整体水平较低。总体来说，按四大区域划分的县域非农就业比重大致可以归纳为东部＞中部＞西部＞东北，但是需要注意到东中西部地区内部各省份之间具有明显的差异性，具体到各省份内部县域这一层面分化更加明显，因此对于县域城镇化推进路径和措施的分类管理不能简单按照四大区域划分，而要同时根据地区经济社会发展实际和县域城镇化推进情况来制定具体方案，并结合本地原有人口规模来考虑县域城镇化的人口吸纳能力。

不仅中国县域城镇化推进存在空间分异，县域经济发展同样存在空间不平衡性，东中西部差异明显，并且具有明显的空间集聚性和依赖性，县域经济增长不仅与投入要素以及工业化、城镇化和信息化等因素相关，而且与相邻县域的经济增长存在空间相关性（吴玉鸣，2007）。县域发展水平的空间分异体现在诸多方面，并且中西部部分地区较低的发展水平制约了县域城镇化的推进，对具体的推进路径设计提出了更高的要求。例如，基础设施是经济发展的前提条件，受客观地理条件和中国历史上非均衡发展战略的影响，西部地区的基础设施基础薄弱，与东部地区存在较大差距。首先，西部地区以高铁、高速公路为路网的基础设施建设比东中部地区落后；其次，就以电子信息网络为主的网络基础设施而言，西部地区的城市和农村的宽带覆盖率较低；最后，由于开放程度较低和市场发育不完善，西部地区的教育、医疗卫生、社会保障等公共事业发展也相对落后（汪彬、陈耀，2016）。

（三）县域城镇化所面临的关键问题

尽管县域越来越成为当前城镇化和经济发展的重要组成部分，但是长期以来，中国县域发展体制有待进一步优化、机制运转缺乏灵活性等问题突出，投融资机制不完善，企业融资难、融资贵矛盾尖锐。部门协调不力、支持政策缺失和营商环境不佳，不仅导致产业项目招引难、落地难、运营难，而且使得民营经济发展受阻，企业数量少、经营规模小、技术创新和竞争力不强、发展活力总体不足（孙豪等，2020），主要体现在以下几个方面。

1. 农民缺乏进城落户积极性

对于有意愿在城镇落户的农民来说，选择县域内落户实现就近就地城镇化的比例较高。黄振华和万丹（2013）利用全国30个省（区、市）267个村4980位农民的调查问卷，考察其进城定居意愿和对不同层级城镇的偏好，发现60.94%的农民仍希望停留在农村或农村社区，39.06%的农民愿意到城镇定居，其中选择到建制镇和县（县级市）定居的合计占24.95%，到地级及以上城市定居的合计占14.11%。杨传开等（2017）基于2010年中国综合社会调查数据，对全国94个县级行政区266个社区4116位农民的调查问卷进行分析，在打算进城定居的农民中，6.9%的农民选择到直辖市定居，11.6%选择到省会城市定居，11.3%选择到地级市定居，43.8%选择到县城/县级市定居，19.5%选择到小城镇定居。此外，还有诸多类似的区域性调查，也大多得到了类似的结论。可见，对于居住在农村的农民而言，他们大都并不希望迁移到大城市定居，推进县域范围内的就地城镇化更加符合其进城定居意愿。

但是现有问题在于，大部分农民缺乏进城落户的积极性，且流动人口的落户意愿显著降低（苏红键，2020）。根据中国流动人口动态监测调查数据（CMDS）计算发现，2017 年，县城流动人口落户意愿仅为 25.56%，显著低于全国总体的流动人口落户意愿（39.01%），也显著低于市辖区的流动人口落户意愿（40.83%）（苏红键，2021）。原因在于随着基本公共服务均等化的推进，加之农村产权制度改革提升了农业户口的预期价值，城乡两栖人口可以兼得城乡生活的优点，从而以近距离迁移为主的县城流动人口落户意愿往往低于城区；另外，县域城镇化相关制度和政策尚不完善，农民迁入可能面临集中居住问题、相对更高的生活成本以及不确定性等阻力因素，两者在一定程度上都对县域就地城镇化构成了严重挑战。

2. 县域产业的带动能力和就业吸纳能力不强

在城镇化和乡村振兴过程中，由于中国大部分农村地区都处于县域范围之内，所以县域经济发展水平较低，整体表现为缺乏持续性的产业带动能力和足以支撑高质量城镇化的就业机会，加上相对滞后的基础设施和公共服务，导致本地持续性的人口和要素外流，也由此导致对新增城镇人口的吸引力和吸纳能力不强，部分县域建制镇、"万人社区"等趋于衰落。从表 9 - 3 中可以看出，2013 ~ 2019 年，尽管统计的县个数、行政区面积和户籍人口略有增加，但县域国内生产总值占全国 GDP 的比重则由 57.0% 下降到 49.3%，降低了 7.7 个百分点；县域人均 GDP 相对水平（以全国人均 GDP 为 100）由 76.7% 下降到 67.4%，降低了 9.3 个百分点。这表明，近年来产业活动在不断向地级及以上城市市辖区集中，县域经济发展相对缓慢，其与市辖区的发展差距在逐步拉大。

表 9 - 3　中国县域经济总量和人均水平的变化

项目	2013 年	2019 年	变化
县个数（个）	2079	2085	+6

续表

项目	2013 年	2019 年	变化
行政区面积（万 km²）	891.48	900.54	+9.06
户籍人口（万人）	101496	103121	+1625
国内生产总值（万亿元，%）	33.77	48.60	43.9
占全国 GDP 的比重（%，百分点）	57.0	49.3	-7.7
人均 GDP（美元，%）	5373	6831	27.1
人均 GDP 相对水平（%，百分点）	76.7	67.4	-9.3

注：国内生产总值和人均 GDP 的变化为增长率，其他为两年的差额。
资料来源：2014 年和 2020 年《中国县域统计年鉴（县市卷）》。

　　近年来县域范围内名义 GDP 增长率仍显著低于全国总体水平；同时，2018 年县域 GDP 三次产业构成为 11.8：45.9：42.3，与同期全国产业结构 7.2：40.7：52.2 相比，可以看出县域第一产业增加值比重显著高于全国总体水平（苏红键，2021），原因在于包括大部分农村地区的县域是吸纳农业劳动力的核心主体；第二产业比重高于全国总体水平，而第三产业比重则较低。这种产业结构导致县域吸纳非农就业的能力弱于以服务业为主的大中城市。其主要原因在于县域非农产业的门类少、水平低，竞争力较弱。县域主要非农产业活动通常处于产业链的中低端，尤其是传统农区农业仍占据主导地位，剩余劳动力大多外出进入城市打工，而资源型地区则主要进行原料开采和初级加工，现有工业和服务业现代化水平较低，这些都是提升县域产业竞争力和新增城镇人口吸纳能力的难点所在。

　　县域层面的产业发展同样存在地区间的不平衡，显著体现在中西部县域就业岗位数量不足（山社武等，2010），其主要原因在于中西部地区在观念、制度、基础设施水平和产业集群化程度等方面存在的问题。从农民工的就业机会看，能在当地就业、创业的很少，说明中西部广大农村与东部地区的发展和就业机会差距很大（崔传义，2010）。多年来，工商业发展主要集中在东部发达地区和城市，中西部不发达地区工商业基础薄弱，造成农村绝大部分青壮年外出打工，外出就业的农民工 60% 流入东部地区。而近年来，东部地区制造业吸纳就业能力出现下降趋势。尤其是金融危机之后，东部地区传统制造业遭到严重冲击，企业关停、迁移数量增加，大量农民工在东部地区就业困难。在这种大环境下，县域作为城市流动人口回流以及城镇化推进过程中吸纳就业的重要载体，亟须解决其整体吸纳能力不足和地区间发展不平衡的问题。

3. 县城公共服务水平有待提高

与大中城市市区相比，中国县城公共服务建设较为落后，覆盖面有待扩大，整体质量有待提升。同时，随着县域城镇化的推进和县城吸纳人口数量的增加，县城原本滞后的公共服务规模和质量亟须扩大和提升以适应县域城镇化推进所带来的现实需要。县城公共服务的短板主要体现在教育、文化、医疗、社会保障等各个方面，尽管近年来已有明显改善，但是和地级及以上城市相比仍有明显差距，这种状况不仅不利于县城吸引人才，也影响了新增城镇人口的生活质量。首先，县城公共服务水平与城市相比仍存在较大差距。以中西部地区县城为代表的许多地区，近年来力图通过发展教育服务供给促进县域人口进城落户，然而大量随迁子女和农村小孩进入县城接受教育的结果使县城学校师生比例逐渐减小，县城学校教学质量提升滞后。尽管2020年中国已基本实现县域层面城乡义务教育均衡化，但是整体教育质量、教育环境等有待进一步提升。其次，在医疗和社会保障等方面的服务供给水平虽然较之前有明显提升，县域层面医共体建设不断推进，但同样存在县城公共服务质量不高、服务范围仍未实现完全覆盖等问题。

二　加快推进县域城镇化的思路与路径

（一）加快推进县域城镇化的思路

作为经济发展和行政管理的基本单元，中国县级行政区数量众多，建制历史悠久。当前县域城镇化水平较低，既是短板也是潜力和后劲所在。同时，地理、人文、经济等方面的禀赋差异使得县域之间发展不平衡，发展环境、条件和阶段均存在较大差异。因此，加快推进县域城镇化，应立足本地实际和发展需求，充分发挥自身优势，因地制宜、分类施策，以县城为重要载体，明确县域主体功能定位，避免脱离实际的模式照搬，走具有本地特色的新型城镇化之路。

1. 以县城和县级市为重点吸纳新增城镇人口

改革开放以来，中国城镇化大规模快速推进，伴随城镇化率的快速上升，大量农业转移人口进入城镇。大城市作为人口流入的主要承载地，其产业设施和空间压力与日俱增，出现"膨胀病"；而县域作为下一阶段城镇化推进的重要平台，其人口承载潜力亟须得到释放。据估计，在未来中国城镇化进程中，县城人口平均规模将稳步提升，从2019年的10.5万人，逐步提高到2025年的约11万人和2035年的约12万人，县城人口占城镇总人口的比重稳定在17%～18%；而一般建制镇因缺乏产业支撑，加上基础设施和公共服务滞后，如果缺乏有效的政策支撑来改变现有的发展格局，未来建制镇建成区的平均人口规模将有可能出现下降，建制镇建成区人口占城镇总人口的比重也将逐步降低（苏红键，2021）。但应该看到，随着撤县设市和特大镇设市的推进，县级市数量和城区人口规模将快速增长，其吸纳新增城镇人口的比重也将逐步提升。为此，下一阶段推进以县城为重要载体的城镇化建设，需要进一步释放县域城镇人口承载潜力，以县城和县级市城区为重点，不断强化产业支撑，着力提升基础设施和公共服务水平，协同推进县域人口城镇化与土地城镇化，保障土地和住房供给，增强县城和县级市城区人口承载力，特别是要做大、做强县城，吸引更多农村居民落户县城。

2. 把县域作为城乡融合发展的重要切入点

2021年中央一号文件指出，要"加快县域内城乡融合发展""把县域作为城乡融合发展的重要切入点，强化统筹谋划和顶层设计"，这就为新发展阶段推进城乡融合发展指明了方向。目前中国城乡居民收入、基础设施和公共服务等仍然存在较为明显的差距，城乡发展二元化特征依旧明显，二者之间的经济发展存在一定程度的割裂，由此造成中心城市对周边地区的带动作用没有充分发挥出来，影响了高质量城镇化和乡村振兴的协同推进。县城作为"乡头城尾"，是服务亿万农民的重要阵地和扩大内需的重要支撑点，发挥着基层治理和联结城乡的重要作用。为此，下一阶段要以县域为切入点，尽快打通县域城乡要素平等交换、双向流动的制度性通道，推动形成"工农互促、城乡互补、协调发展、共同繁荣"的新型工农城乡关系，促进县域内城乡全面融合发展。

在推进县域内城乡融合发展中，要将县城作为统筹新型城镇化与乡村振兴的战略支点。首先，县城连城通乡，与城市和乡村的经济联系和文化交流最为密切，是连接城市与乡村的重要纽带和桥梁。其次，县城是县域的政治、经济、文化和交通中心，既是驱动县域经济发展的增长极，也是县域的综合服务中心和治理控制中心，在县域内城乡融合发展中发挥着枢纽作用和统领作用。最后，与一般建制镇相比，县城具有较好的发展基础。虽然县城的人口存量和人口增量都无法与城市建成区相比，但其平均人口规模和增长速度都远高于一般建制镇。这在公共设施和公共服务等方面亦是如此，例如，在用水普及率、燃气普及率和污水处理率等方面，县城和城市的差距在不断缩小，甚至逐渐消弭（见图 9-4）。因此，以县城为重要支撑加快推进县域城镇化，具有较好的基础和条件。

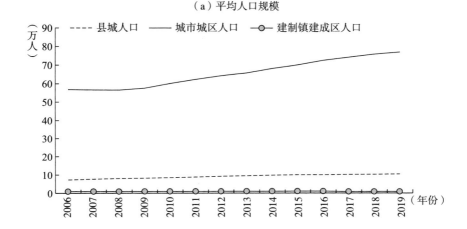

（a）平均人口规模

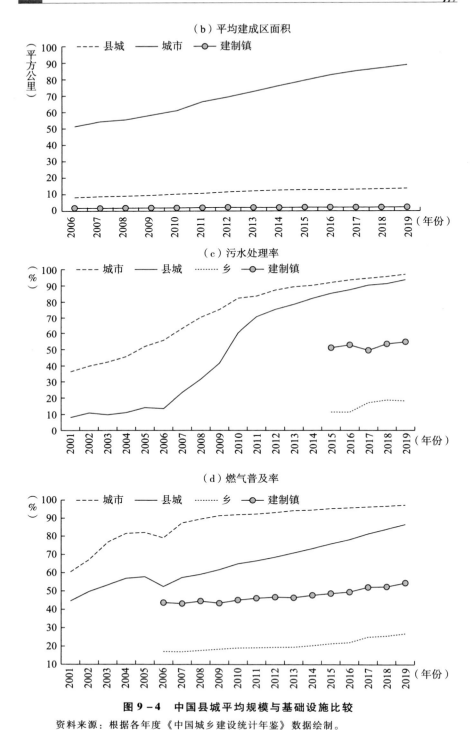

图 9 - 4　中国县城平均规模与基础设施比较

资料来源：根据各年度《中国城乡建设统计年鉴》数据绘制。

3. 因地制宜、分类推进县域城镇化

中国多样化的地理文化特征决定了不同地区不同县域发展水平、发展环境和发展特色差异性较大，过去对县域发展的忽视导致对其差异性重视不足，带来政策落实的"一刀切"，造成县域层面发展方式和县域城镇化推进模式思路单一，甚至形成"千县一面"的局面。因此下一阶段在县域城镇化的推进过程中需结合当地实际情况，因地制宜、分类施策，采取差别化的发展策略。考虑到目前中国县域发展的基本情况，在县域城镇化推进过程中应结合县域所处地区整体发展情况，按照所在地区、所处发展阶段和主体功能区定位制定发展策略，除此之外，还应从县域地理和资源条件出发，对和大中城市距离较近的城郊县以及山区县、农区县、边境县等不同县域实行差别化战略，发挥本地区比较优势，推动县域城镇化多元化发展。

4. 从城乡统筹角度建立县域城镇化治理模式

县域自古以来就是基层治理的重要单元，在目前县域城镇化的推进中，县城和其他建制镇在人口、社会和经济方面的影响力会进一步增强，县域治理对推进国家治理体系与治理能力现代化的基础性作用越发凸显。随着县域城镇化的推进，县域治理的内容和矛盾会呈现更加复杂的局面，原先以农业和农村为主的治理环境会逐渐出现更多的城镇色彩。而城镇与乡村在社会形态、运行规律、空间布局和技术保障等方面均存在较大差异，势必会对县域城镇化过程中的治理问题提出更高的要求。因此下一阶段县域城镇化推进过程中县域治理亟须改变过去"就县论县"和城乡有别的治理模式，发挥县城与所属地级城市的联结作用，从城乡统筹的角度提升县域基层治理能力。

（二）加快推进县域城镇化的路径

1. 明确县域城镇化的战略重点

推进县域城镇化建设，必须明确其战略重点，以县城和县级市城区为重要支撑。一方面要实行县城发展的差别化战略。中国县城发展

的基础条件千差万别,对于某些发展较好的、符合条件的县城,应加快其撤县设市步伐,提升其行政能级;对于其他的大量县城,应按照现代中小城市的标准,大力推进县城建设。另一方面要强化县城的中心功能。关键是通过加强基础设施建设、提高公共服务水平和质量等举措,增强县城的中心功能和综合服务能力,进而辐射、带动周边的小城镇和广大乡村发展;要赋予县城更多资源整合使用的自主权,提升其建设发展的自主性;还要警惕资源过度集中导致的县城虹吸效应。在此基础上,要综合考虑县城和其他建制镇地域特征、人口规模和发展潜力等因素,尽快明确本地下一阶段具有带动能力和新增城镇人口承载能力的产业和项目,并予以政策扶持和资金倾斜,要坚持"项目跟着规划走",依据经济社会发展规划及国土空间规划,合理确定项目空间布局和规模体量。同时应建立严格科学的项目审批制度,避免盲目攀比和"一窝蜂"式的项目上马。

2. 结合实际情况分区分类推进

对于东部地区发展水平较高、基础较好的县域,应发挥地区优势,创新体制机制,大胆进行超前探索,加强与周边中心城市的分工合作,聚焦于县域产业升级和创新能力提升,打造一批高质量城镇化和城乡深度融合的示范县,充分吸引优质要素流入。而对于东部一些发展中地区如苏北地区、粤北山区等,应借鉴国内其他地区县域城镇化的经验,大力发展特色优势产业,推动传统产业加快转型升级。对于中西部县域城镇化水平较高的部分地区,要积极运用高新技术改造传统产业,加快产业升级步伐,提高传统产业的竞争力,鼓励高新技术产业和传统产业的融合,扶持高新技术产业发展和壮大,充分吸纳县域新增城镇人口就近就地实现落户和就业。针对中西部地区普遍存在县域基础设施老旧、覆盖面小、公共服务水平不高的情况,应在强化产业带动作用的同时推动县域基础设施和公共服务配套升级,推动县域产业集群化链式发展,为农民创造更多就业机会。对于东北地区县域城镇化水平整体较低的情况,首先,应加快整个地区经济的转型升级步伐,营造良好的发展环境,奠定坚实的经济基础;其次,加强基础设施建设，提升就业吸纳能力以吸引人才，防止人才外流，把县域经济作为吸引人才和进一步推进城镇化的主要平台，摆脱过去那种各种功能和产业活动高度集中在大中城市的传统思维，在县域层面发展多元化产业，释放县域经济潜力。

另外，各地要从区情出发，因地制宜，分类推进县域城镇化。对于城市群和大中城市辖区以及相邻的县，要加强与中心城市的分工合作，充分利用中心城市（区）的辐射带动作用，积极承接中心城市（区）的产业转移，为中心城市（区）提供生产制造、休闲康养、农产品供给等配套功能；对于地处平原或丘陵地区的县，要根据县城人口增长态势，积极提升县城在县域的中心功能，带动乡村振兴，促进县域内城乡融合发展；对于山区县或其他宜居性较弱地区的县，要积极提升县城服务功能，因地制宜做好县域乡村振兴和生态搬迁移民工作，为县域城乡居民提供高质量的公共服务和社会保障。

3. 提升县域产业支撑能力

发展县域特色产业，提升县域产业支撑能力，不仅有利于本地区经济发展，而且能够吸纳更多本地就业，促进县域城镇化质量提升，为此亟须促进培育一批县域主导优势产业以及相关配套产业和设施，营造良好的产业发展环境和创业环境，提升产业对县域发展的带动作用，促进县域新增城镇人口充分就业。在新形势下，必须立足县域比较和竞争优势，以打造高质量县域产业平台为手段，以本地资源禀赋为依托，全面提升县域产业综合竞争力，带动就业和人口集聚，促进县域城镇化高质量发展。要加大对县域产业发展平台的政策扶持力度，补齐县域内产业平台公共配套设施短板，通过完善基础设施、改善配套服务、优化营商环境等措施，推动要素资源向县域产业平台集聚，进一步提高承接产业转移的能力；以县域产业发展平台为核心，按照县域主体功能定位以及智慧化、绿色化、补链强链的发展思路，推动建材、农产品加工、纺织服装等传统产业加快转型升级和绿色化改造，打造辐射乡镇、服务中心城市的特色产业集群，走特色化、集群化、融合化、生态化的道路；完善产业平台配套设施，加快辅助性产业建设，推进产业链两端进一步延伸；健全优化冷链物流设施，进一步降低农产品物流成本，不断提高其对县内外市场的覆盖能力。需要注意的是，县域经济发展不是孤立的，应站在统筹城乡、服务市场的战略高度，立足地区资源禀赋优势，明确县域产业发展定位和方向，引进培育一批具有潜在竞争优势的产业项目，开发生产以本地资源禀赋为依托的优势产品，将自身比较优势转化为产业竞争优势。

4. 继续稳步推进特大镇设市与扩权强镇

县域经济是国民经济的重要组成部分，而镇又是县域经济的重要载体，镇尤其是特大镇的经济发展状况很大程度上决定了县域发展水平和县域城镇化质量。2016 年国务院在《关于深入推进新型城镇化建设的若干意见》中指出"加快培育中小城市和特色小城镇，完善设市标准和市辖区设置标准，规范审核审批程序，加快启动相关工作，将具备条件的县和特大镇有序设置为市"，并在其后印发的相关政策文件中进一步强调稳步推进特大镇设市。在县域城镇化推进过程中，考虑到镇区常住人口在 10 万人以上的非县级政府驻地特大镇（2019年底数量约为 158 个，镇区常住人口约为 0.3 亿人）已具备小城市甚至中等城市城区的人口规模，但公共资源特别是公共服务设施、市政公用设施仍按照镇级来配置，与实际民生需求相比存在很大缺口，"小马拉大车"的现象日益凸显。这一问题出现的原因之一在于镇级政府管理体制不活，行政权力受到限制，难以充分发挥治理能力，因此在下一阶段的县域城镇化推进过程中，应稳步推进符合条件的特大镇设市工作，改革基层行政管理体制，赋予镇级政府更多的管理自主权，营造更宽松的管理环境，把特大镇作为县域城镇化高质量推进的重要承载点。另外，在稳步推进特大镇设市和扩权强镇的过程中，应充分考虑地区发展水平差异和主体功能区布局，合理确定经济发达镇认定标准。

5. 加强县城基础设施和公共服务建设

县城基础设施发展已初具规模，但人均水平和普及率仍低于全国城市平均水平（刘晓丽，2011）。同时，现有基础设施和公共服务对县域城镇人口的供给仍明显不足，导致县域范围内就近就地城镇化较为缓慢，县城的落户吸引力不足。因此，应加强县城基础设施和公共服务建设，充分发挥县城在县域范围内的服务供给核心作用，提高县城对农民落户的吸引力和保障水平。县域层面的公共服务设施优化主要包含以下内容：优化医疗卫生设施，适当扩大县级医院和乡镇卫生院规模，在合理范围内增加医务人员和床位数，引进城市优质医疗资源，满足现有人口和县域新增城镇人口的基本医疗服务供给，并不断提升医疗服务质量；优化教育设施及相关配套设施建设，保障县域城镇人口就近享受高质量的教育资源，推进教育服务在县域内实现均衡化供给，并完善相关配套设施；扩大养老托育设施规模，根据县域人口分布和新增城镇人口聚集情况合理安排养老托育设施的增量布局和存量扩大，根据城镇人口年龄和实际情况实现精准服务供给；除此之外，还需要进一步优化文旅体育设施、社会福利设施和社区综合服务设施，提升县域人口的文化生活选择和保障水平，增强县域新增城镇人口的幸福感和归属感；避免因为县域城镇化导致的人口集聚所带来的环境卫生问题，完善垃圾无害化资源化处理设施，减少因人口聚集产生的垃圾对环境的污染，并增强可回收垃圾循环利用能力，促进县域经济可持续发展，改善县城容貌和生活环境。

6. 着力提升县域内农民进城落户能力

增强农民进城定居能力，是加快县域就地城镇化的有效路径。实证研究发现，较高的教育水平对促进农民进城定居具有显著的正向作用，受教育年限每提高1年，农民进城定居的可能性增加14.7%（杨传开等，2017）。因此，未来还应继续加大财政对农村教育的投入，通过加强对农民的教育和职业技能培训，增加农民的人力资本。另外，还应特别重视农村留守儿童的教育问题。留守儿童是城镇化的"后备军"，其面临的辍学、失学现状以及心理、健康等问题，极大地影响了他们的成长和发展，不利于未来城镇化和社会经济的可持续发展。在推进城镇化过程中应该加强对该群体的重视，避免阶层固化。具体可通过促进城乡义务教育均衡发展、改善农村办学条件、提升农村中小学教师素质，以及在教师职务设置、职称评聘、评优晋级等方面向农村倾斜，从而加快农村教育事业的发展。

三 加快推进县域城镇化的政策措施

（一）在县域范围内推进户籍制度和土地制度改革超前探索

县域城镇化建设应根据各县发展情况的不同进行分类施策，对于部分具备条件的县，可以适当超前改革，大胆探索，并与地市级城镇化规划和乡村振兴战略有机结合起来。在县域范围内，全面建立城乡统一的人口登记制度，率先实现市民化与城镇化的同步推进，同时统筹推进进城落户农民农村土地承包经营权、宅基地使用权和集体经济收益分配权"三权"退出机制，尤其是农村闲置宅基地的退出。根据《第三次全国国土调查主要数据公报》，2019 年底全国城镇村及工矿用地 52959.53 万亩，其中，村庄用地 32903.45 万亩，占 62.13%；而根据《中国城乡建设统计年鉴 2019》中的数据，全国共有 51.52 万个行政村，251.30 万个自然村，村庄户籍人口达 77601.99 万人，村庄常住人口达 68634.82 万人，分别占全国总人口的 55.0% 和 48.7%。按村庄常住人口计算，全国村庄人均建设用地高达 319.6 平方米，分别是建制镇和城市人均建设用地的 2.13 倍和 3.21 倍（见表 9 - 4）。随着城镇化的不断推进，大量农村人口将继续向城镇迁移，村庄"空心化"将不可避免。为此，应以县域为切入点，全面深化农村土地征收、集体经营性建设用地入市和宅基地制度改革，并按照依规自愿有偿的原则，建立进城落户农民农村宅基地退出的长效机制，强化县域土地综合整治，完善城乡建设用地增减挂钩制度和低效闲置土地退出机制，将县域农村集体建设用地腾退指标优先保障县城建设用地，切实提高县域土地利用效率，增强农民带资进城的能力，为符合条件的农村人口实现就近就地城镇化转移创造良好的条件。

表 9 - 4 2019 年中国城镇村人口及建设用地情况

城镇村	建设用地 （万亩）	城镇村人口 （万人）	人均建设用地 （平方米）
城市	7832.78	52415.6	99.6
建制镇	7693.96	34141.0	150.2
村庄	32903.45	68634.8	319.6

注：城镇村人口指标中，城市为城区人口（含暂住人口）；建制镇为县城人口（含暂住人口）与其他建制镇建成区常住人口之和；村庄为村庄常住人口。

资料来源：根据《第三次全国国土调查主要数据公报》和《中国城乡建设统计年鉴 2019》中的数据计算。

（二）加大财政支持和金融融资力度，合理引入社会资本

一方面，县级行政区财政资金有限，因此针对不同类型的建设项目，积极创新资金筹集方式和项目运营模式，用好用足各项财政支持政策，处理好政府与市场的关系，充分引入市场资本投资，发挥金融系统融资作用，对市场资本的进入予以适当优惠，同时要注意资金投入的充足性和连续性，严防出现"烂尾工程"。另一方面，县域作为体现文化社会内聚性的重要地域单元，市场主体的经济社会活动具有较强的本地化倾向，容易出现"关系"社会，因此政府应通过加强监管、简政放权等方式激发市场活力，提升县域城镇化中市场的自发调节能力，避免以行政手段过度干预产业发展和设施建设，破除县域熟人社会以"关系"开路的弊病。

（三）加快建立县域城乡一体的公共服务和社会保障体系

针对县域公共服务和社会保障水平相对落后的现状，在教育方面，应加大政府投资力度，在县城大力建设具有代表性的县级中学，加大教师人才引进力度，改善教育环境，提升教学质量，适当放宽入学条件限制，尤其是对县城新增城镇人口子女入学进行保障，吸引周边居民进城落户；在医疗方面，应借鉴紧密型县域医共体建设试点县经验，根据本地区实际情况加快推进医疗改革，改进县级医院软硬件设施，减轻县域人口医疗负担，对低收入人口和县域范围内边远地区

人口定期开展医疗下乡等活动；在养老和住房保障方面，县级政府应根据本地区县域城镇化推进程度和人口情况，积极开发保障性住房，为达到退休年龄的新增城镇人口提供财政保障，解决养老问题，及时将县域新增城镇人口保障力度与原有县城户籍人口对标。

第十章 新型城镇化下优化行政区划设置

行政区划是国家进行区域划分和行政管理的主要依托和重要手段，它的设置直接影响到区域发展活力和空间发展秩序。本章梳理了改革开放以来中国城镇化不同发展阶段的行政区划调整历程，分析了当前中国城镇化进程中行政区划调整面临的主要困境，并提出了优化行政区划的目标、思路与具体措施。目前，中国城镇化进程已经进入减速期，全面提升城镇化质量成为中心任务。在新形势下，要进一步优化行政区划设置，通过创新设市模式，稳步增设一批中小城市，有序推进市辖区增量调整和存量优化，使行政区划调整更好适应经济社会和城乡协调发展的需要，推动形成大中小城市和小城镇合理分工、协调发展、等级有序的城镇化规模格局，提升政府的行政管理效能，构建高质量发展动力系统。

一 中国城镇化进程中的行政区划设置

改革开放以来，中国的行政区划调整是在快速城镇化的背景下进行的，其目的是促进城市的快速发展。"撤县设市"主要是为了推动中小城市发展，"撤县（市）设区"则是为了推动大城市发展。近年来，以人为核心的新型城镇化战略持续推进，驱动了行政区划体系结构的不断优化调整，而行政区划的优化调整也在支撑新型城镇化战略布局、释放城市发展潜能等方面发挥着举足轻重的作用。依据行政区划调整的特征和对城市发展的影响，可以将中国改革开放以来的行政区划调整历程划分为以下三个阶段。

（一）第一阶段：建制市镇的数量增加阶段（1978～1996 年）

1978 年以后，在改革开放大背景下，国家工作重心转向经济建设，城市作为发展第二、第三产业的主要载体受到空前重视，市镇设置由严转松，城镇数量快速增加。城市数量由 1978 年的 193 个增加到 1996 年的 666 个，年均增加 26 个。其中，县级市数量由 1978 年的 92 个增加至 1996 年的 445 个，地级市数量由 1978 年的 98 个增加至 1996 年的 218 个（见图 10－1）。这一时期，伴随城市数量的快速增加，中国城镇化进程也稳步推进，1996 年中国城镇化率达到 30.48%，比 1978 年提高了 12.56 个百分点，年均提高 0.7 个百分点。

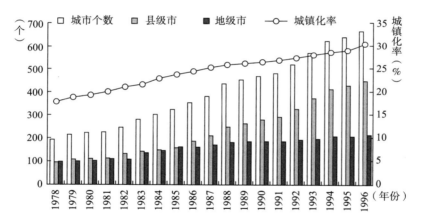

图 10－1　1978～1996 年中国城镇化进程与城市数量变化
资料来源：根据《中国统计年鉴 2020》和《中国城市建设统计年鉴 2018》绘制。

首先，推行市领导县体制。这一阶段的城镇化为中国都市区的形成奠定了制度和空间基础，中国行政区划改革在快速城镇化背景下进行。在地级层面，1982 年根据中共中央 51 号文件发出的改革地区体制、实行市管县体制通知，当时行政区划改革的重点之一是破解地区体制弊端，改革当时省与县之间地区与地级市并存的局面，逐步取消地区建制，推进地市合并和市领导县体制（范今朝，2013）。1982～1996 年，"撤地设市"快速推进，中国的地区数量由 170 个减少到 79 个，与此同时，地级市数量由 109 个增加至 218 个，领导县的市数由

58 个增至 210 个（见表 10 - 1），市管县体制在全国全面推行。到这一阶段末期，全国大部分地区已经实现了地级市代替地区，实现了对县级行政区划的领导和管理。

其次，实行撤县设市。在县级层面，秉承"控制大城市规模，合理发展中等城市，积极发展小城市"的城市发展方针，对县级行政区划格局进行全面改革（申立，2020）。1983 年，国务院肯定撤县设市模式，并提出县改市的具体标准，中国设市的主要模式由"切块设市"转为"撤县设市"。此后，中国县级市设立进入"快车道"，到1996 年达到 445 个，比 1983 年增加了 304 个，年均增加 23 个。大规模的"撤县设市"一方面使得市建制迅速增加，另一方面也导致县建制大幅减少。1996 年，中国的普通县有 1522 个，比 1983 年减少了420 个，年均减少 32 个（见表 10 - 1）。

最后，推进撤乡设镇。在乡镇层面，变"区—乡"二级制为乡、镇并立的一级制，通过"切块设镇""整乡改镇"逐步增设镇，使镇成为县以下政区主体，乡的数量大幅减少。1983 ~ 1996 年，镇的数量由 2968 个增加到 18171 个，年均增加 1169 个；与此同时，乡的数量由 35514 个减少到 27056 个，年均减少 651 个（见表 10 - 1）。这一阶段的撤乡设镇使得镇的形态从"点"（非农业居民为主的建成区）到"面"（包含大量乡村人口和非建成区的地域）转变，镇的辖域面积、人口规模大幅扩张（范今朝，2013）。

表 10 - 1 1982 ~ 1996 年各级行政区划统计

单位：个

年份	地区数	地级市数	领导县的市数	县级市数	县	镇	乡
1982	170	109	58	133	1998	—	—
1983	138	137	126	141	1942	2968	35514
1984	135	148	127	149	1926	7186	85290
1985	125	162	146	159	1893	9140	82450
1986	119	166	151	184	1856	10718	61353
1987	117	170	157	208	1817	11103	58739

续表

年份	地区数	地级市数	领导县的市数	县级市数	县	镇	乡
1988	113	183	169	248	1765	11481	45195
1989	113	185	170	262	1741	11873	44624
1990	113	185	170	279	1723	12084	44397
1991	113	187	172	289	1714	12455	42654
1992	110	191	178	323	1668	14539	33827
1993	101	196	184	371	1617	15805	32445
1994	89	206	196	413	1560	16702	31463
1995	86	210	201	427	1542	17532	29502
1996	79	218	210	445	1522	18171	27056

注：1982 年乡、镇数据缺失。

资料来源：根据历年《中国民政统计年鉴》和《中华人民共和国行政区划简册》整理。

（二）第二阶段：建制市镇的规模扩张阶段（1997～2012 年）

这一阶段的行政区划调整主要在都市区扩容的背景下进行。这一时期，中国城镇化进程进入加速期。2012 年，中国城镇化率达到 53.10%，比 1997 年的 31.91% 提高了 21.19 个百分点，年均提高 1.41 个百分点，增速是第一阶段的近 2 倍。城镇人口数量由 1997 年的 3.95 亿人增加至 2012 年的 7.22 亿人，新增城镇人口达 3.27 亿人。[①] 然而，由于冻结撤县设市，这一阶段的中国城市数量不增反减，2012 年中国建制市数量 657 个，比 1997 年减少 11 个（见图 10-2）。

首先，实行撤县设区。这一阶段的行政区划调整主要表现在县级层面，地级层面的调整不太频繁。第一阶段城市数量的过快增长引发了重复建设、逐底竞争和土地分割等一系列负面效应（张占斌等，2013）。1997 年国务院发文叫停了"撤县设市"，自此，中国的城市设置进入了严格管控期，图 10-2 反映了 1997～2012 年县级市与市辖区数量此消彼长的关系，表明中国城市发展开始由城市数量增加转向

---

① 国家统计局编《中国统计摘要 2021》，中国统计出版社，2021。

城市规模扩张阶段。1997～2012年，全国市辖区数量由727个增加到860个，年均增加9个。与此同时，县级市则呈现不断萎缩的态势，由1997年的442个减少至2012年的368个，年均减少5个；普通县的数量由1997年的1693个减少至2012年的1624个[①]。

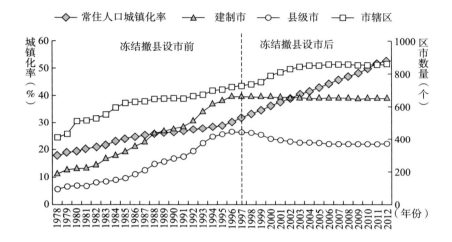

图10－2　1978～2012年撤县设市冻结前后建制市和市辖区数量的变化

资料来源：根据《中国统计年鉴2020》和《中国城市建设统计年鉴2018》绘制。

究其原因，一方面，由于改革开放以来确立的市领导县体制使以地级市为代表的城市获得优先发展机会，在促进中心城市发展方面起到了巨大作用，做大做强中心城市不仅可以扩大中心城市的影响力，还能创造基于扩散效应反哺周边地区的可能性，使得撤县（市）设区成为这一阶段大中城市扩张的首选方案（陈科霖，2019）。另一方面，随着中国城镇化进入加速期，城市发展空间开始从中心城区向郊区延伸，各地中心城市空间需求普遍膨胀。同时，这一时期的分税制改革对地方政府收入结构产生冲击，促使土地出让收入成为地方政府的重要财政收入来源，一些地级市为增加本级政府可支配资源，纷纷以中心城市空间不足为由扩大市辖区范

---

① 国家统计局城市社会经济调查司编《中国城市建设统计年鉴2018》，中国统计出版社，2018。

围（徐林、范毅，2018）。而当时国家对撤县（市）设区并没有严格的标准以及相关的文件规定，这也给予了撤县（市）设区很大的政策空间。因此，在土地财政、加速城镇化和经营城市理念的共同作用下，单个城市规模不断扩张。

其次，推进乡镇合并和撤乡设街。在乡镇层面，这一阶段行政区划调整的特点主要表现在以下两个方面：一是进一步进行乡镇合并，强化中心镇建设；二是街道的设置突破法律限制，其设置方式以"整乡（镇）设街"模式为主，街道数量大幅增加，并与镇共同成为县以下政区主体。这一阶段的乡镇层面行政区划调整着眼于推进城镇化进程，首先，在乡镇撤并过程中，建制镇的设置数量进一步增加，并于2001年首次超过乡的数量（见图10-3）；其次，一般的县下也开始设置街道办事处，在城市（镇）管理的组织架构上实现向城市模式的转变。尤其是在2001年，民政部等七部门联合发布《关于乡镇行政区划调整工作的指导意见》（民发〔2001〕196号）（简称"七部委意见"），在肯定各地撤并乡镇做法的同时，也提出了进一步完善的意见，许多省份在制定相应实施细则时，均有县城与部分乡镇改设为街道办事处的规定。至此，街道体制突破1954年《城市街道办事处组织条例》的规定，成为与乡、镇并列的行政区划新体制。2001~2012年，全国街道办事处的数量由5510个增加到7282个，增幅超过32%，乡与街道办事处的数量呈现此消彼长的态势（见图10-3）。

（三）第三阶段：建制市镇的战略性结构调整阶段（2013年以来）

这一阶段的行政区划调整主要在新型城镇化和国家治理背景下进行。2013年，中国城镇化率达到54.49%，并在2017年突破60%，中国城镇化由第二阶段的加速期进入减速期。自2013年开始，中国行政区划政策出现明显松动，不仅冻结了16年之久的县改市再次启动，市辖区设置数量亦出现新一波的快速增长（见图10-4），尤其是随着2014年国家新型城镇化工作的推进，"撤县（市）设区"出现

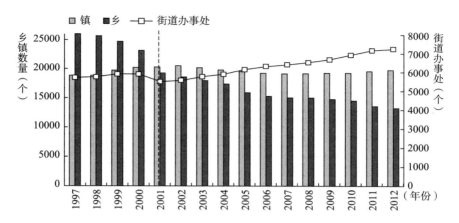

图 10-3　1997~2012 年"七部委意见"发布前后乡镇和街道设置情况

资料来源：根据历年《中国民政统计年鉴》绘制。

"井喷式"发展，仅 2014 年就有 20 个城市进行了 21 次"撤县（市）设区"（见表 10-2）。从 2013 年到 2020 年底，全国市辖区数量由 872 个迅速增加到 973 个。此外，随着撤县设市的解冻，县级市和整体建制市的数量均有小幅增加，尤其是自 2016 年新的设市标准出台以后。

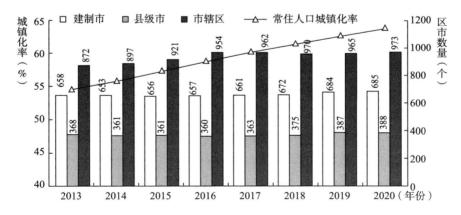

图 10-4　2013~2020 年中国建制市、县级市、市辖区和城镇化率变化情况

资料来源：根据历年《中国民政统计年鉴》《中国城市建设统计年鉴》，以及《中国统计摘要 2021》绘制。

表 10 - 2　2013～2020 年撤县（市）设区与撤县设市的城市比较

年份	进行撤县（市）设区的城市	进行撤县设市的城市
2013	南京、桂林、达州、潮州、绍兴、梅州、赣州、济宁	吉林扶余、云南弥勒、青海玉树
2014	广州、茂名、威海、哈尔滨、连云港、南平、重庆、十堰、滨州、云浮、开封、石家庄、德州、眉山、阳江、长春、杭州、西安、龙岩、安顺	新疆双河、新疆霍尔果斯、云南香格里拉
2015	南宁、上饶、海东、三门峡、保定、重庆、常州、肇庆、天津、盐城、秦皇岛、温州、南昌、北京、拉萨、渭南、大连、铜陵、成都、玉溪	四川康定、新疆可克达拉、广西靖西、云南腾冲、四川马尔康、黑龙江东宁
2016	张家口、沈阳、菏泽、山南、哈密、盘锦、曲靖、柳州、遵义、绵阳、上海、天津、重庆、淮安、衡水、延安、东营、济南、赣州、邯郸、宁波、成都、昆明、西安、许昌、河池、抚州	新疆昆玉、黑龙江抚远、江西庐山、云南泸水
2017	杭州、福州、九江、青岛、德阳、拉萨、汉中	河北平泉、浙江玉环、陕西神木、四川隆昌、湖南宁乡、贵州盘州
2018	大同、鹰潭、曲靖、济南、长治、株洲、宜宾	山西怀仁、陕西彬州、青海茫崖、江苏海安、黑龙江漠河、湖北京山、河北滦州、安徽潜山、山东邹平、广西荔浦、贵州兴仁、云南水富、甘肃华亭
2019	上饶、聊城、周口、百色、晋中、西宁	安徽广德、湖南邵东、四川射洪、陕西子长、河南长垣、黑龙江嫩江、浙江龙港、新疆胡杨河、广西平果、新疆库车、云南澄江、安徽无为
2020	烟台、邢台、芜湖、成都、南通、六盘水	湖北监利、江西龙南、青海同仁

　　经过 1997～2012 年的快速成长，中国都市区的空间规模和经济实力获得了极大提升，虽然对发展空间的需求依然强烈，但发展理念的变化与各种约束的综合作用，使得主要都市区的发展目标与方式开始日益多样化。越来越多的都市区开始着眼于发展品质和综合竞争力的培育，城市功能与内涵的提升开始超越单一的规模扩张成为追求的新主题。与都市区发展目标和方式变化相对应的是作为调节都市区空间与治理结构主要手段的行政区划调整方式的变化（罗震东等，

2015）。相比于第二阶段的行政区划调整，2013 年之后的调整是主要都市区经过一轮高速发展之后的再调整，与都市区化进程的关系更加密切，也更加注重质量提升。

与第二阶段"撤县（市）设区"调整不同的是，这一轮"撤县（市）设区"在发达地区发生的频次大大下降，一些发展中地区尤其是中西部都市区构成了这一阶段的主体（见表 10-2），这些城市在第二阶段大多由于空间扩张需求不高、动力不足，基本不具备"撤县（市）设区"的条件，然而经过 10 多年的快速发展和发达地区的示范效应，这些城市通过"撤县（市）设区"实现都市区扩容的动机与上一阶段大量发生的"撤县（市）设区"动机基本一致，只是由于自身发展水平和阶段的限制而相对滞后（安森东，2015）。同时，这一阶段的"撤县（市）设区"不仅着眼于解决自身发展问题，而且更加注重区域发展一体化和城市功能提升（申立，2020）。例如，2014 年连云港市在行政区划调整的请示文件中强调"有利于把连云港打造成为辐射带动能力较强的新亚欧大陆桥东方桥头堡"，2015 年盐城市在大丰撤市设区的请示文件中强调"推动盐城市加快融入长江三角洲地区发展"，2017 年杭州市在临安市撤市设区的请示文件中强调"有利于更好地发挥杭州作为浙江省会城市及长江三角洲中心城市的集聚和辐射作用"。

根据国家最新设市标准[①]，拟设立县级市需要从人口、经济、资源环境与基础设施、基本公共服务四个方面参考 21 项具体指标，并指出县级市的设立要尊重城市发展规律，符合中国城镇化发展阶段特点，与城市发展所需要的综合承载能力相匹配，与国家和省、自治区主体功能区规划以及新型城镇化规划、土地利用总体规划、城镇体系规划和环境功能区划相衔接，有利于优化城镇化空间布局和城镇规模结构，保障生态安全，促进大中小城市和小城镇协调发展。与第一阶段"撤县设市"不同的是，新时期的"撤县设市"更加注重设市质

---

① 2016 年 5 月，国务院出台《设立县级市标准》，同年 11 月印发《设立县级市申报审核程序》。

量，更加重视区域协同发展，这表明中国行政区划调整正朝着宏观调整城市数量、微观优化城市空间结构与格局的方向演进，城镇化推进已从城市规模扩张进入城市功能与内涵提升的新阶段。

在乡镇层面，各地围绕中心镇的培育，进一步加大调整力度。至2020年底，全国建制镇数量达到 21157 个，比 2013 年增加 1040 个；乡的数量从 2013 年的 12812 个减少到 2020 年的 8809 个；同期街道办事处的数量由 7566 个增加到 8773 个（见图 10－5）。撤镇设街道和乡镇撤并使得街道办事处和建制镇的数量总体上趋于增加，乡的数量逐步减少，乡与建制镇的数量差距不断扩大，街道办事处的数量直追乡的数量。中共十八届三中全会提出"对吸纳人口多、经济实力强的镇，可赋予同人口和经济规模相适应的管理权"，2016 年中央全面深化改革领导小组会议通过的《关于深入推进经济发达镇行政管理体制改革的指导意见》进一步提出"加强对经济发达镇行政管理体制改革工作的指导"，扩权强镇在全国范围内展开。2019 年 8 月，经国务院批准，苍南县龙港镇撤镇设市，成为全国首个镇改市以及全国首个不设乡镇、街道的县级行政区域。

图 10－5   2013～2020 年中国乡镇及街道办事处设置数量

资料来源：根据《中国城市建设统计年鉴 2019》和《中国统计摘要 2021》整理绘制。

二 当前行政区划调整面临的主要困境

改革开放以来，中国的行政区划调整大大地调动了地方政府发展积极性，在促进城市发展方面取得了显著成效。与此同时，伴随城镇化的快速推进，各地社会经济发展发生了巨大的变化，对行政区划调整的需求也越来越强烈。目前来看，中国城镇化进程中行政区划调整面临的主要困境包括以下方面。

（一）城镇等级体系不合理，建制市数量不足

工业化和城镇化的推进要以市镇为依托，城市数量的增加是工业化和城镇化的必然要求。中小城市在城镇体系中属于承上启下的部分，其发展状况直接关系到城镇化的质量。1997 年 4 月，为严格控制城市建设用地尤其是中小城市建设用地规模，中共中央、国务院在《关于进一步加强土地管理切实保护耕地的通知》中明确提出"冻结县改市的审批"。自此以后，除个别情况外，中国建制市的设置工作基本上处于停滞状态。尤其是随着部分地区"撤县（市）设区"的区划调整，全国建制市的数量不但没有增加，反而还有所减少。1997~2020 年，中国城镇人口由 3.95 亿人增加到 9.02 亿人，新增 5亿多城镇人口。与此同时，城镇化水平快速提升，常住人口城镇化率由 1997 年的 31.91% 上升到 2020 年的 63.89%，提升了 1 倍。然而，全国建制市的数量却由 1997 年的 668 个减少到 2016 年的 657 个，2017 年以后随着"撤县设市"审批的解冻，才有所增加（见图 10-6）。近年来，中国经济发展迅速，许多县城及建制镇都得到了较快发展，经济实力大幅提升，形成了一批具备改市条件却没有配置相应的城市功能管理权限的城镇（王开泳，2013）。

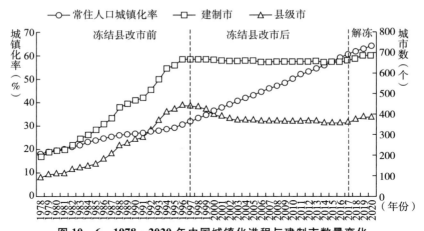

图 10 – 6　1978 ~ 2020 年中国城镇化进程与建制市数量变化

资料来源：根据历年《中国民政统计年鉴》和《中国统计摘要》整理绘制。

（二）市辖区设置不规范，规模结构不合理

目前，中国新增市辖区主要通过以下两种形式实现：一是从县（县级市）划出部分乡镇合并为新的市辖区；二是县或县级市整建制改为市辖区。对市而言，通过吸纳周边县（县级市）改为市辖区不仅能够拓展城市管理范围、扩张城市发展空间、扩大城市总体规模，而且县改市辖区具有大量的农村土地，也有助于增加城市的土地储备、扩大城市的财政收入来源。而相对于市辖区，县拥有更多的行政自主权，同时还可以享受上级的财政转移支付等好处，县改为市辖区后，原有的经济结构、政府职责和任务并未发生改变，而行政权限、财政能力却要受到更多来自上级市政府的限制（魏后凯、白联磊，2015）。因此，地级市往往更倾向于通过县改区来扩大城市规模，甚至导致一些地方出现县改区的盲目跟风现象，而不是根据经济社会发展的实际需要进行行政区划调整，这不仅造成了资源的浪费，而且也损害了地方发展的积极性、主动性和灵活性。截至 2020 年底，全国市辖区设置数量达到 973 个，市辖区设置密度①达到 34.2%，比 2013 年的 30.6% 高出 3.6 个百分点。与此同时，大量市辖区人口密度过低，部分县改市辖区由于地理位置偏

---

①　市辖区数占县级行政区划数的比重。

僻、经济基础薄弱、人口集聚不足，城市建设水平迟缓，大面积城区内仍然是农村产业、农村人口和农村管理体制。大规模的"撤县设区"一方面造成部分城市无序蔓延，加剧了城市规模结构的不合理；另一方面也抑制了新增长极的发展潜能，对城镇化和市民化进程造成极大障碍，甚至会诱发一系列深层次矛盾。

（三）行政区边缘管理薄弱，区域协调缺位

随着城镇化进程的不断推进，都市圈已成为城镇化的新型空间形态，也是当前全球经济的主要竞争单元。当前，都市圈作为一个跨行政区单元，面临的首要问题是如何建立跨行政区的分工协作机制，理顺区域内各城市之间的行政体制关系。由于中国的行政区不仅具有行政边界意义，而且兼具明显的经济功能。在自身经济利益最大化目标的驱动下，各地方政府对经济发展大都存在比较严重的干预行为，从而使得行政区界线成为区域经济联系和协同发展的障碍。在行政区的边缘地带，部分地方政府往往不予以重视和开发，基础设施建设和相关公共服务建设比较落后，城市边缘区管理薄弱、发展混乱，跨行政区之间缺少分工协作、各自为政的现象比较突出（王开泳，2013）。同时，随着交通、信息科技的快速发展，生产要素跨区域的流动性加大。然而行政区划设定了很多有形和无形的障碍，如户口、社保和医保等资源跨区域转移的限制。此外，大气污染、水域治理及公共资源等外部性产品很难分行政区划管理。要解决这些跨行政区的区域性问题，亟须创新行政管理体制，加强区域的空间管理和协调，通过提升区域空间管理效能，解决区域发展中出现的各类问题。

三　优化行政区划设置的目标与总体思路

（一）优化行政区划设置的目标

1. 构建功能互补的区域城镇体系
行政区划作为行政管理的基本组织方式，适时合理调整有利于城

镇化健康发展。中共十九大报告提出"以城市群为主体构建大中小城市和小城镇协调发展的城镇格局"。城市群中不同规模的城市在竞合发展过程中，将逐步形成城市功能有机整合、产业分工合理、经济联系紧密的相互依托的网络关系，使城市群具有更加丰富的多样性、更大的创造性和更持久的竞争力，以此支撑区域经济社会的健康发展，建设具有中国特色的、适应中国城镇化需要的政区管理体制。

2. 提升政府的行政管理效能

随着信息化等新技术手段的应用，不同层级之间的信息交流成本降低。如果继续通过行政手段集聚资源要素，将会进一步加剧"城市病"问题。在经济新常态背景下，应该进一步发挥中心城市的辐射带动作用，通过行政引导市场，让各类城镇获得平等发展机会。通过综合配套改革，逐步减少依据行政等级配置经济社会管理权限和公共服务资源的政策，使其管理权限与管辖区内的经济、人口规模相适应，弱化不同层级城镇之间的经济社会管理行政管辖关系。主张各个地方政府加强合作，针对跨界事务构建多方主体共同参与的对话、协作机制，通过协商、对话、谈判等方式协同处理区域事务。

3. 推动城市发展动态平衡

优化行政区划的目的是优化地区布局，强化全方位协调发展。在行政区划改革中，着力构建一种社会主义新型城乡关系，合理配置城乡资源，使城市和乡村均能充分发挥各自优势，实现协同发展。同时，城市群内各城市在结合资源禀赋和区位优势发展特色优势产业的基础上，充分发挥各自优势，形成错位发展、分工协作的产业发展状态，强化各级城镇的产业支撑和分工合作，推动形成以城市群为主体形态，大中小城市和小城镇合理分工、协调发展、等级有序的城镇化规模格局，有效遏制城镇增长的两极化倾向，构建高质量发展动力系统。

（二）优化行政区划设置的总体思路

行政区划调整对优化区域发展格局、完善城市内部结构、提高空间治理效率、促进区域优化重组起到了重要支撑作用。中国以往的城镇化是以发展大城市、特大城市为导向的城镇化,这导致中国城市越来越朝着两极化的方向发展,城镇体系规模结构不甚合理。新型城镇化强调不同规模的城镇协调发展,由此需要优化行政区划设置,逐步增设一批中小城市,利用一批特大镇设市,加强产业和公共服务资源布局引导,提升质量,增加数量,积极挖掘中小城市的发展潜力;优化县级行政区设置与布局,有序推进市辖区规模结构调整,通过市辖区优化调整,促进人口和资源配置的优化重构,增强市辖区的人口吸纳能力和承载能力;积极稳妥地推进撤乡设镇和乡镇合并工作,促进城乡要素平等交换和公共资源均衡配置;创新都市圈行政管理体制,提升行政管理效率和发展活力,最终推动形成以都市圈为主体形态,大中小城市和小城镇合理分工、协调发展、等级有序的城镇化规模格局,有效遏制城镇增长的两极化倾向,构建高质量发展动力系统。

四 优化行政区划设置的具体措施

(一) 创新设市模式

当前中国城市数量不是多了,而是太少,增加建制市是城镇化的大势所趋(范毅、冯奎,2017)。"十四五"时期,要积极探索设市改革,通过撤县设市、特大镇设市、切块设市等多元途径加快推进设市进程,将培育形成一批功能完善、特色鲜明的新生中小城市作为推进新型城镇化的重点任务之一。

一是有序增设县级市,通过撤县设市培育发展一批中小城市。将经济社会发展程度较高、集聚人口较多、符合设市条件的县有序改设为县级市,一方面,能够通过扩权调动地方积极性,在县域层面有效破解制约发展的体制机制障碍,激发发展潜力,增强发展动力,释放发展活力,培育新的增长点;另一方面,有利于地方以城市标准引领发展,加强基础设施建设,扩大公共服务供给,立足长远,提升规划建设管理水平,走集约高效、绿色低碳的新型城镇化道路。需要注意的是，在整县改市过程中，还需要充分考虑其与周边城市的关系，以充分发挥撤县设市对优化城镇体系结构、完善区域城镇格局、促进区域协调发展的重要作用。

二是利用一批特大镇设市，促进农业转移人口向城镇集中。截至2019年，中国有镇区常住人口在5万人以上的建制镇1123个，10万人以上的建制镇321个，20万人以上的建制镇54个，其中还有五六十万人和接近百万人的建制镇，由此形成了一批达到或超过设市标准的特大镇。① 在未来城镇化进程中，加快推进特大镇设市势在必行。对于特大镇设市条件成熟的，可以直接设市；对于主客观条件不太成熟的，可以实行计划单列管理，深化放权让利改革。此外，特大镇在区位、社会、经济、资源环境等方面存在较大差异，撤镇设市不宜采取单一的标准和模式。要建立多元化的标准体系，尽快完善相关行政区划法规和地方配套法规，保障撤镇设市有序进行（魏后凯等，2020a）。同时，科学遴选少量发展潜力较大、区位条件较好、能够承接吸纳县域内外各类优势生产要素、能够辐射带动城乡一体化发展的重点小城镇作为中心镇，通过中心镇培育工程，大力提升县域城镇化水平。

三是探索推进省直管县（市）体制改革，加快县域城镇化进程。《国家新型城镇化规划（2014—2020年）》把加快发展中小城市作为优化城镇规模结构的主攻方向之一，中共十九届五中全会又明确提出"推进以县城为重要载体的城镇化建设"，县域城镇化迎来了重大发展机遇。推进省直管县（市）是在中国地方政府的中间层次展开的，具有上下联动和互相影响的效应。从现实情况看，省直管县（市）不仅涉及行政区划的调整、行政权力的再分配，还要综合考虑区域经济布局、各县自身经济发展能力和省级管理幅度等多方面因素（张占斌，2013）。通过将一些区位优良、实力强劲、发展势头迅猛、有望成为大中城市的县（市）从所在地级市管辖下独立出来，提高其管理层

---

① 《李铁：特大镇设市，应成为新的改革试验田》，2019年10月26日，https://www.ndrc.gov.cn/xxgk/jd/wsdwhfz/201911/t20191129_1206901_ext.html。

级，培育一批中心城市。

（二）审慎推进县改区

一是推动市辖区的存量优化。新时期中国行政区划调整已进入市辖区存量优化阶段，市辖区的存量优化关键是要做好立法和增质两大任务。"立法"包括国家层面的行政区划法规和地方配套法规，尤其需要对市辖区的设立、撤销、赋权等做出详细规定，同时对市辖区设立过程中的区域差异性予以特别注意，以保障市辖区的设置能够成为城镇化顺利推进的制度保障而非障碍。"增质"需要通过市辖区的增设和撤并，优化资源配置，促进市辖区土地资源的节约集约利用和人口、产业的科学布局，确保市辖区成为推进城镇化的重要支撑和保障力量（魏后凯、白联磊，2015）。

二是控制市辖区的增量调整。当前中国市辖区的增量调整措施主要是合并和增设，未来市辖区的增量需要从基本上"只增不减"转变为"有增有减"的动态调整，以推动行政资源的优化配置，激发区域发展活力。对于重点规划的大城市，其人口稠密、发展空间已受到严重束缚，且中心城市的周边县（市）城镇化水平较高，与中心城市关系密切，有共同的文化渊源，如周边县（市）到中心城市就业、上学的人数超过当地人口的20%，与中心城市文化习俗相近等，可以考虑进行"撤县（市）改区"。如果中心城市经济发展并不好，就没有必要进行"撤县（市）改区"。此外，对于一些特殊类型的城市，比如国家历史文化名城、县（市）经济发展水平高于中心城市、县（市）人口比中心城市还多、当地群众强烈反对的地区，不宜进行"撤县（市）改区"（李开宇等，2007）。

三是提升市辖区设置的典型性。未来市辖区的设立和撤并，要坚持适度从紧原则，着力提升市辖区设置的典型性，确保市辖区设置既符合城区发展的现实需要，又符合典型城市型政区的特征，还符合地域相邻、紧密相连的条件。一个城市市辖区的数量要与中心城区的功能定位、城市人口规模、建成区面积、经济总量规模以及未来发展需要相适应，不能无限制地"摊大饼"式蔓延扩张，要根据综合承载能力明确划定城市的增长边界，推动形成生产空间集约高效、生活空间宜居适度、生态空间山清水秀的格局（魏后凯、白联磊，2015）。

（三）规范调整乡镇行政区划

中国小城镇类型多样，并且地区间具有较大的差异性，在调整行政区划过程中需要强化分类指导，做到依法科学合理有序，逐步扩大重点镇和中心镇的规模。有效推进乡镇管理体制改革，通过"小政府、大服务"强化服务功能，着力打造职能明确、结构合理、精干高效的小城镇管理体系。

一是深入推进扩权强镇改革。为激发乡镇发展活力，进一步优化基层经济社会发展环境，要持续深入推进扩权强镇，通过财权和事权的下放，提升乡镇的社会管理能力。在事权方面，除法律法规规定必须由县级以上政府及其职能部门行使的行政许可、行政强制和行政处罚措施外，将直接面向人民群众、量大面广、由乡镇服务管理更方便有效的各类事项依法下放到乡镇政府，重点扩大乡镇政府在农业发展、农村经营管理、安全生产、建设管理、环境保护、公共安全、防灾减灾、扶贫济困等方面的服务管理权限。[1] 与此同时，财权要与事权相匹配，健全完善财政转移支付制度，探索创新镇级财政增量分享机制，积极拓展乡镇建设资金来源，夯实乡镇的财政基础。

二是加快推进以县城为重要载体的城镇化建设。小城镇同时发挥着连接城市和服务乡村的作用，是未来新型城镇化建设的重要载体，对于有条件的地区可按照小城市的标准建设县城。同时，重点强化县城综合服务能力，充分发挥乡镇服务农民的区域中心作用，推动实现县、乡、村功能衔接互补。此外，调优调强中心镇和重点镇，对于有条件的中心镇和重点镇，亦可朝着中小城市的方向建设，以推动中小城市培育。

---

① 农业农村部：《深入推进扩权强镇 再释红利普惠农民》，农业农村部网站，2018 年 8 月 15 日，http://www.moa.gov.cn/xw/qg/201808/t20180815_6155788.htm。

三是稳妥推进撤乡设镇。近几年通过乡镇合并，许多乡的人口规模迅速扩大，经济实力不断增强，集镇规模不断扩展，基础设施不断完善，因此，有必要适时地将这些规模大、经济实力强、基础设施完善、交通便利、区位优势明显的乡予以撤乡建镇，以逐步完善城镇体系，进一步促进农村经济和社会各项事业快速发展。为确保镇域经济高质量发展，各地应根据经济发展阶段及实际发展需要制定设立镇的科学标准，稳妥审慎、科学合理地进行撤乡设镇，防止出现泡沫化。

（四）完善跨行政区行政管理体制

随着都市圈的迅速兴起，目前中国已进入一个以都市圈为载体的群体竞争新时代，都市圈已经成为中国推进城镇化的主体形态。都市圈作为一个跨行政区单元，也是各级政治权力资源在特定空间上的优化组合，尤其是针对跨界问题的处置，需要通过政治权力的转移，建立跨界治理体系。[1] 同时，都市圈内各成员要加强制度、政策的协同和沟通，消除阻碍生产要素自由流动的行政壁垒和体制机制障碍，促进公共服务共建共享，构建成本分担和利益共享体系。

一是重点处理好行政区和经济区之间的关系。都市圈是在相互间长期互动过程中，围绕公共交通、生态环境保护、产业发展、专业服务、文化建设等领域的联通、集聚、辐射效应形成的跨界经济区、市场区和功能区，功能地域边界的重要性更加突出。[2] 因此，既要发挥市场在资源配置中的决定性作用，又要发挥政府在规划政策引领、公共资源配置、体制机制改革等方面的作用，共同推动行政区经济走向都市圈经济。

二是建立健全都市圈内部城市和城镇间跨行政区的协调机制。对

---

[1] 陶希东：《培育现代化都市圈的基本战略选择》，光明网，2019 年 6 月 5 日，https://m. gmw. cn/2019 – 06/05/content_32900165. htm。

[2] 陶希东：《培育现代化都市圈的基本战略选择》，光明网，2019 年 6 月 5 日，https://m. gmw. cn/2019 – 06/05/content_32900165. htm。

一些具有跨区域影响、需要共同规划应对和相互补偿合作的问题进行统筹考虑，形成整体合力。通过构建合理的都市圈内分工协作关系，在发挥好核心地区辐射功能的同时，更好地发挥都市圈内部的协同效应。

第十一章　统筹推进新型城镇化
与乡村振兴

　　全面建成小康社会目标实现后，中国进入了全面建设社会主义现代化强国的新发展阶段。如同脱贫攻坚是全面建成小康社会的底线任务，乡村振兴则是全面建成社会主义现代化强国的底线要求。在新发展阶段，必须全面统筹新型城镇化与乡村振兴战略，实行双轮驱动，全面推进城乡一体化与协调发展。一方面，要坚持以人为核心推进新型城镇化，确保到 2035 年高质量完成基本实现城镇化的目标任务，全面提高城镇化质量；另一方面，要打好全面推进乡村振兴的持久战，确保到 2035 年基本实现农业农村现代化，为乡村全面振兴和农业强、农村美、农民富全面实现奠定坚实的基础。要依靠新型城镇化和乡村振兴双轮驱动，全面深化城乡综合配套改革，建立完善城乡统一的户籍登记制度、土地管理制度、就业管理制度、社会保障制度以及公共服务体系和社会治理体系。

一　坚持以人为核心推进新型城镇化

（一）以人为核心是新型城镇化的本质特征

　　推进以人为核心的新型城镇化是新时期中共中央做出的重大战略决策。早在 2013 年 11 月，中共十八届三中全会通过的《中共中央关于全面深化改革若干重大问题的决定》就明确指出："坚持走中国特色新型城镇化道路，推进以人为核心的城镇化。"2014 年政府工作报告进一步明确提出"推进以人为核心的新型城镇化""走以人为本、四化同步、优化布局、生态文明、传承文化的新型城镇化道路"。为深入推进以人为核心的新型城镇化，2014 年 3 月中共中央、国务院印发了《国家新型城镇化规划（2014—2020 年）》，明确了规划期间推进新型城镇化的指导思想、发展目标、重点任务和规划实施保障。随后，国务院又先后发布了《关于进一步推进户籍制度改革的意见》《关于深入推进新型城镇化建设的若干意见》《关于实施支持农业转移人口市民化若干财政政策的通知》，国家发展改革委等 11 部门还联合发布了《关于开展国家新型城镇化综合试点工作的通知》，并制定实施了《国家新型城镇化综合试点方案》。目前，有关部门和各地区正按照中央统一部署，积极推进以人为核心的新型城镇化，努力探索中国特色的新型城镇化道路。

一般来讲，城镇化是指人口向城镇集聚、城镇规模扩大以及由此引起一系列经济社会变化的过程（魏后凯，2005）。正是这种人口向城镇的集聚，才产生了城镇规模的扩大以及经济结构、社会结构和空间结构的变迁。因此，城镇化的本质是人的城镇化，物的城镇化是由人的城镇化引起的，或者需要为人的城镇化服务。在城镇化的过程中，人的城镇化始终占据主导地位，起着决定性作用，而物的城镇化是为人的需要服务的，必须满足和适应城乡居民日益增长的需要。在城乡发展一体化背景下，人的城镇化主要包括三方面含义：一是农业转移人口不断向城镇迁移和集聚，并在城镇居住、工作和生活，享受更好的公共服务和生活质量；二是进入城镇的农业转移人口能够最大限度地分享城镇化的成果，全面享受与城镇原居民同等的待遇，实现其身份和权利的平等，确保进城农民能够和谐地融入城镇社会；三是维护好进城农民在农村的原有各项权益，确保其权益不受损害和剥夺。

坚持以人为本，推进以人为核心的新型城镇化，核心就是要解决好人的问题，要把增进人民福祉、让亿万农民共享发展成果作为城镇化工作的根本出发点和落脚点，把城乡居民是否满意、人民福祉是否改善、发展成果是否共享作为衡量城镇化质量的基本标准。不同于传统的城镇化理念，新型城镇化突出以人为核心，并非单纯是推进农业转移人口向城镇的集聚，更重要的是强调让进入城镇的新移民拥有充分的就业机会，能够享受平等的权益、更好的服务和更高的福祉，并逐步和谐地融入城镇社会。这就要求农业转移人口的市民化与城镇化实现同步推进。因此，以人为核心是新型城镇化的本质特征，也是新型城镇化与旧型城镇化的根本区别所在。推进以人为核心的新型城镇化，既是中国特色社会主义的本质要求，也是全面建设社会主义现代化强国的迫切需要，其意义重大而深远。

（二）旧型城镇化忽视以人为核心的表现

以人为核心的新型城镇化是针对过去旧型城镇化凸显了以物为本、"重物轻人"的观念提出来的。从以物为本到以人为本，从"重物轻人"到以人为核心，充分体现了以人民为中心的发展思想和城镇化理念的进步。改革开放以来，中国经历了世界上绝无仅有的大规模快速城镇化。1978～2020年，在长达42年的时间里，中国平均每年新增城镇人口1737万人，城镇化率年均提高1.09个百分点，其中，在2011～2020年，平均每年新增城镇人口2322万人，城镇化率年均提高1.39个百分点。据联合国经济和社会事务部人口司发布的《2018年版世界城镇化展望》，1980～2015年，世界城镇化率年均提高0.42个百分点，其中，高收入国家为0.26个百分点，中等收入国家为0.55个百分点，低收入国家为0.34个百分点，而中国为1.03个百分点，远高于世界平均增速（United Nations，2019）。世界城镇化率由30%提高到50%用了50多年，而中国城镇化率从1996年的30.5%提高到2010年的50.0%，仅用了14年。然而，由于受传统观念和体制机制的制约，过去中国的大规模快速城镇化也存在"重物轻人"、忽视以人为核心的倾向。具体表现在以下四个方面。

一是"见物不见人"。由于思想认识上的误区，一些地方把城镇化简单等同于城市建设，贪大求快、崇洋求怪，脱离实际追求"第一高楼"，建宽马路、大广场，大搞"形象工程"，而忽视围绕人的城镇化这一核心，实现进城农民在就业创业、生活方式、居住环境、社会保障、公共服务等方面从"乡"到"城"的全面转变。有的地方在推进城镇化的过程中，忽视广大居民的意愿和需求，片面追求建设用地指标，不顾条件大拆大建，强迫农民上楼，由此损害了农民的利益，引发了诸多纠纷。还有的地方不尊重城市发展规律，大规模"削山造城""人为造城"，有的甚至把城镇化异化为"房地产化"，形成"空城""鬼城"。

二是"要地不要人"。中国城市建设资金来源渠道单一，高度依赖土地出让转让收入。2014 年，中国城市国有土地使用权出让收入占城市市政公用设施建设维护管理市级预算资金的比重高达 60.0%。一些城市土地出让金占地方财政一般预算收入的比重甚至超过 80.0%。受"土地财政"的刺激，不少城市规划面积过大，建设用地盲目扩张，各种开发区和新区遍地开花，导致城镇建设用地快速增长，土地城镇化快于人口的城镇化。例如，2006~2014 年，全国城市建成区面积增长了 47.9%，城市建设用地面积增长了 46.3%，而包括暂住人口在内的城市城区人口仅增长 19.5%。

三是市民化严重滞后。近年来，中国农业转移人口市民化进程缓慢，户籍人口城镇化率远低于常住人口城镇化率。按照第七次全国人口普查数据，近年来户籍人口城镇化率与常住人口城镇化率之间的差距不仅没有缩小，反而呈逐年扩大的趋势。2015 年，中国户籍人口城镇化率为 39.9%（徐绍史，2016），比常住人口城镇化率低 17.4 个百分点；到 2020 年，户籍人口城镇化率提高到 45.4%，比常住人口城镇化率低 18.5 个百分点，"十三五"期间户籍人口城镇化率和常住人口城镇化率差距共扩大了 1.1 个百分点（见图 11-1）。这表明，目前中国城镇常住人口中尚有 2.61 亿农业户籍人口。受城乡二元户籍及其内含的各种福利制度的限制，这些农业转移人口虽然在城镇居住和就业，被统计为城镇常住人口，但其子女入学、医疗卫生、社会保障、公共服务等还不能完全享受到与城镇原居民同等的待遇。据测算，2011 年中国农业转移人口市民化程度仅有 40% 左右（魏后凯、苏红键，2013）。

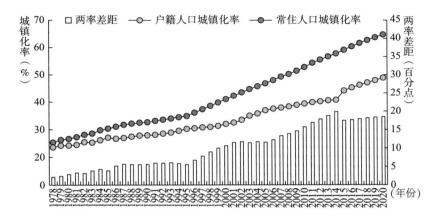

图 11-1 1978～2020 年中国常住人口城镇化率和户籍人口城镇化率

注：2011 年及之前户籍人口城镇化率为非农业人口比重数据。

资料来源：根据《中国统计摘要 2021》以及国家统计局和国家发展改革委发布的相关数据整理。

四是农民权益保障不力。按照现行的法律法规，中国城市市区土地所有权归国家所有，而农村和城市郊区土地所有权归集体所有，农村集体土地长期不能直接入市，需要经过政府征地才能变为城镇建设用地。虽然 2013 年中央已经明确允许农村集体经营性建设用地在符合规划和用途管制前提下同等入市，并随后经全国人大常委会授权开展了试点工作，但总体上看并未取得突破性进展，目前城镇建设用地仍主要依靠征地。在征地拆迁的过程中，现行的补偿标准过低，导致农民被征用土地在开发后升值的红利大量转移和流失，而且农民的意愿和多样化诉求也难以得到满足。同时，农村集体产权制度改革严重滞后，使农民在农村拥有的各种资源难以资本化，由此阻塞了农村财富变现和升值的渠道。

（三）确保基本实现城镇化的目标任务

当前，中国城镇化已经进入重要的战略转型期，正在由速度型向质量型转变。在新时期，必须遵循以人为中心的发展思想，打破以物为本、"重物轻人"的传统思维，以人的城镇化为核心，以提高质量为导向，以城市群和都市圈为主体形态，以就近就地转移为重点，把改善民生、增进福祉、实现共享作为城镇化的根本目标，加快推进城镇化战略转型，全面提高城镇化质量，实现高质量的健康城镇化，让广大农民充分分享城镇化的红利。当前，中央已经明确到2035年"基本实现新型工业化、信息化、城镇化、农业现代化"。新"四化"的同步发展是中国实现社会主义现代化的重要目标和基本路径，而基本实现城镇化则是新"四化"同步发展的重要组成部分。基本实现城镇化具有丰富的科学内涵，其重要标志是人口城镇化率达到新水平，城市品质和城镇发展质量明显提升，科学合理的城镇化格局基本形成，以人为核心的新型城镇化基本实现。

从语义上看，基本实现城镇化涉及基本实现和城镇化两个概念。一般来讲，基本实现就是大体上实现，其实现程度具有数量上的含义，通常为80%左右。而城镇化则是变农村人口为城镇人口即变农民为市民的过程，以及由此引起的经济、社会和空间结构的变化。城镇化不仅包括城镇化的数量，如城镇化的速度和水平，更包括城镇化的质量，是城镇化数量和质量的有机统一。因此，基本实现城镇化不仅要满足其数量要求，更要体现其质量要求，确保高质量完成基本实现城镇化的目标任务。

一个国家或地区的城镇化水平与其经济发展水平密切相关。中共十九届五中全会明确提出，到2035年中国人均国内生产总值达到中等发达国家水平。2019年，中国人均国内生产总值已越过1万美元的台阶，按当年人民币兑美元平均汇价（中间价）计算为10276美元，略高于中等偏上收入国家的平均水平。当前，中国经济已转向高质量发展阶段。随着发展阶段的变化，未来中国经济的潜在增长率将不断下降，预计2035年将下降到4.33%（中国社会科学院经济研究所，2020）。在今后较长一段时期内，如果中国经济的潜在增长率能够得到充分的发挥，即潜在增长率全部得到实现，那么到2024年中国人均GDP将超过1.3万美元，越过高收入国家的门槛；到2035年中国人均 GDP 将超过 2.2 万美元，达到中等发达国家的水平。根据世界银行 WDI 数据库，这大体相当于 2019 年希腊、捷克、葡萄牙等国家的人均国民总收入水平，已经接近目前欧洲和中亚的平均水平，但仅为高收入国家平均水平的 50%。2018 年，欧洲和中亚的城镇化率平均为 72%，高收入国家平均为 81%。

基本实现城镇化首先要达到较高的城镇化水平。人口城镇化率是衡量城镇化水平的关键指标。从国际经验看，它具有一个饱和度，这个饱和度是城镇化率的"天花板"。接近或者达到这个"天花板"，实际上就已经完成了城镇化的历史任务。城镇化率的饱和度与一个国家的国土面积大小和人口规模紧密相关。对于一些城市型的小国如新加坡，城镇化率可以高达 100%；而对于一些国土面积较大、需要自己确保粮食和农产品供应的大国，城镇化率的饱和度则要低一些。中国是一个拥有 14 亿人口的大国，确保粮食安全和农产品稳定供应始终是一个重大国家战略。因此，中国的城镇化率饱和度不可能像某些城市型小国那样高。关于中国城镇化率的饱和度，目前学术界已经开展了相关研究，有的学者估计为 75% ~ 80%（陈彦光、罗静，2006；顾朝林等，2017），也有的学者估计为 85%（韩本毅，2011）。根据国际经验并考虑到中国的实际情况，城镇化率的"天花板"估计在 85% 左右（魏后凯等，2019）。

按照中央提出的两个阶段发展战略构想，到 21 世纪中叶把中国建成富强民主文明和谐美丽的社会主义现代化强国，基本实现全体人民共同富裕（习近平，2017）。现有研究已经表明，到 2050 年中国城镇化率将接近甚至达到 80%，逐步接近城镇化率的"天花板"。比如，联合国经济和社会事务部人口司在其发布的《世界城镇化展望》中，已经调高了对 2050 年中国城镇化率的预期，从最初的 77.3% 调整到 80.0%（United Nations，2012，2019）。这就意味着，到 21 世纪中叶中国实现现代化之时，也将同时实现城镇化，由此完成城镇化的历史任务。届时，中国的城乡人口和空间结构将逐步稳定下来。城镇化是现代化的必由之路，也是实现乡村振兴的重要基础和前提条件，因此，实现国家的现代化自然需要实现城镇化。

在中国，由于存在城乡二元户籍制度，衡量人口城镇化率有两个重要指标，即常住人口城镇化率和户籍人口城镇化率。单纯从常住人口城镇化率来看，到 2035 年要完成基本实现城镇化的目标任务是有充分保障的。最近的研究表明，到 2035 年，中国常住人口城镇化率将达到 70% 及以上，如顾朝林等（2017）的预测为 70%，乔文怡等（2018）的预测为 71% ~ 73%，联合国的预测则为 73.9%（United Nations，2019）。根据第三章的预测，2035 年中国常住人口城镇化率将达到 74.4%，这一水平大约相当于中国城镇化率"天花板"的 87.5%，完全达到了基本实现城镇化的目标要求。这就意味着，在 2021 ~ 2035 年，中国的城镇化速度将下降到年均提升 0.7 个百分点，呈现明显减速的趋势。这种城镇化减速与经济增速减缓是紧密联系在一起的。在新常态下，经济增速的减缓将导致城镇就业需求增长放慢，而工资上涨、技术革新、产业升级等将加快资本对劳动力的替代，由此推动农村劳动力转移出现减速趋势。更重要的是，在新发展理念下，过去那种支撑中国城镇化加速推进的低成本环境，如劳动力低工资、土地低价格、农民工市民化成本的延迟支付，以及资源价格扭曲和环境污染成本向社会转嫁等将不复存在。因此，进入新发展阶段后，中国的城镇化速度将会出现明显的减缓趋势，但其增速预计仍将高于世界城镇化的平均增速。

再从户籍人口城镇化率来看，到 2035 年要完成基本实现城镇化的目标任务，仍需要进行长期不懈的艰辛努力。按照《国家新型城镇化规划（2014—2020 年）》和《中华人民共和国国民经济和社会发展第十三个五年规划纲要》，到 2020 年，中国常住人口城镇化率将达到 60%，户籍人口城镇化率将达到 45%，两率差距缩小到 15 个百分点。从规划实施结果看，虽然常住人口城镇化率和户籍人口城镇化率均达到了规划目标要求，但由于"十三五"期间户籍人口城镇化率和常住人口城镇化率提升的幅度不同，其中常住人口城镇化率提高了 6.6 个百分点，而户籍人口城镇化率仅提高了 5.5 个百分点，结果导致两率差距呈现不断扩大的趋势，与规划目标相去甚远。由此可见，目前中国农业转移人口市民化依然严重滞后，缩小户籍人口城镇化率和常住人口城镇化率的差距并实现并轨任重而道远。如前所述，考虑到未来常住人口城镇化率将进一步减速，如果户籍人口城镇化率继续保持较高的增长速度，那么到 2035 年户籍人口城镇化率将有可能赶上常住人口城镇化率，最终实现两率并轨，并达到基本实现城镇化的目标要求。

当前，中国城镇化面临的核心问题并非城镇化水平高低和速度快慢的问题，而主要是城镇化质量不高的问题。按照世界银行 WDI 数据库，2019 年中国人均国民总收入比世界平均水平低 10%，而城镇化率却比世界平均水平高 4.6 个百分点。在新发展阶段，随着城镇化的不断减速，中国城镇化将由过去的速度型转向质量型。坚持以人为核心，全面提高城镇化质量，加快城镇化战略转型，走高质量的新型城镇化之路，将是未来中国城镇化的基本方向，也是高质量完成基本实现城镇化目标任务的迫切要求。从某种程度上讲，单纯把农村人口转移到城镇，仅仅从数量上基本实现城镇化的目标任务并不难，最大的难点在于如何确保实现高质量的城镇化。这种高质量的城镇化主要体现在以下几个方面：一是增强城镇化的可持续性，尽可能将城镇化的资源和环境代价降到最低；二是全面提升城市品质，实现各城镇、城市群和都市圈的高质量发展；三是以城市群和都市圈为主体形态，加快推进以县城为重要载体的城镇化建设，促进大中小城市和小城镇协调发展，优化新型城镇化的空间布局，推动形成科学合理的城镇化格局；四是促进城乡要素双向自由流动和平等交换，构建多层次、多领域、多类型的城乡发展共同体，推动形成以城带乡、城乡互补、协调发展、共同繁荣的新型城乡关系；五是加快农业转移人口市民化，推动实现市民化与城镇化同步，即农业转移人口在迁入城镇的同时就能够全面同等享受市民待遇。

走高质量的新型城镇化之路，必须把人的城镇化放在最重要最核心的位置，长短结合、标本兼治，加快建立农业转移人口市民化的长效机制。首先，要进一步深化户籍制度改革，"十四五"期间，除个别超大城市外，要全面放开户籍限制，并尽快取消现行的积分落户办法，减少直至消除对外来人口的各种歧视。要通过全面深化户籍制度改革，从根本上改变目前两率差距不断扩大的状况，使户籍人口城镇化率提高幅度明显高于常住人口城镇化率提高幅度，力争到2035年前实现两率并轨，最终实现市民化与城镇化同步。其次，加快推进基本公共服务均等化，为农业转移人口市民化提供制度保障。中共十九大报告明确提出，到2035年"基本公共服务均等化基本实现"，中共十九届五中全会又去掉了"基本"二字，将"基本公共服务实现均等化"列为到2035年基本实现社会主义现代化的远景目标。可以预见，在新发展阶段，基本公共服务均等化推进速度将会明显加快，这就为从根本上解决农业转移人口市民化创造了有利条件。鉴于当前一些吸纳农业转移人口较多的地方的政府积极性不高的现实，要尽快完善财政转移支付和城镇新增建设用地规模与农业转移人口市民化挂钩政策，并建立中央、地方、农民、社会等多方参与、共同分担的市民化成本分担机制。最后，要全面维护进城农民的各项权益，积极探索进城落户农民农村土地承包经营权、宅基地使用权、集体收益分配权等市场化有偿退出机制，加快构建城乡统一的土地要素市场，真正打通农村资源变资本、变财富的渠道。

二　打好全面推进乡村振兴的持久战

2017年10月，中共十九大报告首次提出实施乡村振兴战略。2018年1月，中共中央、国务院发布《关于实施乡村振兴战略的意见》，对乡村振兴战略的目标、任务和路径进行了顶层设计，明确到2020年乡村振兴取得重要进展，制度框架和政策体系基本形成；到2035年乡村振兴取得决定性进展，农业农村现代化基本实现；到2050年乡村全面振兴，农业强、农村美、农民富全面实现。同年9月，中共中央、国务院正式印发《乡村振兴战略规划（2018—2022

年)》，进一步明确了实施乡村振兴战略的目标思路、重点任务和实施路径，提出了一系列重大工程、重大计划和重大行动。各部委陆续发布了一系列指导实施乡村振兴战略的政策文件及其方案，开展了改革试点并细化了支持政策，推动乡村振兴战略规划尽快落地。各省（自治区、直辖市）和各市县也陆续出台了乡村振兴战略规划及其指导意见，明确了各地实施乡村振兴战略的目标思路、重点任务和实施路径，出台了相应的政策措施。总体上看，乡村振兴战略实施两年多来，已经取得了重要进展，其制度框架和政策体系基本形成。

2020 年 10 月召开的中共十九届五中全会做出了"全面推进乡村振兴""全面实施乡村振兴战略"的重大战略决策，由此吹响了打好全面推进乡村振兴持久战的号角。在同年 12 月底召开的中央农村工作会议上，习近平总书记进一步强调"全面推进乡村振兴，这是'三农'工作重心的历史性转移"，要举全党全社会之力推动乡村振兴。2021 年 1 月，中共中央、国务院发布《关于全面推进乡村振兴加快农业农村现代化的意见》，对全面推进乡村振兴的总体要求、重点任务和组织保障进行了统筹部署和安排。2021 年 4 月 29 日，第十三届全国人民代表大会常务委员会第二十八次会议审议通过了《中华人民共和国乡村振兴促进法》，为全面推进乡村振兴提供了坚实的法治保障。与脱贫攻坚战相比，全面推进乡村振兴是一项长期的艰巨任务，其时间跨度更长、涉及范围更广、承载任务更重、实施难度更大，必须遵循乡村发展规律，全面做好打持久战的准备，切忌急功近利、急于求成，避免出现一些颠覆性的错误。从脱贫攻坚战转向乡村振兴持久战，必须统筹做好长远全局谋划，搞好顶层设计，分阶段稳步推进实施。在新发展阶段，要打好全面推进乡村振兴的持久战，关键是按照中央提出的两个阶段发展战略部署，把乡村振兴的着力点放在"守底线、提质量、建机制、补短板、激活力"上，确保到 2035 年基本实现农业农村现代化，到 2050 年乡村全面振兴，农业强、农村美、农民富全面实现。

第一，要牢牢守住粮食安全的底线。与城镇的功能定位不同，乡村的核心功能是保障粮食和生态安全，为城乡居民提供农产品和生态产品。确保国家粮食安全，保障重要农产品的稳定供给，是全面推进乡村振兴的重要基础和首要任务。粮食安全是国家安全的基础。对于像中国这样一个拥有 14 亿人口的大国而言，必须依靠自己的力量来解决吃饭问题，牢牢把握粮食安全的主动权，坚决守住粮食安全的底线。当前，中国粮食产量连续多年保持在 6.5 亿吨以上，人均粮食占有量超过 470 千克，谷物自给率高于 95%，按稻谷和小麦计算的口粮自给率超过 100%（魏后凯、崔凯，2020），确保"谷物基本自给、口粮绝对安全"的底线目标具有保障。然而，从长远发展来看，中国粮食安全依然存在诸多潜在风险因素，粮食总量供需缺口将会长期存在，供需结构性矛盾将日益凸显，确保粮食安全这根弦任何时候都不能有丝毫放松。从粮食供给来看，各种因素造成了耕地面积减少和质量下降，农村人口老龄化日益加剧，农民种粮和地方抓粮积极性不高，一些地方耕地撂荒现象严重，耕地"非农化"屡禁不止，耕地流转中的"非粮化"甚至"非食物化"问题凸显，粮食生产越来越向少数主产区集中，主产区数量和范围呈不断缩减态势，这些都将对粮食生产供应和安全构成威胁。从粮食需求来看，随着经济发展和居民消费升级，未来粮食需求总量将进一步增加，消费需求将更加多样化，绿色安全、营养健康、多品种、高品质将成为发展方向，在新形势下保障粮食安全和重要农产品稳定供给的任务将更为繁重。为此，要实行分层次的粮食安全战略，在守住"谷物基本自给、口粮绝对安全"底线的基础上，依靠深化农业供给侧结构性改革，推动粮食产业链式发展、深度融合，促进农产品结构和布局优化，并充分利用两种资源和两个市场，调剂品种余缺，保障各种农产品的市场供应，满足人民日益增长的多样化需求。

第二，要着力提高农村发展的质量。当前，中国经济社会已经进入高质量发展阶段。高质量发展不单纯是对经济发展提出的要求，也是对教育、文化等社会发展以及城乡区域发展提出的普遍要求。在新形势下，推动农业农村高质量发展，为广大农村居民创造高品质生活，着力提高发展质量和生活品质，走高质量发展之路，是全面推进乡村振兴的核心主题。从农业发展来看，虽然中国农业经济呈现持续增长态势，农业产业结构不断优化，农业科技和装备水平显著提高，农业生产方式发生了深刻变化，但质量效益不高、竞争力不强的状况并未得到根本改变，实现农业由大到强的转变任重而道远。未来要进一步强化质量兴农、科技兴农，围绕提高农业劳动生产率、资源利用率和土地产出率，全面提升农业供给体系质量效益，增强农业国际竞争力，推动农业向规模化、集约化、工业化、社会化、绿色化方向发展。从农村发展来看，虽然近年来农村产业融合蓬勃开展，农村基础设施和公共服务数量快速增长，城乡公共服务供给数量上的差距明显缩小，但质量上的差距仍然很大，远不能适应城乡基本公共服务均等化的需要。为此，需要以乡村建设行动和农村产业融合为主抓手，坚持数量与质量并重，加快推进农村基础设施、公共服务提档升级和农村产业深度融合，切实提高农村发展质量。从农民生活来看，虽然近年来城乡居民收入和消费水平差距在持续缩小，但目前仍处于高位，农村居民收入和生活水平还远低于城镇居民。大幅提高农民收入水平，全面改善农村人居环境，加快推进城乡基础设施一体化和基本公共服务均等化，为农村居民创造高品质的生活条件，将成为全面推进乡村振兴的优先领域。

第三，要建立乡村振兴的长效机制。脱贫攻坚和全面建成小康社会任务完成后，中国"三农"工作的重心将转向全面推进乡村振兴，到21世纪中叶实现乡村全面振兴和农业农村现代化目标。因此，全面推进乡村振兴、加快农业农村现代化将是一场历经30年的持久战。打好全面推进乡村振兴的持久战，必须立足长远目标，通过法治化、规范化、常规化的相关制度安排，建立有利于全面推进乡村振兴的长效机制。这种长效机制是立足长远谋划、能够长期正常运行并有效发挥作用的制度体系。就乡村振兴而言，由于其所涉及的内容非常广泛，在乡村产业振兴、多元化资金投入、农民持续稳定增收、农村人居环境整治、公共设施管护营运、乡村治理等领域都需要建立相应的长效机制。以乡村振兴的多元化资金投入为例。乡村振兴涉及产业发展、基础设施和公共服务建设、生态环境保护、村庄整治等诸多方面，由于现有基础较差、水平较低，各方面都需要大量投资，资金需求量很大，但目前各地农村大多缺乏自我积累能力，资金有效供给严重不足，供需缺口极大。据农业农村部初步估算，落实《乡村振兴战略规划（2018—2022 年）》大约需要投入 7 万亿元以上①，平均每年资金投入超过 1.4 万亿元。全面实施乡村振兴战略，估计资金需求量将会更大。为此，需要合理界定政府与市场的边界，充分发挥各类主体的作用，建立政府、市场、村集体、农民等共同参与的多元化投入机制，尤其是政府财政资金稳定增长机制，确保各级财政农林水支出增长速度高于一般公共预算支出增速，各地区土地出让收益主要用于农业农村，做到取之于农、用之于农。同时，要增强财政政策与金融政策的协同效应，充分发挥财政资金的引导作用，吸引社会资本广泛进入，大力推动城市资本下乡。要看到，城市资本下乡不只是带来资金，还会带来技术、人才、品牌和营销渠道等，它对全面推进乡村振兴具有重要作用。此外，还要鼓励和动员农民积极参与，充分发挥农民的主体作用。

第四，要补齐农业农村现代化短板。农业农村现代化是乡村振兴的总目标，也是中国特色社会主义现代化的核心组成部分。全面推进乡村振兴，其根本目的就在于加快并最终实现农业农村现代化。当前，在全面建设社会主义现代化强国的新征程中，农业农村现代化仍然是最突出的短板。据相关研究，按 2035 年目标值测算，2018 年中国农业农村现代化的实现程度为 66.1%；按 2050 年目标值测算，其实现程度为 54.2%，均处于中期阶段（中国社会科学院农村发展研究所课题组，2020；谢伏瞻，2020）。如果按 2010～2018 年平均速度推算，到 2035 年总体上可以达到基本实现农业农村现代化的目标值，到 2050 年总体上可以达到全面实现农业农村现代化的目标值，但是，

---

① 《农业农村部韩俊：落实乡村振兴战略规划　需投资逾 7 万亿元》，新华网，2019 年 1 月 12 日，http://www.xinhuanet.com/finance/2019－01/12/c_1210036727.htm。

农业劳动生产率、农村居民收入、农村基础设施、农民文化素质和农村环境污染等领域一些关键指标却难以达到目标值，成为短板中的短板和薄弱环节。加快农业农村现代化是未来30年需要持续推进的长期战略任务。当前，在全面推进乡村振兴的过程中，要适当集中资源和力量，加快补齐这些短板中的短板和薄弱环节，为确保如期基本实现农业农村现代化奠定坚实的基础。同时，由于各地区发展阶段和现代化进程的不同，未来需要因地制宜、分类施策，采取分阶段梯次推进的策略，鼓励有条件的沿海发达地区和大城市郊区率先基本实现农业农村现代化，充分发挥其示范、引领和带动作用，并加大对欠发达地区尤其是欠发达的民族地区和边疆地区的支持力度，确保这些地区到2035年同步基本实现农业农村现代化。此外，要选择不同行政层级、不同发展水平和不同类型的地区，建立一批农业农村现代化示范区，在现代化建设方面进行超前探索、试验和示范，发挥其以点带面、示范引领的作用。

第五，要全面激发乡村发展的活力。城乡发展不平衡是现阶段中国发展最大的不平衡。当前，中国农村发展水平还较低，产业支撑能力不足，其发展活力有待全面激发。尤其是一些农村贫困地区，尽管目前已经实现了脱贫摘帽，但由于缺乏长效富民产业，农民增收主要依靠外出打工和转移净收入，其发展活力明显不足，缺乏内生发展能力和动力。2019年，在贫困地区农村居民人均可支配收入增长来源中，工资性收入和转移净收入的贡献率高达75.1%，其中，转移净收入的贡献率为37.1%，工资性收入的贡献率为38.0%（魏后凯、黄秉信，2020），而工资性收入中很大部分是农民离开农业农村到外地打工的工资性收入。这说明，从贫困地区的农民增收来源看，由于缺乏产业支撑，加上农村资源未被激活，其内生发展能力明显不足。实施乡村振兴战略，其本质内涵就是要借助外力的推动，全面激发乡村发展活力，培育和提升自身发展能力，由此形成一种内生的发展机制。因此，全面推进乡村振兴，关键是依靠深化农村改革，全面激活农村要素、主体和市场，激发乡村发展活力，并在外部力量的推动下，培育形成内生发展能力，增强内生发展动力，走内生型乡村振兴之路。很明显，全面实施乡村振兴战略，无疑需要各级政府的全力支持和全社会的广泛参与，需要汇聚全社会资源形成一股强大的合力，但政府的支持并非只是"输血"，更重要的是培育乡村内生发展能力，形成能够"造血"的内生发展机制。改革开放以来的实践经验已经证明，深化改革和科技创新是培育形成内生发展机制的根本动力，而坚持农民的主体地位，充分调动亿万农民的积极性、主动性和创造性，则是全面激发乡村发展活力的根本途径。

三　双轮驱动全面推进城乡一体化

城乡一体化是经济社会发展到一定阶段的产物，也是破解城乡二元结构的根本途径。其核心任务是推动形成以城带乡、城乡一体、良性互动、共同繁荣的发展格局，使农村与城市居民共享现代化成果，实现权利同等、生活同质、利益同享、生态同建、环境同治、城乡同荣的一体化目标。当前，中国已经具备全面推进城乡一体化的基础和条件。在新形势下，全面推进城乡一体化需要采取系统集成的一揽子方案，而不能采取零敲碎打的办法。为此，需要依靠新型城镇化和乡村振兴双轮驱动，全面深化城乡综合配套改革，建立完善城乡统一的户籍登记制度、土地管理制度、就业管理制度、社会保障制度以及公共服务体系和社会治理体系，促进城乡要素自由流动、平等交换和公共资源均衡配置，实现城乡居民生活质量的等值化，使城乡居民能够享受等值的生活水准和生活品质。可以说，建立城乡统一的四项制度和两大体系，是全面推进城乡一体化的根本保障。

（一）建立城乡统一的户籍登记制度

城乡二元户籍制度是造成城乡二元结构的重要制度基础。近年来，按照中央、国务院的统一部署，各地加快了户籍制度改革步伐，相继取消了农业户口与非农业户口的性质区分，不断放宽进城落户条件，取消城区常住人口在 300 万人以下城市的进城落户限制，普遍建立了居住证制度。但总的来看，目前户籍制度改革仍停留在放开户籍层面，对深层次的社会福利制度改革关注不够，各项相关配套制度改革严重滞后。在新形势下，必须进一步深化户籍制度改革，建立完善城乡统一的户籍登记制度，为消除城乡二元结构、促进城乡一体化提供制度保障。

首先，明确户籍制度改革的方向。推进户籍制度改革，就是要打破城乡分割，按照常住居住地登记户口，实行城乡统一的户籍登记制度，同时剥离户籍中内含的各种福利，还原户籍的本来面目。户籍制度改革的关键是户籍内含各种权利和福利制度的综合配套改革，户籍制度改革只是"标"，而其内含各种权利和福利制度的改革才是"本"。户籍制度改革必须标本兼治，其目标不是消除户籍制度，而是剥离户籍内含的各种权利和福利，取消城乡居民的身份差别，建立城乡统一的户籍登记制度，实现公民身份和权利的平等。近年来，各地户籍制度改革大多把着力点放在户口迁移政策的调整即放宽落户条件上，多数城市都把合法稳定住所、合法稳定职业等作为落户的基本条件，一些特大城市则采取积分落户办法，有的甚至把年龄、学历、职称、投资、纳税、信用等作为落户条件，带有明显的歧视性质。显然，这种做法沿袭了过去放宽落户条件的思路，并非户籍制度改革的终极目标，而只能是一种中短期的过渡性目标。从长远来看，户籍制度改革的最终目标只能是按照常住居住地登记户口这一唯一标准，实行城乡统一的户籍登记制度。

其次，采取双管齐下的推进策略。推进户籍制度及其相关配套制度改革是一项长期的艰巨任务。从目前的情况看，中国的户籍制度改革应实行长短结合，采取双管齐下的推进策略。所谓双管齐下，就是一方面按照现有的放宽落户条件的思路，实行存量优先、分类推进，逐步解决有条件（如有合法稳定住所和合法稳定职业）的常住农业转移人口落户城镇的问题；另一方面通过剥离现有户籍中内含的各种福利，逐步建立均等化的基本公共服务制度以及城乡统一的社会保障、就业管理、土地管理制度和社会治理体系，以常住人口登记为依据，实现基本公共服务常住人口全覆盖。前者实质上是一种户籍政策调整，后者才是真正意义上的户籍制度改革。因此，从根本上讲，户籍制度改革最终能否成功，关键在于能否建立均等化的基本公共服务制度和城乡一体的体制机制。一旦这种城乡一体的体制机制形成，放宽落户条件的改革思路也就失去了意义。在这种情况下，两条改革路径最终将实现接轨，农业转移人口市民化将与城镇化实现同步。

（二）建立城乡统一的土地管理制度

长期以来，中国实行的是城乡二元的土地管理制度。在城市市区，土地所有权归国家所有，由国家或城市进行集中统一管理。而在农村和城市郊区，土地所有权归集体所有，使用权和经营权归农民所有，由集体经济组织或村民委员会经营、管理。这种城乡二元体制导致了城乡土地市场的分割和地政管理的分治，严重影响了城乡一体化进程。全面推进城乡一体化，必须打破这种二元管理体制，从根本上消除土地制度障碍，建立城乡统一的土地管理制度和土地市场，严格规范土地管理秩序。

首先，健全土地统一登记制度。实行统一的土地权属登记，以法定形式明确土地使用权的归属和土地的用途，是建立城乡统一的土地管理制度的基础。一是明确自然资源主管部门为唯一的土地权属登记机构，对城乡土地进行统一确权、登记和颁证。二是统一土地登记标准。无论城镇国有土地还是农村集体土地，无论耕地、林地、草地还是非农建设用地，都要纳入统一的土地登记体系，发放统一的土地登记簿和权利证书，建立城乡统一的土地登记信息系统。三是以土地为核心，把目前分散在各部门的土地、房屋、草原、林地和海域等不动产统筹起来，建立完善不动产统一登记制度。

其次，实行城乡地政统一管理。一是加强地籍调查。结合土地调查，以"权属合法、界址清楚、面积准确"为原则，以农村地籍调查尤其是农村集体土地所有权和建设用地使用权地籍调查为重点，全面摸清城乡每一宗土地的利用类型、面积、权属、界址等状况。二是建立统一的地籍信息中心。在地籍调查的基础上，整合各部门相关资源以及城乡土地图形数据和属性数据，建立城乡统一、全国联网的地籍信息中心，向全社会开放，实现资源共享。三是建立统一的土地统计制度。由自然资源主管部门和统计部门负责，建立城乡统一的土地分类标准、统计口径和指标体系，统一发布土地数据，改变目前统计数据不实、不准的状况。四是对城乡地政实行统一管理。土地的地政管理权限不能分散，更不能以城乡差别、权属性质和土地上附着物的不同作为"分治"的依据。城乡地政业务应依法由自然资源主管部门实行统一管理，国有的森林、草地和农业用地也只能由自然资源主管部门代表国务院颁发土地使用证，只是其土地使用的类型不同而已。

最后，建立城乡统一的土地市场。一是建立完善城乡统一的建设用地市场法律制度。认真贯彻落实新修订的《土地管理法》和《土地管理法实施条例》，进一步完善相关法律法规，为加快建立城乡统一的建设用地制度提供强有力的法律保障。对《宪法》第十条关于"城市的土地属于国家所有"的规定，也应根据新形势进行修订。二是规范集体经营性建设用地流转。在各地试点探索的基础上，尽快建立农村集体经营性建设用地使用权流转制度，对流转主体、流转条件、流转形式、收益分配、交易规则、土地用途等进行规范，为农村集体经营性建设用地同等入市创造条件。"小产权房"因不符合规划和用途管制，目前建设、销售和购买均不受法律保护，应尽快研究制定分类政策措施，提出"小产权房"的具体处置办法。三是切实保障农村宅基地用益物权。宅基地是农村集体建设用地的主体，应积极稳妥推进宅基地制度改革试点，进一步放开宅基地流转限制，并打通闲置宅基地退出与集体经营性建设用地转化通道，逐步将农村宅基地纳入城乡统一的建设用地市场。四是建立城乡统一的土地交易平台。在确权登记颁证的基础上，将农民承包地、集体经营性建设用地、宅基地、林地使用权等纳入统一的土地交易平台，规范交易程序，促进农村集体土地合理有序流转。

（三）建立城乡统一的就业管理制度

建立城乡统一的劳动力市场和就业管理制度，是促进城乡一体化的重要保障。近年来，各地推进城乡就业一体化取得了显著成效，农民工就业歧视问题已得到初步解决。但是，劳动力市场的城乡分割状况至今仍未根本消除，城乡就业不平等问题依然突出。为此，必须深化劳动力就业制度改革，促进城乡区域间劳动力自由流动，彻底消除对农民工的各种就业限制和歧视，以促进城乡平等充分就业为目标，建立城乡统一的就业失业登记制度和均等的公共就业创业服务体系，推动形成平等竞争、规范有序、城乡一体的劳动力市场。

首先，消除影响城乡平等就业的一切障碍。长期以来，城乡分割的二元户籍制度和劳动力市场，造成了严重的城乡就业歧视。最为突出的是对农民工的就业歧视问题。这种歧视主要表现在就业机会不平等和就业待遇不平等两个方面。为此，要进一步深化体制改革，彻底消除影响城乡平等就业的一切障碍，尤其是对农民工的各种就业限制。要在法律上明文禁止各种形式的对农民工的就业歧视，赋予和保障农民工同等的就业权益，依法保障农民工同工同酬和同等福利待遇，建立完善城乡平等的一体化就业政策体系，包括就业机会、创业支持、职业培训、劳动保护和就业管理等方面的政策。

其次，建立城乡统一的就业失业登记制度。自 20 世纪 80 年代初以来，中国实行的一直是城镇就业失业登记制度，而没有把农村劳动力纳入就业失业登记范畴。各级政府的就业援助和就业服务政策也主要针对城镇劳动力制定实施。这种城乡二元的就业管理制度，将农村有就业能力和就业要求但没能就业的劳动力排除在外，既是对农村劳动力的歧视，也难以真实反映全社会的就业失业状况，不利于宏观调控和社会稳定。迄今为止，有关部门仍只发布城镇新增就业人数以及城镇登记和调查失业率数据。为此，应在各地实践探索的基础上，尽快在全国范围内推广建立城乡统一的就业失业登记制度，将农村劳动力统一纳入就业失业登记范围，统一发放《就业失业登记证》，定期发布城乡统一的社会登记失业率。在条件成熟时，要采用城乡调查失业率指标取代登记失业率指标。

最后，完善城乡均等的公共就业创业服务体系。一是将劳务市场、人才市场等各类劳动力市场进行整合，将城乡分割、行业分割、部门分割的劳动力市场统一起来，构建城乡统一、公平开放、规范有序的公共就业服务体系。二是打破城乡界限，在求职登记、职业介绍、就业指导、就业训练、创业支持等公共就业创业服务方面，对城乡劳动力同等对待，实行统一的标准。同时，要加大资金投入力度，加强对农业转移人口的职业培训，并将其纳入国民教育培训体系。三是将失地农民、农村失业人员和就业困难人员等统一纳入就业扶持和就业援助范围，实行各种社会保险补贴、失业保险金、创业补贴、小额信贷等就业援助政策，对就业困难人员进行认定，要实现城乡全覆盖和无缝对接。

（四）建立城乡统一的社会保障制度

目前，中国的社会保障制度还存在统筹层次不高、城乡发展不平衡、转接机制不完善、农村保障水平低等诸多问题，长期形成的社会保障城乡分割状况尚未根本改变。为此，应坚持广覆盖、保基本、多层次、可持续的方针，以增强公平性和适应流动性为重点，着力完善机制，扩大覆盖面，不断提高保障水平和统筹层次，分阶段逐步建立"全民覆盖、普惠共享、城乡一体、均等服务"的基本社会保障体系，最终实现人人享有基本社会保障的目标。

首先，建立城乡统一的基本医疗保险制度。自1998年以来，中国先后建立了城镇职工基本医疗保险制度、新型农村合作医疗保险制度和城镇居民基本医疗保险制度。这三项制度参保人群不同，管理机构有别，筹资方式、保障水平、运作模式、报销比例等也各异，城乡互不衔接。这种"碎片化"状况，既带来了城乡居民之间和不同群体之间的不公平，也造成了居民重复参保、财政重复投入、管理上相互掣肘等问题。鉴于此，2016年以来，国家将城镇居民基本医疗保险制度和新型农村合作医疗保险制度进行了整合，逐步建立了统一的城乡居民基本医疗保险制度。但实际上，参与城乡居民基本医疗保险的大都是农村居民，城镇从业人员参与的是公费医疗和职工基本医疗保险，城乡之间的基本医疗保障水平依然悬殊。为此，需要进一步加大资源整合力度，全面统筹城乡医疗保障，建立城乡统一的基本医疗保险制度。总体上看，大体可以分两步走：第一步，完全取消各级机关事业单位职工公费医疗，将机关事业单位职工和农民工全部纳入职工基本医疗保险，建立统一的城镇职工基本医疗保险制度；第二步，整合城乡居民基本医疗保险制度和城镇职工基本医疗保险制度，建立城乡统一的基本医疗保险制度，实现城乡居民在制度上的公平和公共资源上的共享。

其次，建立城乡统一的基本养老保险制度。长期以来，中国的基本养老保险制度城乡分割，不同群体保险待遇悬殊，各种保险统筹层次差别大，政府财政负担沉重，不可持续的风险加大。自 2013 年以来，国家已将新型农村社会养老保险和城镇居民社会养老保险合并，逐步建立了统一的城乡居民基本养老保险制度。但由于城乡居民基本养老保险的标准和待遇水平较低，参保对象大都是农村居民，城镇居民只有非从业人员才参与，基本养老保险的城乡二元结构依然未能从根本上破除。从长远发展来看，不仅要打破城乡分割，还必须打破职业界限，突破"养老双轨制"，加快机关事业单位基本养老保险制度改革，构建由机关事业单位、城镇职工和城乡居民三项保险构成的基本养老保险体系，并在此基础上适时整合三项保险制度，最终建立全国统筹、城乡统一的基本养老保险制度，使全体人民公平地享有基本养老保障。

最后，完善城乡统一的社会救助制度。一是统一城乡社会救助政策。除了少数具有城乡特色的救助项目，如农村五保供养、城市流浪乞讨人员救助等，城市与农村应按照统一的制度框架，实行统一的标准和政策，建立涵盖基本生活、医疗、教育、住房、就业、法律等救助在内的社会救助体系，为城乡困难群众提供均等化的社会救助服务。尤其要加快建立城乡统一的最低生活保障制度和医疗救助制度。二是统一城乡社会救助对象。要按照统一的标准，并考虑到城乡的特殊性，统一确定城乡社会救助的对象。要进一步完善临时救助制度，将常住非户籍人口和外来务工人员等流动人口统一纳入社会救助范围。三是加大对农村的支持力度。中央和各级地方财政要加大对农村社会救助的投入力度，进一步落实和完善农村医疗救助、教育救助、就业救助、住房救助、法律救助等，不断提高农村社会救助标准和水平，促进城乡社会救助资源配置均衡化。

（五）建立城乡统一的公共服务体系

城乡公共服务一体化是统筹城乡发展的内在要求，也是促进城乡协调发展的重要保障。现阶段，推进城乡公共服务一体化，重点是加快城市基础设施和公共服务向农村延伸，逐步缩小城乡公共服务水平差距，以城乡基本公共服务均等化为核心，构建城乡一体、可持续、公平的公共服务体系。

首先，加快城市公共设施和服务向农村延伸。在统筹城乡发展的过程中，一定要把新型城镇化与乡村振兴有机结合起来，按照城乡基础设施联网对接、共建共享的思路，加快推进城市交通、信息、供电、供排水、供气、供热、环卫、消防等基础设施向农村延伸、向农村覆盖，加强市、镇、村之间道路和市政公用基础设施无缝对接，逐步形成城乡一体的基础设施网络。在交通方面，要按照"路、站、运一体化"的思路，大力加强农村公路和客运站点建设，构建通乡达村、干线相通的公路网络和完善便捷、城乡一体的客运网络；同时，扩大城市公交的覆盖面，优化线路和站点布局，逐步将公交延伸到郊区和周边乡镇、村庄，促进城乡公交一体化。在信息方面，重点是推进城乡邮政、通信和信息服务设施一体化。在市政公用设施方面，要重点推进城乡供电、供水、供气、供热、环卫等一体化。在此基础上，全力推进城市公共服务向农村延伸，促进城乡公共服务接轨和一体化。尤其要加快推进城市文化、体育、教育、医疗卫生、环卫等公共服务向农村延伸和覆盖，大力推动城市资本、技术和人才下乡，参与乡村振兴。

其次，全力推进城乡基本公共服务均等化。国际经验表明，实现城乡基本公共服务均等化是一个长期的过程。如果以机会均等作为均等化的目标，美国实现义务教育均等化花了 66 年，澳大利亚花了约 70 年，日本花了约 90 年；美国实现城乡医疗卫生均等化花了 89 年，澳大利亚花了 74 年，日本花了 39 年（樊丽明、郭健，2012）。从中国的实际出发，要实现高水平、可持续的基本公共服务均等化目标，大体可以分三步走：第一步，着力解决农业转移人口市民化问题，切实保障其基本公共服务权益，如政治权利、劳动权益、就业培训、义务教育、基本社会保障等，逐步实现基本公共服务城镇常住人口全覆盖；第二步，着力解决城乡基本公共服务接轨问题，逐步实现基本公共服务城乡常住人口全覆盖，使各地城乡居民能够享受到区域内均等化的基本公共服务；第三步，加大全国统筹力度，着力解决区域间基本公共服务尤其是社会保障接轨问题，确保到 2035 年在全国范围内实现基本公共服务均等化的目标。

（六）建立城乡统一的社会治理体系

长期以来，中国实行的是城乡分治的管理体制。所谓城乡分治，就是按照城乡人口或城乡地域标准，在人口登记管理、规划建设、公共服务、社会保障、财政体制、行政管理等方面实行二元治理。这种城乡分治既是当今中国"三农"问题的重要根源，也是阻碍中国经济社会持续健康发展和城乡一体化的关键因素。全面推进城乡一体化，必须打破这种城乡分治的二元体制，清除各种制度壁垒，建立城乡统一的行政管理制度，从城乡分治转变为城乡同治，推动形成公平公正、规范有序、高效便民、城乡一体的新型治理格局。

首先，从城乡分治转变为城乡同治。促使行政管理从城乡分治向城乡同治转变，需要将城乡统筹的理念融入经济社会发展各个领域和全过程，把城乡统筹的职能融入各级政府部门的常规职能中，形成既管城又管乡的长效机制，实现覆盖城乡的全域规划、全域服务、全域管理。为此要改变过去"重城轻乡"的传统观念，打破"城乡分治""镇村分治"的体制障碍，按照全域规划、全域管理、城乡同治的思路，把各级政府部门的管理职能由城镇向农村延伸和覆盖，尤其要把土地、交通、通信、科教、文化、环卫、防疫、城管、水务、安全、消防等经济社会管理和公共服务职能由城镇向农村延伸，实行统一规划、建设、保护和管理，制定覆盖城乡的统一政策，推动形成权责一致、分工合理、决策科学、执行顺畅、监督有力的城乡一体的行政管理体制。今后新出台的政策，除与土地承包、集体经济、农业生产、城镇建设等直接相关的外，均应取消城镇与农村的区分，实行统一标准、统一政策、统一管理、统一服务。

其次，建立城乡一体的社区治理体系。长期以来，受城市偏向政策的影响，中国城市社区建设成效显著，而农村社区建设严重滞后。当前，农村社区普遍存在经费投入不足、公共设施落后、专业人员缺乏、管理体制不顺等问题。为此，必须抛弃过去那种"重城轻乡"的思想，调整城市偏向的社区政策，着力统筹城乡社区发展，建立城乡一体的社区治理体系。现阶段，重点是加强农村新型社区建设，促进农村社区化管理。在推进农村社区建设中，要尊重农民意愿，不能强迫农民上楼，搞大拆大建。对于有条件的地区，可按照地域相近、规模适度、有利于整合公共资源的原则，因地制宜、积极稳妥地推进"撤村建居"，分类分批建立农村新型社区，稳步推进街道、镇村体制向社区体制转变。要借鉴城市社区的管理模式和服务理念，加强农村社区规划建设，加大公共服务设施投入力度，建立完善社区服务中心和一站式服务大厅，不断增强社区服务功能，逐步把社区服务延伸到自然村落，切实提高农村社区综合服务能力和水平。

第十二章　促进城乡融合发展
与共同富裕

　　城乡融合发展是推进以人为核心的新型城镇化的基础和前提条件。当前，中国已经进入全面推进城乡融合发展的新时期。在新时期，推进以人为核心的新型城镇化，必须坚持城乡统筹，采取多方面的有效措施，促进城乡全面融合和一体化发展，走城乡共同富裕之路，确保到 2035 年城乡差距显著缩小，到 21 世纪中叶实现城乡居民收入均衡化和生活质量等值化。本章着重阐述城乡融合发展的本质内涵，并从缩小城乡差距、县域内城乡融合发展和打造城乡协调发展引领区三个方面，深入探讨城乡融合发展的推进策略。

一　深刻把握城乡融合发展的本质内涵

　　早在 2003 年，中共十六届三中全会就提出"统筹城乡发展"[①]，2012 年中共十八大报告提出"城乡发展一体化"（胡锦涛，2012），2017 年中共十九大报告又提出"城乡融合发展"（习近平，2017）。事实上，这三个概念是从不同视角对城乡关系的不同表述。当中央提出"城乡融合发展"之后，一些地方甚至有学者把它理解为是对"统筹城乡发展"和"城乡发展一体化"的替代，显然这是一种误解。2019 年 4 月发布的《中共中央　国务院关于建立健全城乡融合发展体制机制和政策体系的意见》，就同时使用了这三个概念，并把统

[①]　参见《中共中央关于完善社会主义市场经济体制若干问题的决定》，《中华人民共和国国务院公报》2003 年第 34 期。

筹城乡发展和城乡发展一体化方面的具体举措放在城乡融合发展的框架之下。中共十九届四中全会通过的《中共中央关于坚持和完善中国特色社会主义制度　推进国家治理体系和治理能力现代化若干重大问题的决定》继承和深化了这一思想，也同时使用了这三个概念。从"统筹城乡发展"到"城乡发展一体化"再到"城乡融合发展"，既反映了中央政策的一脉相承，又充分体现了对城乡关系认识的不断深化。

　　统筹城乡发展、城乡发展一体化和城乡融合发展三个概念并非一种相互替代而是可以并存的关系，三者既有区别，又有联系。从区别看，统筹城乡发展强调要发挥政府的统筹作用，各级政府是城乡统筹的主体，统筹推进城乡资源合理配置和协调发展是政府应有的责任；城乡发展一体化强调城乡发展的一体化目标，旨在推动实现城乡规划布局、基础设施、产业发展、公共服务、环境保护和社会治理一体化，最终形成权利同等、生活同质、利益同享、生态同建、环境同治、城乡同荣的城乡发展共同体；而城乡融合发展更加强调城乡双向融合互动和体制机制创新，是对统筹城乡发展和城乡发展一体化思想的继承和升华，也是实现城乡共同繁荣和一体化的重要途径，其表述更加符合现阶段的发展特征。从某种程度上讲，城乡统筹是重要手段，城乡一体化是最终目标，而城乡融合是一种状态和过程。当城市与乡村发展融合为一体，就实现了城乡发展的一体化目标。当然，实现城乡融合和一体化，政府统筹只是重要手段之一，关键还是需要依靠体制机制创新，充分发挥市场在城乡资源配置中的决定性作用。从联系看，三个概念强调的理念和目标都是一致的，这是其共同点。在理念上，这三个概念均把城市与乡村看作一个有机的整体，强调二者不可分割，充分体现了创新、协调、绿色、开放、共享的新发展理念；在目标上，三者都强调通过共建共享，促进城乡要素自由流动、平等交换和公共资源均衡配置，推动形成城乡良性互动、深度融合、协调发展、共同繁荣的新格局。因此，这三个概念都是针对如何破除城乡分割的二元经济结构而提出来的，目的是构建符合新时期需要的新型城乡关系。

城市与乡村是一个相互依存、相互融合、互促共荣的生命共同体。城市是引领、辐射和带动乡村发展的发动机,乡村则是支撑城市发展的重要依托和土壤,二者之间的互补、互促、互利和互融是形成这一生命共同体的基础。然而,由于思想认识上的偏差和发展条件的限制,许多国家在其工业化和城镇化过程中,都或多或少存在城市中心主义的倾向。所谓城市中心主义,就是把城市看作处于领导和支配地位的中心,并以城市为中心或者以城市利益为出发点来处置城乡关系。城乡分割的体制机制、城乡地位和权利的不平等以及政府实行的城市偏向政策,是这种城市中心主义的三个重要特征。在过去较长时期内,城市中心主义得以存在并流行,主要是因为政府对城乡生命共同体认识不足,重城轻乡、重物轻人,并把经济总量作为衡量城乡地位的唯一标准。事实上,随着城镇化的不断推进,城市人口和产出比重不断提升,乡村人口和产出比重不断下降,这是城乡发展的一般规律,但这种格局的变化并不能改变城乡之间的功能互补和相互依存性质,更不能由此否定城乡之间的地位和权利平等。作为一个生命共同体,城市与乡村的地位和权利应该是平等的,乡村所承担的功能始终是不可或缺的,也是无法替代的。在这个共同体中,城市与乡村作为两个平等的主体,必须赋予其平等的地位、平等的发展机会和权利以及平等甚至乡村优先的待遇,而不能把乡村置于被领导和被支配的从属地位,更不能把乡村边缘化。

城乡融合是一个多层次、多领域、全方位的全面融合概念,它包括城乡要素融合、产业融合、居民融合、社会融合和生态融合等方面的内容。城乡融合发展的本质就是通过城乡开放和融合,推动形成共建共享共荣的城乡生命共同体。目前,全国各地正在积极推进的城乡教育、医疗、文化、生态、环境等发展共同体,是城乡生命共同体的重要载体,也是促进城乡融合发展的重要形式。这些发展共同体尚处于探索阶段,局限于单一领域和少数地区,带有合作和支援的性质,要最终形成整体的城乡生命共同体依然任重而道远。总体上讲,城乡生命共同体是命运共同体、利益共同体和责任共同体三位一体的有机整体。首先，它是一个命运共同体。无论城市还是乡村，尽管其所承担的功能不同，但其命运是紧密相连、息息相关的。特别是随着农业多维功能的充分挖掘，乡村地区不仅承担着保障粮食安全和农产品供应的重任，还承担着提供生态服务价值的核心功能，其在旅游、康养、文化、教育等方面的功能也日益凸显。其次，它是一个利益共同体。城市的发展和繁荣离不开乡村的支撑，乡村的振兴也离不开城市的带动。城市与乡村只有形成一个利益共同体，才有可能最终实现城乡互促共荣。当前，在推进现代化的进程中，农业农村依然是突出的短腿短板，为此，要从形成利益共同体的全局战略高度，合理调节工农城乡利益分配关系，建立以工促农、以城带乡的利益连接机制，让城乡居民共享发展成果，尤其要让农村居民更多分享发展成果。最后，它是一个责任共同体。实现城乡共建共享共荣，是市域内每一位公民应尽的责任。政府要肩负起统筹城乡发展的责任，实行全域治理和全域保护，坚决摒弃重城轻乡的传统思维。无论城市居民还是农村居民，都应该共同承担起城乡建设、维护、保护和治理的责任。

当然，推动形成城乡生命共同体将是一个长期的过程。从长远目标看，核心是实现"五化"。一是城乡公民权利平等化。除了要求赋予乡村与城市平等的地位和实现城乡要素平等交换外，还需要赋予并充分保障农村居民各种合法权益，加快推进城乡居民基本权益的平等化进程。当前，在充分保障农民工合法权益的基础上，应以赋权、活权为重心，进一步深化集体产权制度改革，积极探索农民承包地和宅基地"三权分置"的有效实现形式，全面落实和搞活承包地经营权、宅基地使用权、农民住房财产权和集体收益分配权，真正赋予农民更加充分的财产权利，激活乡村发展的内生动力。二是城乡要素流动自由化。城乡融合的前提是城乡开放，而城乡开放是双向的，需要城乡要素双向自由流动。目前，中国城乡之间劳动力、资金、技术等要素流动的障碍已基本消除，城市资本、人才、技术下乡的进程不断加快，城乡要素双向流动的格局正在加速形成。但是，农民进入特大和超大城市仍面临诸多落户限制，城镇居民向农村回迁难度大，进城落户农民"三权"退出难，农村产权市场发育严重滞后。下一步，应尽快疏通阻碍城乡要素双向自由流动的堵点，加快推动形成城乡统一的要素市场尤其是城乡统一的土地市场。三是城乡公共资源配置均衡化。考虑到城乡人口的动态变化，应按照调整增量、优化存量的原则，以常住人口人均占有量为标准，确保农村居民人均占有公共资源投入增量超过城市居民，这样通过一段时期的增量调整，农村居民人均占有公共资源存量将逐步接近城市居民，从而实现城乡公共资源配置的相对均衡。要实现这种相对均衡化，关键是建立政府财政投入稳定增长机制，确保各级政府每年农林水支出增长高于一般公共预算支出增长。四是城乡基本公共服务均等化。提高农村教育、医疗、文化、社会保障等基本公共服务供给水平、效率和质量，加快推进城乡基本公共服务均等化进程，这是各级政府应该承担的共同责任。要聚焦重点领域和薄弱环节，分阶段梯次推进基本公共服务均等化进程，尽快实现服务标准统一和制度并轨，兼顾数量均等化和质量均等化，并鼓励有条件的地区率先基本实现城乡基本公共服务均等化。五是城乡居民生活质量等值化。尽管乡村与城市在功能景观、社会形态、生产和生活方式等方面存在不同，但农村居民在收入和消费水平、就业机会、居住条件、人居环境、公共安全和社会保障等方面应该享受到与城市居民大体等值的生活质量。其中，城乡居民收入均衡化是生活质量等值化的核心内容。只有实现了这"五化"目标，城市与乡村才算真正融为一体，形成一个城乡生命共同体。

二　实现共同富裕需显著缩小城乡差距

2021 年 7 月 1 日，习近平总书记在庆祝中国共产党成立 100 周年大会上代表党和人民庄严宣告："经过全党全国各族人民持续奋斗，我们实现了第一个百年奋斗目标，在中华大地上全面建成了小康社会，历史性地解决了绝对贫困问题，正在意气风发向着全面建成社会主义现代化强国的第二个百年奋斗目标迈进。"他进一步强调，在新的征程上，必须"着力解决发展不平衡不充分问题和人民群众急难愁盼问题，推动人的全面发展、全体人民共同富裕取得更为明显的实质性进展"（习近平，2021）。全面建成小康社会目标实现之后，中国进入了新发展阶段，全面建设社会主义现代化强国、实现全体人民共同富裕将成为中心任务。中共十九大报告明确提出，到 2035 年，要基本实现社会主义现代化；到 21 世纪中叶，要建成社会主义现代化强国，基本实现全体人民共同富裕目标。共同富裕是中国特色社会主义的最本质特征和根本目标，也是全面建成社会主义现代化强国的重要标志。要实现全体人民共同富裕目标，必须在做大蛋糕的同时分好蛋糕，下更大的力气缩小城乡区域发展差距和居民生活水平差距，让各个民族、各个地区、各个群体和城乡居民共享改革发展成果。当前，中国的发展不平衡不充分问题突出体现在城乡发展不平衡和农村发展不充分上。在新发展阶段，如何尽快缩小城乡居民收入和生活水平差距，逐步实现城乡居民收入均衡化和生活质量等值化，将成为实现共同富裕目标的关键所在。

受发展阶段、城乡关系和政府政策等多方面因素影响，中国城乡差距变迁尽管经历了三次从扩大到缩小的较大波动，但总体上目前仍处于高位。改革开放以来，在经历初期的下降之后，中国城乡居民收入差距大体呈现"倒 U 形"变化趋势。中国的经济体制改革是从农村开始的，在改革开放初期，家庭联产承包责任制的推行、农产品价格提高以及减轻农民负担等措施，极大调动了农民生产积极性，刺激了农民收入增长，城乡居民收入差距明显缩小。到 1985 年，中国城乡居民人均可支配收入比下降到 1.86，比 1978 年减少 0.71。然而，自 1985 年以来，随着经济体制改革的重点逐步由农村转向城市，城镇居民的工资收入和非工资收入都增加较快，加上工业产品价格的提高和因体制变革促使农村潜在生产力的释放具有一定的限度，在这种情况下，中国城乡居民收入差距又开始趋于扩大。到 2003 年，中国城乡居民人均可支配收入比提高到 3.12，远高于改革开放初期的差距水平。之后，随着中央把"三农"工作提上重要日程，2004～2021年中国连续出台18个中央一号文件支持"三农"发展，城乡居民收入差距在经过几年的稳定后，自2007年起呈现持续稳定缩小的态势。到2020年，中国城乡居民人均可支配收入比下降到2.56。城乡居民消费水平比的变化也大体如此，在经历改革开放初期的下降之后开始快速提高，2000年达到3.53的最高点，此后才呈现稳定下降的趋势，到2020年该比值已降至2.12（见图12-1）。

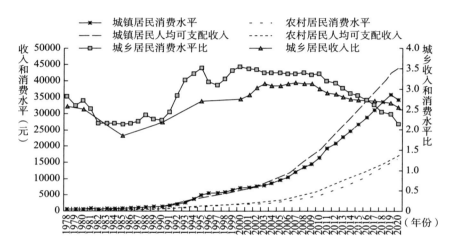

图12-1　1978～2020年中国城乡收入和消费水平差距的变化

资料来源：根据国家统计局编《中国统计摘要2021》计算和绘制。

近年来，城乡居民收入差距的不断缩小是国家政策支持下农民收入持续快速增长的结果。2003～2019年，中国农村居民人均可支配收入年均增长8.2%，其中，2010～2019年年均增长8.6%，分别比城镇居民人均可支配收入增速高0.3和1.8个百分点，分别比1986～2002年农村居民人均可支配收入增速高4.0和4.4个百分点。2020年，尽管受到新冠肺炎疫情的影响，农村居民人均可支配收入仍比上年实际增长3.8%，比城镇居民增速高2.6个百分点（见表12-1）。同时，随着工农城乡关系从过去的"农业支持工业、农村支持城市"转向"工业反哺农业、城市支持农村"，近年来又强调"以工补农、以城带乡"，国家加大了对"三农"转移支付和强农惠农政策力度。

在国家政策支持下，农村居民消费水平获得了更快增长，2003～2019年农村居民消费水平年均增长 8.5%，其中 2010～2019 年年均增长 9.8%，均高于农村居民人均可支配收入年均增速。2020 年，尽管受新冠肺炎疫情的影响，全国城镇居民消费水平下降 4.5%，但农村居民消费水平却增长了 2.7%。需要指出的是，自 2017 年以来，城乡居民消费水平比已经低于城乡居民收入比，由此改变了长期以来城乡消费水平差距大于城乡收入差距的格局，使农民的获得感得到进一步增强。

表 12-1　城乡居民人均可支配收入年均实际增长情况

年份	年均实际增长速度（%）			农村-城镇（百分点）
	全国	城镇	农村	
1979～2002	7.8	6.7	7.3	0.6
#1986～2002	6.4	6.5	4.2	-2.3
2003～2019	9.1	7.9	8.2	0.3
#2010～2019	8.1	6.8	8.6	1.8
2020	2.1	1.2	3.8	2.6
2016～2020	5.6	4.7	6.0	1.3

资料来源：根据国家统计局编《中国统计摘要 2021》计算。

一般认为，随着经济发展和城镇化的推进，国内城乡收入差距通常会经历从扩大到缩小的"倒 U 形"转变，美国、日本、韩国等均大体如此（董敏、郭飞，2011；余秀艳，2013；茶洪旺、明崧磊，2012）。特别是自 20 世纪七八十年代以来，发达国家城乡居民收入普遍出现了均衡化的趋势，一些国家农村居民人均收入已经超过了城市居民人均收入。根据国际经验，从发展趋势来看，目前中国城乡收入差距已经越过"倒 U 形"变化的拐点，进入持续稳定缩小的时期。随着中国经济发展阶段的转变，近年来这种城乡收入差距缩小将成为一种长期的稳定趋势，而并非像过去一样只是一种短期的波动。很明显，这种转变是与中国经济的发展阶段特征紧密联系在一起的。首先，随着工业化进入后期阶段，以城市为导向的工业对经济增长的驱动力已经趋于下降，而小城镇和农村地区日益显现的巨大潜力，为新发展阶段中国经济持续稳定增长开辟了新的空间。其次，按照第七次全国人口普查数据，2020 年中国常住人口城镇化率已达到 63.89%，近年来出现的大规模农业转移人口向城市迁移，既为农业适度规模经营创造了有利条件，也成为促进农民增收的重要途径。最后，随着发展水平的提高和经济实力的增强，政府有能力将更多的公共资源投向"三农"领域，确保农业农村优先发展，促进农民持续稳定增收和城乡协调发展。

当然，也应该看到，目前中国城乡居民收入差距还处于高位，仍高于 20 世纪 80 年代中期的水平，更远高于各发达国家的水平。2020 年，中国城乡居民人均可支配收入之比虽然比上年有较大幅度下降，但仍要比 1985 年高 37.6%。特别是，由于农村土地制度改革滞后，农村资源变资本、变财富的渠道不畅，城乡居民财产性收入悬殊，2020 年城乡居民人均财产净收入之比仍高达 11.05，农村居民可支配收入中财产净收入比重远低于城镇居民，且二者间差距仍在不断扩大（见表 12 - 2）；一些欠发达省份城乡收入比仍在 3.0 以上，如甘肃为 3.27，贵州为 3.10。如果考虑到各地区发展的严重不平衡，中国发达地区城市与欠发达地区农村之间的城乡收入差距更大。譬如，2020 年上海市、浙江省城镇居民人均可支配收入分别是甘肃省农村居民的 7.4 倍和 6.1 倍。如果从地级和县级行政区进行比较，这种地区之间的城乡差距会更大。2019 年，浙江省杭州市城镇居民人均可支配收入是甘肃省临夏州农村居民的 8.8 倍，其中，浙江省义乌市城镇居民人均可支配收入是甘肃省东乡族自治县农村居民的 13.1 倍。

表 12 - 2　2014 ～ 2020 年中国城乡居民收入差距和财产净收入差距比较

指标		2014 年	2015 年	2016 年	2017 年	2018 年	2019 年	2020 年
人均可支配收入	城镇居民（元）	28843.9	31194.8	33616.2	36396.2	39250.8	42358.8	43833.8
	农村居民（元）	10488.9	11421.7	12363.4	13432.4	14617.0	16020.7	17131.5
	城乡比	2.75	2.73	2.72	2.71	2.69	2.64	2.56

续表

指标		2014 年	2015 年	2016 年	2017 年	2018 年	2019 年	2020 年
人均财产净收入	城镇居民（元）	2812.1	3041.9	3271.3	3606.9	4027.7	4390.6	4626.5
	农村居民（元）	222.1	251.5	272.1	303.0	342.1	377.3	418.8
	城乡比	12.66	12.10	12.02	11.90	11.77	11.64	11.05
可支配收入中财产净收入比重	城镇居民（%）	9.7	9.8	9.7	9.9	10.3	10.4	10.6
	农村居民（%）	2.1	2.2	2.2	2.3	2.3	2.4	2.4
	城镇 - 农村（百分点）	7.6	7.6	7.5	7.6	8.0	8.0	8.2

资料来源：根据国家统计局编《中国统计摘要 2021》计算。

共同富裕是一个共建共富和逐步共富的长期过程，它并非只是一部分人、一部分地区和一部分领域的富裕，而是包括物质富裕和精神富裕的全面富裕，更是覆盖各个民族、各个地区、各个群体和广大城乡居民的全民共富。在新发展阶段，要逐步实现这种全民共富目标，必须把显著缩小城乡差距放在更加突出和优先的位置，依靠全面推进乡村振兴、加快农业农村现代化，促进城乡全面融合，实现城乡共建共享，坚定不移地走城乡共同富裕之路。立足两个阶段战略安排，力争到 2035 年城乡居民收入和生活水平差距显著缩小，城乡收入比缩小到 1.8 左右（魏后凯、杜志雄，2021）；到 21 世纪中叶，实现城乡居民收入均衡化和生活质量等值化。国内外的经验表明，缩小城乡差距不可能一蹴而就，应遵循城乡发展规律，在不断做大蛋糕的基础上，依靠调节收入分配，优化城乡资源配置，完善支持保护政策体系，构建城乡发展共同体，促进城乡共同发展和普遍繁荣。为此，要坚持农业农村优先发展，全面实施乡村振兴战略，促进农民持续稳定增收，进一步扩大农村投资和消费，加快畅通城乡经济循环，推动形成以城带乡、以工补农、协调发展、共同繁荣的城乡发展新格局。

首先，加快城乡基本公共服务均等化。实现基本公共服务均等化，让全体人民都能公平可及地获得均等普惠的基本公共服务，是实现共同富裕目标的底线任务。中共十九届五中全会明确提出到 2035 年实现基本公共服务均等化，目前这一目标已纳入国家"十四五"规划和 2035 年远景目标纲要中。这里所指的均等化主要包括城乡之间、地区之间和居民之间的均等化。其中，城乡基本均等化是最为核心的内容。当前，可以考虑以县域和地级市为切入点，加快推进城乡融合发展和基本公共服务均等化，使区域内居民不管是常住在城镇还是乡村，都能在教育培训、劳动就业、社会保障、医疗卫生、住房保障、文化体育、信息服务等领域享受到普惠可及均等的基本公共服务。尤其要加快农业转移人口市民化的步伐，尽快实现基本公共服务城镇常住人口全覆盖，即把在城镇常住的农业转移人口覆盖在内。在此基础上，要通过乡村建设行动，大幅提升农村公共服务水平和质量，构建城乡统一的公共服务体系，实现基本公共服务城乡常住人口全覆盖，即把农村人口全部覆盖在内。由于发展阶段和条件不同，各地应从实际出发，因地制宜采取分阶段梯次推进的策略。就中央和省级政府而言，既要鼓励有条件的经济较发达地区先行一步，率先实现城乡基本公共服务均等化，又要加大对欠发达地区的支持力度，确保在 2035 年前实现城乡基本公共服务均等化。

其次，以缩小城乡收入差距为着力点。农村居民人均可支配收入是衡量农民家庭收入的核心指标，它是农村居民家庭总收入扣除各类相应支出后的可支配收入与家庭常住人口之比。从长远发展看，提高农民收入水平应着力从减少分母和增加分子两个方面入手。一方面，要进一步大规模地减少农民。目前，中国农业生产经营仍以小规模分散经营为主体形态，农户兼业化十分普遍。随着农业规模化和人口城镇化的推进，未来农业劳动力转移仍具有很大的空间。这里的关键是如何让滞留在农村的大量兼业化小农户愿意且顺利地转移出去。为此，要有序推进土地流转，强化专业化、社会化服务，尽快建立进城落户农民承包地经营权、宅基地使用权和集体收益分配权自愿有偿退出机制，为农业劳动力转移和现代化规模经营创造有利条件。在新形势下，进一步减少农民是促进农民持续稳定增收的重要前提。另一方面，要多种途径拓宽农民增收渠道。乡村产业振兴是农民增收的基础。促进农民持续稳定增收，关键是激发乡村内生活力，全面激活主体、要素和市场，建立各具特色、具有竞争力的现代乡村产业体系和农业农村导向型的农民稳定增收机制。一是多途径增加农民工资性收入，并不断提高来自农村的工资性收入比重，从根本上改变某些地区尤其是欠发达地区农民增收高度依赖外出打工和转移净收入的状况。二是鼓励和支持农村创新创业，促进农村居民家庭经营性收入快速增长，稳定经营净收入所占比重及其对农民增收的贡献率。三是全面深化农村改革，尤其是土地制度和农村集体产权制度改革，打通资源变资本、资本变财富的渠道，进一步拓宽农民财产性收入渠道，大幅度提高财产净收入所占比重及其对农民增收的贡献率。

最后，进一步缩小城乡消费水平差距。由于农村居民收入水平较低、消费环境较差，目前其消费水平不高，消费结构不合理，消费需求受到抑制。2020 年，全国农村居民消费水平为 16063 元，比城镇居民低 52.8%，城乡居民消费水平至少存在 10 年的差距。[①] 为此，在多渠道促进农民增收的同时，要加大财政转移支付力度，采取更加有效的措施扩大和刺激农村消费，消除抑制消费的各种障碍，优化农村消费环境，促进释放农村消费潜力，切实提高农村居民消费水平。一是扩大和刺激农村消费。拉动农村消费，释放农村消费潜力，需要综合运用财政、金融等政策手段。近年来，为扩大和刺激农村消费，国家制定实施了家电下乡、建材下乡、汽车下乡等一系列政策。在新发展格局下，要进一步完善家电汽车下乡政策，重点对农民购买新型绿色智能家电、汽车等给予补贴；鼓励和引导企业面向农村地区开展汽车家电促销、家电以旧换新活动，支持发展二手汽车和家电交易；促进扩大农村教育、健康、文化等消费，积极发展网络消费，科学引导农村住房消费。在此基础上，还要推动城市金融保险、医疗美容、文化娱乐、儿童教育、养老保健等优质服务向农村延伸拓展，促进农村消

---

① 2020 年农村居民消费水平按当年价格计算比 2010 年城镇居民低 3.1%，按可比价格计算比 2007 年城镇居民高 1.7%。

费提质升级。二是清除抑制消费的障碍。基础设施薄弱、消费环境较差、消费金融发展滞后是抑制农村消费的关键因素。尽快补齐短板、清除障碍，是促进释放农村消费潜力的关键所在。在基础设施建设方面，要着力完善农村流通体系，健全农产品流通网络，加快补齐冷链物流短板，强化县域乡镇商贸设施和到村物流站点建设；在消费环境优化方面，要加强消费维权宣传，加大市场监管力度，健全消费者维权机制，规范农村市场秩序，依法打击假冒伪劣、虚假宣传、价格欺诈等违法行为；在消费金融发展方面，要健全消费信用体系，鼓励金融机构创新更多个性化的农村消费信贷产品，不断提升农村消费金融服务的质量和效率。

三 县域内城乡融合发展的基本方向

城乡融合发展强调城乡双向融合互动和共建共享共荣，是缩小城乡发展差距和实现城乡共同富裕的重要途径。县域国土面积适中、城乡经济联系和文化交流密切，是推动城乡融合发展的基本地域单元。当前，全面推进乡村振兴、加快农业农村现代化已成为"三农"工作的重心。在新形势下，以县域内城乡融合发展为重要切入点，统筹推进新型城镇化与乡村振兴战略，聚焦城乡功能布局一体化、要素流动便利化、资源配置均衡化、产业发展融合化和融合模式多元化，推动城乡融合发展迈上新台阶，这对实现全体人民共同富裕目标意义重大。

一是实现城乡功能布局一体化。县域是中国最为稳定的行政层级，县域经济是国民经济的重要组成部分，县域治理是国家治理的基石。加快县域内城乡融合发展，必须树立整体思维，强化顶层设计，做好全域规划，明确城乡功能定位，以县城为中心、乡镇为纽带、村庄为腹地，促进县、乡、村功能衔接互补和布局一体化。县城作为县域政治、经济、文化和交通中心，既是驱动县域经济发展的增长极，也是县域综合服务中心和治理控制中心。要充分发挥县城在城乡融合中的枢纽作用，赋予县城更大的资源整合使用的自主权，增强县城的中心功能和综合服务能力，辐射带动小城镇和乡村发展。要加快撤县设市步伐，支持有条件的县城按照现代化小城市标准进行规划建设。建制镇镇区和乡所在地作为连接城乡的纽带，是城乡融合无可替代的重要平台，应建设成为服务农民的综合中心，尤其要发挥中心镇的服务功能和示范引领作用。村庄作为广阔腹地，其核心功能是保障农产品供应和生态安全，应建设成为宜居宜业宜游的生态田园和幸福家园。

二是实现城乡要素流动便利化。城乡要素双向自由流动和平等交换是城乡融合的重要前提。加快县域内城乡融合发展，必须从根本上破除城乡分割的体制弊端，着力破解阻碍城乡要素流动的各种障碍，有序推进农民进城、人才和资本下乡，建立城乡统一的要素市场，促进城乡要素从单向流动向双向自由流动转变。在人口迁移方面，应顺应城镇化的趋势，全面取消落户限制，着力打通农民进城的通道，加快推进在县域就业的农民工就地市民化；同时鼓励农民工返乡就业创业，引导城市居民下乡消费和养老，促进城市各类人才采取投资和技术入股、经济合作、兼职兼薪、离岗创业、定期服务、交流轮岗等形式广泛参与乡村振兴，并妥善解决返乡人才难以真正"落户"农村的资格权问题。在资金流动方面，要尽快破解县域资金外流与农民贷款难的矛盾，加大金融对农业农村的支持力度，鼓励和支持城市资本下乡，建立乡村振兴的多元化投融资机制。在土地流转方面，要继续深化"三块地"改革，尤其要打通进城落户农民农村宅基地退出和集体经营性建设用地入市之间的通道，逐步扩大宅基地的交易半径，尽快建立城乡统一的建设用地市场，为最终建立城乡统一的土地市场奠定基础。

三是实现城乡资源配置均衡化。目前，中国城乡公共资源配置仍不均衡，农村基础设施和公共服务严重滞后。加快县域内城乡融合发展，必须坚持农业农村优先发展，推动城乡公共资源配置增量不断向农村倾斜，通过增量调整和存量优化，逐步实现城乡公共资源配置适度均衡和基本公共服务均等化。所谓适度均衡，就是要根据未来城乡人口分布的变化，统筹规划和优化县域内城乡基础设施和公共服务布局。对于发展条件较好、具有人口集聚趋势的县城和中心镇，要增强产业支撑能力，完善基础设施和公共服务，切实提高其人口承载力和吸引力。对于集聚提升类、城郊融合类、特色保护类、搬迁撤并类等不同类型村庄，要根据未来人口集聚情况，因地制宜、精准施策，在加强村庄布局、调整、规划、引导的基础上，合理布局基础设施和公共服务，缓解乡村公共设施短缺与闲置并存的矛盾。要巩固提升县域义务教育均衡化，加快县域基础设施、公共服务、生态环境保护和社会治理一体化。此外，还要避免公共资源过度向县城集中，从而对乡镇发展产生不利影响，加剧县域内发展不平衡，使优质资源难以下沉到其他乡镇和村庄。

四是实现城乡产业发展融合化。产业振兴是县域发展和农民增收的基础。经验表明，县域经济能否兴旺发达，关键在于是否有坚实的产业支撑。目前，中国产业布局过度集中在大中城市，不少县域基础设施薄弱，公共服务严重滞后，产业支撑能力不足，就业机会缺乏，大量农业转移劳动力难以就地就近实现就业。要立足县域资源、生态和成本优势，以县城为重要载体，大力发展各具特色、符合主体功能定位的现代优势产业群，尤其要把农产品加工环节和增值收益更多地留在县域，推动人产城全面融合，不断提升县域就业吸纳能力。同时，要充分挖掘农业的多维功能，大力发展生态农业、休闲农业、创意农业和智慧农业，推动农业与农产品加工、电商物流、文化旅游、休闲康养等第二、第三产业深度融合，强化农超对接、农社对接，完善农产品冷链物流体系，构建以工促农、以城带乡、以企帮村的城乡产业深度融合机制。此外，还要消除对城市资本下乡的认识误区，鼓励龙头企业和下乡资本扎根乡村，与合作社、村集体、农民等形成利益共同体，让广大农民更多分享产业链增值收益。

五是实现城乡融合模式多元化。中国县域数量多，发展类型多样。截至2020年底，中国共有县、自治县和县级市1817个，其中县

1312 个，自治县 117 个，县级市 388 个。各县（市）应从实际出发，积极探索各具特色的多元化城乡融合模式，目前，各地探索的具有推广价值的主要有城乡发展共同体和"飞地抱团"两种模式。城乡发展共同体旨在推动城乡社会事业的协作联合和互促共进，实现城乡融合和一体化发展。近年来，各地正在探索的县域紧密型医共体、城乡学校共同体和教育联合体等，都是典型的城乡发展共同体。在新形势下，应以县域为切入点，按照城乡互补、互促、互利、互融的要求，积极探索城乡教育共同体、医疗卫生共同体、文化共同体等，使之成为推进城乡融合发展的重要载体。浙江嘉兴探索的"飞地抱团"模式也是推进县域内城乡融合发展的有效载体。其主要做法是，通过县级统筹、跨镇经营、多村联合，鼓励各村将低效土地进行整治复垦，腾出用地指标，异地"飞"到条件较好的规划工业园区、经济开发区等实行抱团发展，各村按入股分红，共享发展成果。这种模式有利于壮大农村集体经济，拓展农民增收渠道。

四　全面打造城乡协调发展的引领区

《中共中央　国务院关于支持浙江高质量发展建设共同富裕示范区的意见》对浙江提出了建设"城乡区域协调发展引领区"的战略定位，并把"缩小城乡区域发展差距，实现公共服务优质共享"作为六大任务之一。当前，中国发展不平衡不充分集中体现在城乡发展不平衡和农村发展不充分。推进城乡协调发展，逐步缩小城乡差距，实现城乡居民收入均衡化、基本公共服务均等化和生活质量等值化，既是从全面小康走向共同富裕的内在要求，也是形成强大国内市场、构建新发展格局的重要基础。浙江是中国城乡协调发展水平较高的地区，近年来在推进城乡融合发展、缩小城乡差距方面进行了大胆探索，建设城乡协调发展引领区具有较好的基础和条件。在全面建设社会主义现代化国家新征程中，浙江应通过示范区建设，推动乡村振兴与新型城镇化全面对接，聚焦乡村产业、公共服务、以城带乡、农民福祉等关键问题，促进城乡深度融合发展，全面打造高质量的城乡协调发展引领区，充分发挥其引领、示范、标杆和带动作用。

（一）筑牢现代乡村产业体系

缩小城乡发展差距，关键是加快农业农村发展，筑牢符合高质量发展和共同富裕要求的现代乡村产业体系。只有乡村产业兴旺了，才能为乡村振兴奠定坚实的基础。2020 年，浙江人均 GDP 达到 1.46 万美元，已经稳步进入高收入经济体行列，预计到"十五五"前期将达到中等发达国家水平。[①] 浙江农业农村现代化也走在全国前列，处于全国第一梯队，有条件在 2025 年前后率先基本实现农业农村现代化（魏后凯、崔凯，2021），在 2035 年基本实现高水平农业农村现代化。在加快农业农村现代化过程中，应在保障粮食安全底线的前提下，以农村功能定位为导向，突出乡村特色，加快乡村产业转型升级，建立具有浙江特色的现代乡村产业体系。

首先，树立保障粮食安全的底线思维。确保国家粮食安全是中央和地方政府的共同责任。无论是主产区、主销区还是产销平衡区，都具有不可推卸的保障粮食安全的责任。对于一个像浙江这样的粮食主销区而言，在全面推进乡村振兴的进程中，应该确保粮食种植面积不减少、产能有提升、产量不下降，稳定并提高粮食自给率。要通过加大耕地"非粮化"治理，将有限耕地优先用于粮食生产；同时加快转变粮食生产方式，不断延伸粮食产业链，提升价值链，打造供应链，实现"三链"协调联动，从而破解粮食生产与农民增收的难题。

其次，不断提高农业发展质量和效益。要抓住耕地和种子两个要害环节，大力推进高标准农田建设，加强良种选育和推广服务，充分利用现代科技手段，不断增强农业综合生产能力，全面提高农业现代

---

① 按照前几年的增长速度估计，浙江有条件在"十五五"前期人均 GDP 超过 2 万美元（2020 年价格）。2011～2019 年浙江人均 GDP 增速为 6.9%，其中 2016～2019 年为 6.0%。2026 年、2027 年、2028 年浙江人均 GDP 要想超过 2 万美元，其增速只要分别达到 5.4%、4.6%、4.0% 即可。

化水平。特别是要立足浙江省情，大力推进农业生产方式的转变和现代化，采取土地流转、托管、入股等途径，促进现代农业向规模化、集约化、工业化、数字化、社会化和绿色化方向发展，实现农业高质高效，打造高质量发展的现代农业强省。

最后，推动农村第一、第二、第三产业深度融合。农村产业融合发展应以农业为基础，符合农村功能定位。其核心是充分挖掘农业的经济、文化、教育、生态、景观等多维功能，推动农业产业链条的多维延伸。一方面，要完善专业化的社会化服务体系，打造从田间到餐桌的农业全产业链，推动农业产业链条的纵向融合和一体化。另一方面，要推动农业与农产品加工、文化旅游、电商物流、教育体验等第二、第三产业全面深度融合，实现农业产业链条的横向融合和一体化。

（二）提升农村公共服务水平

为城乡居民提供更加普惠均等可及的基本公共服务，是实现共同富裕目标的基本要求，也是一项十分艰巨的底线任务。当前，中央已经明确提出到2035年要实现基本公共服务均等化，其核心是城乡基本公共服务均等化。浙江是中国改革开放的前沿，居民收入位居各省区之首，城乡区域发展相对均衡，有条件在全国率先实现城乡一体化发展和基本公共服务均等化。在推进示范区建设的过程中，要按照高质量发展建设共同富裕示范区的要求和更高标准，着力提高农村公共服务供给水平、质量和效率，实现城乡公共服务优质共享。

首先，要提高农村公共服务的供给质量。近年来，浙江省基本公共服务均等化快速推进，正在由局域均等化向全域均等化迈进。下一步，重点是按照城乡一体化和共同富裕的要求，在确保实现高水平基本公共服务均等化的基础上，推动基本公共服务从均等化走向匀质化。当前应兼顾补短板与拓面提质，进一步加强农村公路、环卫、文化、体育、信息等基础设施建设，推动实现城乡交通、供水、电网、通信、燃气等基础设施同规同网，促进农村基础设施和公共服务提档升级；要将农业农村新基建列为优先领域，加快在农村布局 5G、人工智能、物联网等新型基础设施，积极引入信息化主流技术，推进服务农业农村的信息基础设施建设，并不断融合和创新，筑牢数字乡村的发展基础。同时，要坚持"建管用"并重，加大资金、人员投入和政策支持力度，建立完善农村公共设施管护营运的长效机制。

其次，要优化农村基础设施和公共服务布局。2020 年，浙江省常住人口城镇化率为 72.17%，预计 2035 年将达到 80% 左右。① 随着城镇化的推进，大量农村人口尤其是年轻人不断迁往城镇，未来农村人口将进一步减少，农村人口老龄化、村庄"空心化"和村庄数量减少将不可避免。为此，需要根据未来城乡人口的分布来调整优化农村基础设施和公共服务布局，促使公共资源配置与人口分布相匹配，避免因城乡人口迁移造成公共资源的浪费。值得注意的是，尽管政府有必要对村庄布局进行规划引导和调整优化，但这种村庄布局调整优化必须遵循乡村发展规律，以农民自愿为前提，以增进农民福祉为出发点和落脚点，还必须与未来乡村建设有机结合起来。对于那些有条件、集聚人口较多的村庄，应鼓励其向小城镇方向发展和转型。

（三）扎实推进以城带乡

城市与乡村是一个互补互促、互利互融的有机整体，全面推进乡村振兴离不开新型城镇化的引领和城市的带动。打造城乡协调发展引领区，必须统筹推进新型城镇化与乡村振兴，强化以工补农、以城带乡，将城市的资本、人才和技术优势与农村的资源和生态优势有机结合起来，形成"1＋1＞2"的合力效应，使农村的比较优势得到充分发挥、发展潜力得到有效释放。

首先，以新型城镇化引领乡村振兴。以人为核心是新型城镇化的本质特征。推进以人为核心的新型城镇化，必须全面深化户籍制度改革，进一步放宽和取消落户限制，不断扩大居住证享受的基本公共服

---

① 参见第三章的预测。

务范围，推进基本公共服务向常住人口全覆盖，加快建立农业转移人口市民化长效机制，尽快缩小户籍人口城镇化率与常住人口城镇化率的差距，最终实现两率并轨，使农业转移人口能够同等享受城镇公共服务。同时，要按照依规自愿有偿的原则，加快建立进城落户农民农村承包地经营权、宅基地使用权和集体收益分配权等市场化退出机制，为农业劳动力转移和规模化经营创造有利条件。

其次，积极鼓励城市资本和人才下乡。城市是各种优质要素和非农产业的集聚地，具有资本、技术、人才和市场优势。充分利用城市优质要素和现代生产经营方式，有利于激活农村的各类资源和要素，促进农业农村加快发展。鼓励城市资本和人才下乡是实现这种结合的有效形式。应该看到，城市资本是资金、技术、人才、品牌和营销技术等的综合体，城市资本下乡不单纯是带来资金，伴随项目投资还会带来技术、人才、品牌和营销渠道等。为了鼓励和引导城市资本下乡，政府应在财政、税收、土地、产业等方面提供相应的配套政策支持。

最后，建立多形式的城乡发展共同体。目前，浙江一些地方已经在教育、医疗、文化等领域开展了形式多样的城乡发展共同体探索。应总结各地的有益经验，全面推进城乡产业、教育、医疗、文化、生态等共同体建设，使之成为推进城乡融合发展和一体化的重要载体。这种城乡发展共同体既是一个利益共同体，也是一个责任共同体，它将有利于形成利益共沾、责任共担的多赢格局。嘉兴市积极探索的"飞地抱团"模式，实际上也是一种以城带乡的共同体形式，它有力促进了乡村经济尤其是集体经济薄弱村的发展，又避免了各村独自发展带来的分散布局和规模不经济问题，实现了城乡共建共享共荣。

（四）全面增进农民福祉

发展的最终目的是满足人民对美好生活的向往，不断改善人民生活品质，提高人民福祉水平。缩小城乡发展差距，不能采取人为的"削高填低"办法，而应该通过实施乡村振兴战略，加快推进农业农村现代化，不断提高农村居民收入和生活水平，全面增进农民的福祉，实现高水平的城乡共享繁荣。

增进农民福祉的关键是提高农民收入水平。中国是一个城乡差距较大的发展中大国，破解城乡二元结构、缩小城乡发展差距一直是政府追求的重要目标之一。浙江省农村居民收入水平连续多年位居各省区之首，2020 年浙江省农村居民人均可支配收入为 31930 元，仅次于上海市，比全国平均水平高 86.4%，比江苏省和广东省分别高 32.0% 和 58.5%；浙江省城乡居民收入比也处于全国前列①，2020 年已下降至 1.96（见表 12－3），但与发达国家（1.5 左右）相比仍有一定差距。在地级市层面，2020 年嘉兴市城乡居民收入比达到 1.61，居全国地级及以上城市前列，已接近发达国家平均水平。

表 12－3　2020 年浙江省和全国农村居民收入构成和城乡差距比较

指标	农村居民人均可支配收入（元）		农村居民收入构成（%）		城乡收入比	
	全国	浙江	全国	浙江	全国	浙江
可支配收入	17131.5	31930	100.0	100.0	2.56	1.96
#工资性收入	6973.9	19510	40.7	61.1	3.78	1.81
#经营净收入	6077.4	7601	35.5	23.8	0.78	1.14
#财产净收入	418.8	949	2.4	3.0	11.05	9.22
#转移净收入	3661.3	3871	21.4	12.1	2.22	2.56

资料来源：根据国家统计局编《中国统计摘要 2021》和浙江省统计局发布的《2020 年浙江省国民经济和社会发展统计公报》计算。

为此需要采取多方面的有效措施，进一步拓宽农民增收渠道，建立完善农民持续稳定增收的长效机制。其核心是通过筑牢现代乡村产业体系，稳定农民家庭工资性收入，促进家庭经营性收入持续快速增长，不断提高农村居民家庭经营净收入所占比重及其对农民增收的贡献率。2020 年，浙江农村居民家庭经营净收入仅占可支配收入的

---

① 2020 年，浙江城乡居民人均可支配收入比仅次于天津（1.86）和黑龙江（1.92），但浙江农村居民收入分别比天津和黑龙江高 24.3% 和 97.5%。

23.8%。同时，要全面深化农村改革，进一步拓宽增加农民财产性收入的渠道，加快缩小城乡居民财产净收入差距。在 2020 年浙江省农村居民人均可支配收入构成中，人均财产净收入仅占 3.0%，城乡居民人均财产净收入比高达 9.22，农民财产性收入仍有很大的提升空间。

在此基础上，还需要加大财政转移支付和收入分配调节力度，进一步完善农业支持保护体系和乡村振兴政策，切实提高农民消费水平，全方位改善农民生活品质，缩小城乡消费和生活水平差距。虽然目前浙江城乡居民消费差距处于全国较低水平，2020 年城乡居民人均生活消费支出之比已下降到 1.68，但离共同富裕的目标仍有一定差距。为此，要按照示范区的战略定位和目标要求，全面改善农村人居环境，并采取有效措施扩大和刺激农村消费，消除抑制消费的各种障碍，优化农村消费环境，不断提高农民的消费水平，促进生活质量的等值化，使城乡居民能够享受同样的高品质生活。

参考文献

安森东，2015，《优化行政区划设置研究》，北京：国家行政学院出版社。

白南生、何宇鹏，2002，《回乡，还是外出？——安徽四川二省农村外出劳动力回流研究》，《社会学研究》第 3 期。

蔡昉，2001，《劳动力迁移的两个过程及其制度障碍》，《社会学研究》第 4 期。

蔡昉，1995，《人口迁移与流动的成因、趋势与政策》，《中国人口科学》第 6 期。

蔡禾、王进，2007，《"农民工"永久迁移意愿研究》，《社会学研究》第 6 期。

茶洪旺、明崧磊，2012，《缩小城乡居民收入差距的国际经验比较与启示》，《中州学刊》第 6 期。

陈斌开、杨汝岱，2013，《土地供给、住房价格与中国城镇居民储蓄》，《经济研究》第 1 期。

陈俊峰、杨轩，2012，《农民工迁移意愿研究的回顾与展望》，《城市问题》第 4 期。

陈科霖，2019，《中国撤县设区 40 年：回顾与思考》，《地方治理研究》第 1 期。

陈彦光、罗静，2006，《城市化水平与城市速度的关系探讨——中国城市化速度与城市化水平饱和值得初步探讨》，《地理研究》第 1 期。

崔传义，2010，《农业富余劳动力转移与城乡居民收入差距变动——

　　基于中国改革以来的情况分析》,《农村经济》第 9 期。

崔凯、冯献,2020,《数字乡村建设视角下乡村数字经济指标体系设
　　计研究》,《农业现代化研究》第 6 期。

邓曲恒、古斯塔夫森,2007,《中国的永久移民》,《经济研究》第
　　4 期。

董光器,2010,《六十年和二十年——对北京城市现代化发展历程的
　　回顾与展望》,《北京规划建设》第 6 期。

董敏、郭飞,2011,《城市化进程中城乡收入差距的"倒 U 型"趋势
　　与对策》,《当代经济研究》第 8 期。

董昕,2016,《房价压力、房租负担与人口持久性迁移意愿》,《财经
　　问题研究》第 3 期。

董昕,2015,《住房支付能力与农业转移人口的持久性迁移意愿》,
　　《中国人口科学》第 6 期。

都阳、蔡昉、屈小博、程杰,2014,《延续中国奇迹:从户籍制度改
　　革中收获红利》,《经济研究》第 8 期。

杜莉、罗俊良,2017,《房价上升如何影响我国城镇居民消费倾
　　向——基于两阶段家庭最优消费模型的研究》,《财贸经济》第
　　3 期。

杜巍、牛静坤、车蕾,2018,《农业转移人口市民化意愿:生计恢复
　　力与土地政策的双重影响》,《公共管理学报》第 3 期。

段成荣、吕利丹、邹湘江,2013,《当前我国流动人口面临的主要问
　　题和对策——基于 2010 年第六次全国人口普查数据的分析》,
　　《人口研究》第 2 期。

段忠东,2007,《房地产价格与通货膨胀、产出的关系——理论分析
　　与基于中国数据的实证检验》,《数量经济技术经济研究》第
　　12 期。

樊丽明、郭健,2012,《城乡基本公共服务均等化的国际比较:进程
　　与经验》,《中央财经大学学报》第 7 期。

樊明,2012,《影响农村劳动力转移的个人因素——基于河南省农民

工及农民问卷数据》,《经济经纬》第 6 期。

范今朝,2013,《行政区划体制与城乡统筹发展》,南京:东南大学出版社。

范毅、冯奎,2017,《行政区划调整与城镇化发展》,《经济社会体制比较》第 6 期。

冯奎、程泽宇,2012,《推进县域城镇化的思路与战略重点》,《经济与管理研究》第 6 期。

高波、王文莉、李祥,2013,《预期、收入差距与中国城市房价租金"剪刀差"之谜》,《经济研究》第 6 期。

高春亮、魏后凯,2013,《中国城镇化趋势预测研究》,《当代经济科学》第 4 期。

宫健、高铁梅,2014,《我国房价波动对物价波动影响的实证研究——基于门限面板模型的分区制效应研究》,《上海经济研究》第 1 期。

龚紫钰,2017,《就业质量、社会公平感与农民工的市民化意愿》,《福建论坛》(人文社会科学版)第 11 期。

辜胜阻、孙祥栋、刘江日,2013a,《推进产业和劳动力"双转移"的战略思考》,《人口研究》第 3 期。

辜胜阻、杨建武、刘江日,2013b,《当前我国智慧城市建设中的问题与对策》,《中国软科学》第 1 期。

顾朝林、管卫华、刘合林,2017,《中国城镇化 2050:SD 模型与过程模拟》,《中国科学》第 7 期。

国家人口和计划生育委员会流动人口服务管理司,2012,《中国流动人口发展报告(2012)》,北京:中国人口出版社。

国家卫生和计划生育委员会流动人口司,2016,《中国流动人口发展报告(2016)》,北京:中国人口出版社。

国家卫生健康委员会流动人口司,2018,《中国流动人口发展报告(2018)》,北京:中国人口出版社。

国务院发展研究中心课题组,2011,《农民工市民化:制度创新与顶

    层设计》，北京：中国发展出版社。

韩本毅，2011，《中国城市化发展进程及展望》，《西安交通大学学报》（社会科学版）第 3 期。

韩云、陈迪宇、王政、张金萍、邓浪舟、邹杏仪，2019，《改革开放40 年城镇化的历程、经验与展望》，《宏观经济管理》第 2 期。

和学新、李平平，2014，《流动人口随迁子女教育政策：变迁、反思与改进》，《当代教育与文化》第 6 期。

侯慧丽，2016，《城市公共服务的供给差异及其对人口流动的影响》，《中国人口科学》第 1 期。

胡锦涛，2012，《坚定不移沿着中国特色社会主义道路前进 为全面建成小康社会而奋斗》，《求是》第 22 期。

黄善林、樊文静、孙怡平，2019，《农地依赖性、农地处置方式与市民化意愿的内在关系研究——基于川鄂苏黑四省调研数据》，《中国土地科学》第 4 期。

黄振华、万丹，2013，《农民的城镇定居意愿及其特征分析——基于全国 30 个省 267 个村 4980 位农民的调查》，《经济学家》第11 期。

黄忠，2018，《城乡统一建设用地市场的构建：现状、模式与问题分析》，《社会科学研究》第 2 期。

黄忠华、杜雪君，2014，《土地资源错配研究综述》，《中国土地科学》第 8 期。

黄祖辉、钱文荣、毛迎春，2004，《进城农民在城镇生活的稳定性及市民化意愿》，《中国人口科学》第 2 期。

贾仁安、丁荣华，2002，《系统动力学：反馈动态性复杂分析》，北京：高等教育出版社。

贾淑军，2012，《城镇化中农户移居与农民工转户意愿研究——以河北唐山为个案》，《经济管理》第 11 期。

简新华、罗钜钧、黄琨，2013，《中国城镇化的质量问题和健康发展》，《当代财经》第 9 期。

靳涛、梅伶俐，2015，《中央转移支付与地方政府公共支出谁更有效率？——基于教育和卫生服务视角的实证研究》，《经济管理》第 2 期。

李海波、仇保兴，2019，《城市级别对农民工市民化倾向的影响》，《城市问题》第 11 期。

李开宇、魏清泉、张晓明，2007，《从区的视角对"撤市设区"的绩效研究——以广州市番禺区为例》，《人文地理》第 2 期。

李拓、李斌，2015，《中国跨地区人口流动的影响因素——基于 286 个城市面板数据的空间计量检验》，《中国人口科学》第 2 期。

李永友、张子楠，2017，《转移支付提高了政府社会性公共品供给激励吗?》，《经济研究》第 1 期。

李勇辉、刘南南、李小琴，2019，《农地流转、住房选择与农民工市民化意愿》，《经济地理》第 11 期。

梁若冰、汤韵，2008，《地方公共品供给中的 Tiebout 模型：基于中国城市房价的经验研究》，《世界经济》第 10 期。

林坚、叶子君、杨红，2019，《存量规划时代城镇低效用地再开发的思考》，《中国土地科学》第 9 期。

林李月、朱宇，2016，《中国城市流动人口户籍迁移意愿的空间格局及影响因素——基于 2012 年全国流动人口动态监测调查数据》，《地理学报》第 10 期。

刘乃全、宇畅、赵海涛，2017，《流动人口城市公共服务获取与居留意愿——基于长三角地区的实证分析》，《经济与管理评论》第 6 期。

刘仁和、陈奕、陈英楠，2011，《租金房价比失效了吗？——基于四大城市的经验研究》，《财贸经济》第 11 期。

刘涛、陈思创、曹广忠，2019，《流动人口的居留和落户意愿及其影响因素》，《中国人口科学》第 3 期。

刘晓丽，2011，《中小城市和县城基础设施现状及问题》，《城市问题》第 8 期。

刘彦随、杨忍，2012，《中国县域城镇化的空间特征与形成机理》，《地理学报》第 8 期。

卢小君、向军，2013，《农民工进城落户意愿研究——以大连市为例》，《调研世界》第 11 期。

卢小君、张宁、王丽丽，2016，《农业转移人口城市落户意愿的影响因素》，《城市问题》第 11 期。

陆大道、陈明星，2015，《关于"国家新型城镇化规划（2014—2020）"编制大背景的几点认识》，《地理学报》第 2 期。

陆铭、张航、梁文泉，2015，《偏向中西部的土地供应如何推升了东部的工资》，《中国社会科学》第 5 期。

陆旸，2019，《"十四五"时期经济展望》，《中国金融》第 10 期。

罗震东、汪鑫、耿磊，2015，《中国都市区行政区划调整——城镇化加速期以来的阶段与特征》，《城市规划》第 2 期。

马忠东，2019，《改革开放 40 年中国人口迁移变动趋势——基于人口普查和 1% 抽样调查数据的分析》，《中国人口科学》第 3 期。

麦肯锡全球研究院，2009，《迎接中国十亿城市大军》。

孟延春、郑翔益、谷浩，2018，《渐进主义视角下 2007—2017 年我国棚户区改造政策回顾及分析》，《清华大学学报》（哲学社会科学版）第 3 期。

潘竟虎、石培基、董晓峰，2008，《中国地级以上城市腹地的测度分析》，《地理学报》第 6 期。

钱文荣、李宝值，2013，《初衷达成度、公平感知度对农民工留城意愿的影响及其代际差异——基于长江三角洲 16 城市的调研数据》，《管理世界》第 9 期。

乔文怡、李玏、管卫华、王馨、王晓歌，2018，《2016—2050 年中国城镇化水平预测》，《经济地理》第 2 期。

邱国玉、张晓楠，2019，《21 世纪中国的城市化特点及其生态环境挑战》，《地球科学进展》第 6 期。

邱红、周文剑，2019，《流动人口的落户意愿及影响因素分析》，《人口学刊》第 5 期。

山社武、刘志勇、张德生，2010，《劳动力自由流动是阻碍传统产业区域转移的根本原因吗？——基于 27 个产业的实证分析》，《财贸研究》第 5 期。

申立，2020，《长三角行政区划调整：历程、特征及思考——基于行政区划资源的视角》，《上海城市管理》第 4 期。

申曙光，2017，《新时期我国社会医疗保险体系的改革与发展》，《社会保障评论》第 2 期。

深圳晚报，2014，《超六成大学毕业生主动逃离北上广》，《深圳晚报》1 月 10 日，第 A18 版。

世界银行，2009，《2009 年世界发展报告——重塑世界经济地理》，北京：清华大学出版社。

苏红键，2017，《房地产政策应遵循城市发展规律》，《中国发展观察》第 7 期。

苏红键、魏后凯，2017，《城市规模研究的理论前沿与政策争论》，《河南社会科学》第 6 期。

苏红键、魏后凯、邓明，2014，《城市集聚经济的多维性及其实证检验》，《财贸经济》第 5 期。

苏红键、魏后凯，2013，《密度效应、最优城市人口密度与集约型城镇化》，《中国工业经济》第 10 期。

苏红键、魏后凯，2019，《中国城镇化进程中资源错配问题研究》，《社会科学战线》第 10 期。

苏红键，2020，《中国流动人口城市落户意愿及其影响因素研究》，《中国人口科学》第 6 期。

苏红键，2021，《中国县域城镇化的基础、趋势与推进思路》，《经济学家》第 5 期。

孙豪、桂河清、杨冬，2020，《中国省域经济高质量发展的测度与评价》，《浙江社会科学》第 8 期。

孙婕、魏静、梁冬晗，2019，《重点群体落户意愿及影响因素差异化研究》,《调研世界》第 2 期。

孙久文、周玉龙,2015,《城乡差距、劳动力迁移与城镇化——基于县域面板数据的经验研究》,《经济评论》第 2 期。

孙伟增、张晓楠、郑思齐,2019,《空气污染与劳动力的空间流动——基于流动人口就业选址行为的研究》,《经济研究》第 11 期。

孙荫环,2015,《新型城镇化贵在"智慧化"》,《人民政协报》3 月 11 日,第 5 版。

谭智心,2020,《城镇化进程中城乡居民财产性收入比较研究——一个被忽略的差距》,《学习与探索》第 1 期。

汤玉刚、陈强、满利苹,2016,《资本化、财政激励与地方公共服务提供——基于我国 35 个大中城市的实证分析》,《经济学》(季刊)第 1 期。

汤韵、梁若冰,2009,《中国省际居民迁移与地方公共支出——基于引力模型的经验研究》,《财经研究》第 11 期。

唐宗力,2015,《农民进城务工的新趋势与落户意愿的新变化——来自安徽农村地区的调查》,《中国人口科学》第 5 期。

童玉芬、王莹莹,2015,《中国流动人口的选择:为何北上广如此受青睐?——基于个体成本收益分析》,《人口研究》第 4 期。

汪彬、陈耀,2016,《经济新常态下西部地区县域经济发展策略研究》,《上海经济研究》第 10 期。

王桂新、陈冠春、魏星,2010,《城市农民工市民化意愿影响因素考察——以上海市为例》,《人口与发展》第 2 期。

王桂新、胡健,2015,《城市农民工社会保障与市民化意愿》,《人口学刊》第 6 期。

王桂新、潘泽瀚、陆燕秋,2012,《中国省际人口迁移区域模式变化及其影响因素》,《中国人口科学》第 5 期。

王坚,2020,《"城市大脑":大数据让城市聪明起来》,《政工学刊》第 1 期。

王婧、李裕瑞,2016,《中国县域城镇化发展格局及其影响因素——

　　基于 2000 和 2010 年全国人口普查分县数据》，《地理学报》第
　　4 期。

王开泳，2013，《城镇化进程中的行政区划改革》，《行政管理改革》
　　第 5 期。

王丽丽、杨晓凤、梁丹妮，2016，《代际差异下农民工市民化意愿的
　　影响因素研究》，《调研世界》第 12 期。

王卫国，2017，《撤县改市与撤县改区的好处与坏处》，《中国地名》
　　第 10 期。

王秀芝，2014，《省际人口迁移的内在动因及其影响波及》，《改革》
　　第 3 期。

王志理、王如松，2011，《中国流动人口带眷系数及其影响因素》，
　　《人口与经济》第 6 期。

魏后凯，2014a，《走中国特色的新型城镇化道路》，北京：社会科学
　　文献出版社。

魏后凯，2014b，《中国城镇化进程中两极化倾向与规模格局重构》，
　　《中国工业经济》第 3 期。

魏后凯，2014c，《中国城市行政等级与规模增长》，《城市与环境研
　　究》第 1 期。

魏后凯、白联磊，2015，《中国城市市辖区设置和发展评价研究》，
　　《开发研究》第 1 期。

魏后凯、陈雪原，2012，《带资进城与破解农民市民化难题》，《中国
　　经贸导刊》第 6 期。

魏后凯、崔凯，2021，《面向 2035 年的中国农业现代化战略》，《中国
　　经济学人》第 1 期。

魏后凯、崔凯，2020，《正确理解和科学看待我国粮食缺口》，《中国
　　社会科学报》8 月 24 日，第 2 版。

魏后凯，2007，《大都市区新型产业分工与冲突管理——基于产业链
　　分工的视角》，《中国工业经济》第 2 期。

魏后凯、杜志雄，2021，《中国农村发展报告（2021）》，北京：中国

社会科学出版社。

魏后凯、黄秉信，2020，《中国农村经济形势分析与预测（2019～2020）》，北京：社会科学文献出版社。

魏后凯、李功、年猛，2020a，《"十四五"时期中国城镇化战略与政策》，《中共中央党校（国家行政学院）学报》第 4 期。

魏后凯、年猛、李功，2020b，《"十四五"时期中国区域发展战略与政策》，《中国工业经济》第 5 期。

魏后凯、盛广耀，2015，《我国户籍制度改革的进展、障碍与推进思路》，《经济研究参考》第 3 期。

魏后凯，2020，《"十四五"时期中国农村发展若干重大问题》，《中国农村经济》第 1 期。

魏后凯、苏红键等，2016，《中国城市贫困状况研究》，北京：中国社会科学出版社。

魏后凯、苏红键，2013，《中国农业转移入口市民化进程研究》，《中国人口科学》第 5 期。

魏后凯、谭秋成、罗万纯、卢宪英，2019，《中国农村发展 70 年》，北京：经济科学出版社。

魏后凯，2016，《新常态下中国城乡一体化格局及推进战略》，《中国农村经济》第 1 期。

魏后凯，2005，《怎样理解推进城镇化健康发展是结构调整的重要内容》，《中州建设》第 4 期。

魏守华、周山人、千慧雄，2015，《中国城市规模偏差研究》，《中国工业经济》第 4 期。

文乐、彭代彦，2016，《土地供给错配、房价上涨与半城镇化研究》，《中国土地科学》第 12 期。

巫锡炜、郭静、段成荣，2013，《地区发展、经济机会、收入回报与省际人口流动》，《南方人口》第 6 期。

吴帆，2016，《中国流动人口家庭的迁移序列及其政策涵义》，《南开学报》（哲学社会科学版）第 4 期。

吴建民、丁疆辉，2018，《2000 年以来中国县级行政区划调整的类型、特征及趋势分析》，《热带地理》第 6 期。

吴开亚、张力、陈筱，2010，《户籍改革进程的障碍：基于城市落户门槛的分析》，《中国人口科学》第 1 期。

吴玉鸣，2007，《县域经济增长集聚与差异：空间计量经济实证分析》，《世界经济文汇》第 2 期。

习近平，2017，《决胜全面建成小康社会 夺取新时代中国特色社会主义伟大胜利》，《人民日报》10 月 28 日，第 1 版。

习近平，2021，《在庆祝中国共产党成立 100 周年大会上的讲话》，《人民日报》7 月 2 日，第 2 版。

夏怡然、陆铭，2015，《城市间的"孟母三迁"——公共服务影响劳动力流向的经验研究》，《管理世界》第 10 期。

夏怡然、苏锦红、黄伟，2015，《流动人口向哪里集聚？——流入地城市特征及其变动趋势》，《人口与经济》第 3 期。

谢东虹，2016，《工作时间与收入水平对新生代农民工市民化意愿的影响——基于 2015 年北京市的调查数据》，《调研世界》第 3 期。

谢伏瞻，2020，《迈上新征程的中国经济社会发展》，北京：中国社会科学出版社。

新京报，2016，《全国规划新城超 3500 个能住 34 亿人 "装下全世界约一半人口"》，《新京报》7 月 14 日，第 A13 版。

徐林、范毅，2018，《改革开放 40 年中国的城市化经验、问题和出路》，北京：中国发展出版社。

徐绍史，2016，《国家新型城镇化报告 2015》，北京：中国计划出版社。

闫坤、鲍曙光，2019，《土地出让收入可持续性研究》，《财经智库》第 6 期。

颜燕、满燕云，2015，《土地财政与城市基础设施投融资》，《中国高校社会科学》第 6 期。

杨传开、刘晔、徐伟、宁越敏，2017，《中国农民进城定居的意愿与影响因素——基于 CGSS2010 的分析》,《地理研究》第 12 期。

杨菊华、陈传波,2013,《流动家庭的现状与特征分析》,《人口学刊》第 5 期。

杨忍,2016,《中国县域城镇化的道路交通影响因素识别及空间协同性解析》,《地理科学进展》第 7 期。

杨义武、林万龙、张莉琴,2017,《地方公共品供给与人口迁移——来自地级及以上城市的经验证据》,《中国人口科学》第 2 期。

姚洋、张牧扬,2013,《官员绩效与晋升锦标赛——来自城市数据的证据》,《经济研究》第 1 期。

叶俊焘、钱文荣,2016,《不同规模城市农民工市民化意愿及新型城镇化的路径选择》,《浙江社会科学》第 5 期。

叶裕民,2015,《特大城市包容性城中村改造理论架构与机制创新——来自北京和广州的考察与思考》,《城市规划》第 8 期。

易信,2020,《中长期我国经济增长趋势及对水资源需求影响的研究》,《水资源管理》第 19 期。

于丽、金纳、王钰,2003,《提高农民收入与拉动消费增长的意义》,《甘肃科技》第 8 期。

于涛方,2012,《中国城市增长:2000～2010》,《城市与区域规划研究》第 7 期。

余秀艳,2013,《城市化与城乡收入差距关系——倒"U"型规律及其对中国的适用性分析》,《社会科学家》第 10 期。

余运江、高向东,2017,《市场潜能与流动人口工资差异:基于异质性视角的分析》,《世界经济》第 12 期。

张建芹、陈兴淋,2018,《我国"城市大脑"建设的实证研究——以苏州为例》,《现代管理科学》第 6 期。

张莉、何晶、马润泓,2017,《房价如何影响劳动力流动?》,《经济研究》第 8 期。

张雄、张安录、邓超,2017,《土地资源错配及经济效率损失研究》,《中国人口·资源与环境》第 3 期。

张妍、黄志龙，2010，《中国城市化水平和速度的再考察》，《城市发展研究》第 11 期。

张翼，2011，《农民工"进城落户"意愿与中国近期城镇化道路的选择》，《中国人口科学》第 2 期。

张占斌等，2013，《城镇化与优化行政区划设置研究》，保定：河北人民出版社。

张占斌，2013，《新型城镇化的战略意义和改革难题》，《经济发展与改革》第 1 期。

章铮，2006，《进城定居还是回乡发展？——民工迁移决策的生命周期分析》，《中国农村经济》第 7 期。

赵文哲、边彩云、董丽霞，2018，《城镇化、城市房价与农村流动人口户籍迁移》，《财经问题研究》第 6 期。

中国社会科学院《城镇化质量评估与提升路径研究》创新项目组，2013，《中国城镇化质量综合评价报告》，《经济研究参考》第 31 期。

中国社会科学院经济研究所，2020，《中国经济报告 2020：大变局下的高质量发展》，北京：中国社会科学出版社。

中国社会科学院农村发展研究所课题组，2020，《农村全面建成小康社会及后小康时期乡村振兴研究》，《经济研究参考》第 9 期。

周颖刚、蒙莉娜、卢琪，2019，《高房价挤出了谁？——基于中国流动人口的微观视角》，《经济研究》第 9 期。

朱萍，2017，《"京津冀"医疗一体化再提速：异地就医医保直接结算医院扩围》，《21 世纪经济报道》2 月 8 日，第 3 版。

Au, C. C., and J. V. Henderson. 2006. "How Migration Restrictions Limit Agglomeration and Productivity in China." *Journal of Development Economics* 80 (2): 350 – 388.

Auerbach, F. 1913. "Das Gesetz Der Bevölkerungskonzentration." *Petermanns Geographische Mitteilungen* 59 (4): 74 – 76.

Beeson, P. E., D. N. De Jong, and W. Troesken. 2001. "Population

Growth in US Counties, 1840 – 1990. ” *Regional Science and Urban Economics* 31 （6）: 669 – 699.

Black, D. , and V. Henderson. 2003. “Urban Evolution in the USA. ” *Journal of Economic Geography* 3 （4）: 343 – 372.

Bosker, M. , S. Brakman, H. Garretsen, and M. Schramm. 2012. “Relaxing Hukou: Increased Labor Mobility and China's Economic Geography. ” *Journal of Urban Economics* 72 （1）: 252 – 266.

Brasington, D. M. , and D. Hite. 2005. “Demand for Environmental Quality: A Spatial Hedonic Analysis. ” *Regional Science & Urban Economics* 35 （1）: 57 – 82.

Carlino, G. A. , and A. Saiz. 2008. “City Beautiful. ” *Working Paper* 30 （4）: 263 – 290.

Carlsen, F. , B. Langset, J. Rattso, and L. Stambol. 2009. “Using Survey Data to Study Capitalization of Local Public Services. ” *Regional Science & Urban Economics* 39 （6）: 688 – 695.

Chan, K. , T. Liu, and Y. Yang. 1999. “Hukou and Non – hukou Migrations in China: Comparisons and Contrasts. ” *International Journal of Population Geography* 5 （6）: 425 – 448.

Dahlberg, M. , M. Eklöf, and P. Fredriksson. 2012. “Estimating Preferences for Local Public Services Using Migration Data. ” *Urban Studies* 49 （2）: 319 – 336.

Day, K. M. 1992. “Interprovincial Migration and Local Public Goods. ” *The Canadian Journal of Economics* 25 （1）: 123 – 144.

Duranton, G. , and D. Puga. 2014. “The Growth of Cities. ” In Handbook of Economic Growth, Volume 2, Philippe Aghion and Steven Durlauf, Amsterdam: Elsevier.

Duranton, G. 2016. “Determinants of City Growth in Colombia. ” *Papers in Regional Science* 95 （1）: 101 – 131.

Evans, A. W. 1985. *Urban Economics: An Introduction.* Oxford: Basil

Blackbell.

Fan, C. 2005. "Modeling Interprovincial Migration in China, 1985 – 2000." *Eurasian Geography & Economics* 46 (3): 165 – 184.

Feng, H. , and M. Lu. 2013. "School Quality and Housing Prices: Empirical Evidence from a Natural Experiment in Shanghai, China. " *Journal of Housing Economics* 22 (4): 291 – 307.

Gabaix, X. , and Y. Ioannides. 2004. "The Evolution of City Size Distributions. " In Handbook of Regional and Urban Economics, Volume 4, Enrico Moretti, Amsterdam: Elsevier.

Glaeser, E. L. , J. Scheinkman, and A. Shleifer. 1995. " Economic Growth in a Cross-section of Cities. " *Journal of Monetary Economics* 36 (1): 117 – 143.

Goldstein, A. , and S. Goldstein. 1987. "Migration in China: Methodological and Policy Challenges. " *Social Science History* 11 (1): 85 – 104.

Goldstein, A. , S. Goldstein, and S. Y. Guo. 1991. "Temporary Migrants in Shanghai Households, 1984. " *Demography* 28 (2): 275 – 291.

Harris, C. D. 1954. "The Market as a Factor in the Localization of Industry in the United States. " *Annals of the Association of American Geographers* 44 (4): 315 – 348.

Harris, J. R. , and M. P. Todaro. 1970. "Migration, Unemployment & Development: A Two-Sector Analysis. " *American Economic Review* 60 (1): 126 – 142.

Herberle, R. 1938. "The Causes of Rural-Urban Migration: A Survey of German Theories. " *American Journal of Sociology* 43 (6): 932 – 950.

Lee, E. S. 1966. "A Theory of Migration. " *Demgraphy* 3 (1): 47 – 57.

Lewis, W. A. 1954. "Economic Development with Unlimited Supplies of Labour. " *The Manchester School* 22 (2): 139 – 191.

Mata, D. D. , U. Deichmann, J. V. Henderson, S. V. Lall, and H. G. Wang. 2007. "Determinants of City Growth in Brazil. " *Journal of*

Urban Economics 62 (2): 252 – 272.

Oates, W. E. 1969. "The Effects of Property Taxes and Local Public Spending on Property Values: An Empirical Study of Tax Capitalization and Tiebout Hypothesis." *Journal of Political Economy* 77 (6): 957 – 971.

Poyhonen, P. A. 1963. "Tentative Model for the Volume of Trade Between Countries." *Welwirtschaftliches Archiv* 90 (1): 93 – 99.

Quigley, J. M. 1985. "Consumer Choice of Dwelling, Neighborhood and Public Services." *Regional Science & Urban Economics* 15 (1): 41 – 63.

Ranis, G. , and J. C. Fei. 1961. "A Theory of Economic Development." *American Economic Review* 51 (4): 533 – 565.

Ravenstein, E. 1885. "The Laws of Migration." *Journal of the Statistical Society* 48 (2): 167 – 235.

Rosen, K. , and M. Resnick. 1980. "The Size Distribution of Cities: An Examination of the Pareto Law and Primacy." *Journal of Urban Economics* 8 (2): 165 – 186.

Sakashita, N. , and M. Hirao. 1999. "On the Applicability of the Tiebout Model to Japanese Cities." *Review of Urban & Regional Development Studies* 11 (3): 206 – 215.

Shen, J. 1999. "Modeling Regional Migration in China: Estimation and Decomposition." *Environment & Planning A* 31 (7): 223 – 238.

Stark, O. , and D. E. Bloom. 1985. "The New Economics of Labor Migration." *American Economic Review* 75 (2): 173 – 178.

Stark, O. , and J. E. Taylor. 1991. "Migration Incentives, Migration Types: The Role of Relative Deprivation." *The Economic Journal* 101 (408): 1163 – 1178.

Tiebout, C. M. 1956. "A Pure Theory of Local Expenditures." *Journal of Political Economy* 64 (5): 416 – 424.

Tinbergen, J. 1962. "Shaping the World Economy: Suggestions for an International Economic Policy." *Economica* 31 (123): 327.

Todaro, M. P. 1969. "A Model of Labor Migrant and Urban Unemployment in Less Developed Countries." *American Economic Review* 59 (1): 138 – 148.

United Nations. 2019. *World Urbanization Prospects: The 2018 Revision.* New York: United Nations.

United Nations. 2015. *World Urbanization Prospects: The 2014 Revision.* New York: United Nations.

United Nations. 2012. *World Urbanization Prospects: The 2011 Revision.* New York: United Nations.

World Bank and Development Research Center of the State Council, The People's Republic of China. 2012. *China 2030: Building a Modern, Harmonious, and Creative High – Income Society.* The World Bank.

World Bank Group. 2021. *Global Economic Prospects.* Washington, D. C.: World Bank.

后　记

　　本书是在 2020 年魏后凯主持的国家高端智库课题"国家新型城镇化规划研究"以及中国社会科学院创新工程重大科研规划项目有关"十四五"时期和两个阶段城镇化专题研究的基础上，经过修改、完善和增补形成的。在"国家新型城镇化规划研究"成果中，针对新时期城镇化面临的主要问题，除了总报告"中国新型城镇化推进战略与政策建议"之外，还完成了六个专题研究报告，包括市民化进程中的落户意愿特征、影响因素与政策建议，中国城镇化趋势预测与格局优化研究，新型城镇化下优化行政区划设置研究，推进中国智慧城镇化的思路与战略研究，加快推进城乡融合发展的路径与政策研究，推进县域城镇化的战略思路与政策措施，并提交了若干政策建议。以此为基础，结合近年来课题组成员完成的相关研究成果，包括城镇化进程中的资源错配、迁入潜能与城市增长、流动人口落户意愿等研究，最后整合形成了《新型城镇化重塑城乡格局》书稿。

　　全书 12 章，具体分工如下：第一章中国新型城镇化推进战略与政策，由魏后凯、李功执笔；第二章城镇化进程中的资源错配、第七章迁入潜能与城市增长，由苏红键、魏后凯执笔；第三章中国城镇化趋势预测与格局优化，由李功执笔；第四章流动人口落户意愿与市民化路径，由苏红键执笔；第五章城市公共服务与流动人口永久迁移意愿、第六章城市高房价与农民工定居意愿，由刘金凤、魏后凯执笔；第八章中国智慧城镇化的推进战略，由崔凯执笔；第九章县域城镇化的推进战略，由王琛、魏后凯执笔；第十章新型城镇化下优化行政区划设置，由史洁琼执笔；第十一章统筹推进新型城镇化与乡村振兴、

第十二章促进城乡融合发展与共同富裕，由魏后凯执笔。陈展望完成并提交了"加快推进城乡融合发展的路径与政策研究"专题报告。苏红键、李玏、崔凯、史洁琼等分别对部分章节进行了修改和审校，全部书稿最后由魏后凯审定，其中魏后凯对第八章、第十章，苏红键对第九章进行了修改完善。最后，本书的顺利出版还要感谢社会科学文献出版社陈凤玲团队优秀的编校工作和建议。

图书在版编目(CIP)数据

新型城镇化重塑城乡格局 / 魏后凯等著. —— 北京：
社会科学文献出版社，2021.12

ISBN 978 - 7 - 5201 - 9382 - 5

Ⅰ. ①新… Ⅱ. ①魏… Ⅲ. ①城市化 - 研究 - 中国
Ⅳ. ①F299.21

中国版本图书馆 CIP 数据核字(2021)第 233819 号

新型城镇化重塑城乡格局

著　　者 / 魏后凯 等

出 版 人 / 王利民
责任编辑 / 陈凤玲
文稿编辑 / 陈丽丽
责任印制 / 王京美

出　　版 / 社会科学文献出版社·经济与管理分社 (010) 59367226
　　　　　地址：北京市北三环中路甲 29 号院华龙大厦　邮编：100029
　　　　　网址：www.ssap.com.cn
发　　行 / 市场营销中心 (010) 59367081　59367083
印　　装 / 三河市东方印刷有限公司

规　　格 / 开　本：787mm × 1092mm　1/16
　　　　　印　张：18.75　字　数：267 千字
版　　次 / 2021 年 12 月第 1 版　2021 年 12 月第 1 次印刷
书　　号 / ISBN 978 - 7 - 5201 - 9382 - 5
定　　价 / 98.00 元